AF614371

PUBLICATIONS POSITIVISTES

G. H. LEWES

LA PHILOSOPHIE DES SCIENCES DE COMTE

TRADUCTION

PAR

Mme HILLEMAND-JOYAU

Prix net : 4 francs

REVUE POSITIVISTE INTERNATIONALE

2, RUE ANTOINE-DUBOIS, 2

(Place de l'École de Médecine)

PARIS

1910

LA PHILOSOPHIE DES SCIENCES DE COMTE

G. H. LEWES

AUTEUR DE

L'HISTOIRE BIOGRAPHIQUE DE LA PHILOSOPHIE

LA PHILOSOPHIE DES SCIENCES DE COMTE

OU

EXPOSÉ DES PRINCIPES

DU

COURS DE PHILOSOPHIE POSITIVE

D'AUGUSTE COMTE

TRADUCTION

PAR

Mme HILLEMAND-JOYAU

PARIS

REVUE POSITIVISTE INTERNATIONALE

2, RUE ANTOINE-DUBOIS, 2

Place de l'École de Médecine

1910

LA
PHILOSOPHIE DES SCIENCES DE COMTE

PAR G. H. LEWES

AVANT-PROPOS

Dans le cadre de ce volume de 340 pages, G. H. Lewes, le célèbre auteur de *The Biographical History of Philosophy*, s'est proposé de condenser et de mettre à la portée du public anglais tout ce que contiennent d'essentiel les six tomes du *Cours de Philosophie positive*, et les deux premiers tomes (les seuls parus en 1853), du *Système de Politique positive*.

Mais, tandis que, dans la seconde partie de son travail (103 pages), consacrée à la Philosophie sociale, il s'est borné, comme sa Préface l'explique, à suivre, de plus ou moins loin, le texte de Comte, sans y rien ajouter d'important, hormis quelques réserves finales relatives à la Religion de l'Humanité, — il s'est comporté différemment pour la première partie (230 pages), consacrée aux sciences abstraites inorganiques et biologique, et dans la trame de laquelle il a incorporé de nombreux commentaires destinés, — tantôt, et le plus souvent, à illustrer, par des exemples, la pensée du Maître, — tantôt, et plus rarement, à la modifier, en vue de la compléter ou de la rectifier.

Aussi, me semble-t-il indiqué, au moment où son œuvre est, pour la première fois, traduite dans notre langue et soumise au jugement des lecteurs français, de l'apprécier aussi brièvement que possible, non seulement au point de vue de sa valeur d'exposition, mais aussi, et surtout, au point de vue du mérite éventuel des commentaires dont elle est parsemée, principalement dans la portion affectée à la Philosophie naturelle.

∴

Sous le premier aspect, on ne saurait trop admirer l'art avec lequel l'auteur britannique a su résumer, dans un si petit nombre de pages, toutes les idées maîtresses de son modèle, en respectant soigneusement leur enchaînement et sans en oublier aucune.

En ce qui concerne spécialement l'esquisse que Lewes a tracée de la Philosophie cosmologique, on serait volontiers tenté de croire, si on ne savait pertinemment le contraire, qu'il a eu connaissance et qu'il s'est inspiré, au moment de la rédiger, des instructions adressées par Comte à son disciple Deullin, dans une lettre du 15 Frédéric 64.

Voici, en effet, ce qu'écrivait, à cette date, le grand rénovateur : « Je suis fort édifié du zèle que vous apportez à l'étude suivie de ma Philosophie positive. Mais pour le mieux utiliser, et même afin de prévenir les dégoûts que pourrait susciter une poursuite infructueuse, je dois vous indiquer une marche plus rapide et moins pénible envers les trois premiers volumes de ce traité fondamental. *Les théoriciens sont seuls obligés de le lire en entier, sans rien omettre. Quant aux praticiens, après les deux chapitres d'introduction, ils doivent se borner au chapitre général qui commence chacune des cinq sciences préliminaires, mathématique, astronomie, physique, chimie et biologie. Cela suffit.....* »

Or, il se trouve précisément que, jusqu'à la Biologie, tout au moins, Lewes a conduit son exposition du *Cours de Philosophie positive* d'une façon conforme à ce programme : s'appesantissant sur les Considérations préliminaires, traitant à fond le chapitre de généralités par lequel s'ouvre chacune des sections inorganiques, et se limitant à une courte analyse (réduite parfois à une sorte de sommaire) des autres chapitres.

C'est seulement à partir de la Biologie qu'on le voit s'astreindre à serrer de plus près le texte de Comte.

On pourrait donc, d'après cela, supposer que, s'il existe, dans l'œuvre de Lewes, des omissions secondaires, des insuffisances partielles, elles doivent, de préférence, se rencontrer dans la première partie de son abrégé.

Il n'en est rien cependant, et la partie consacrée à la Philosophie organique et sociale est, au contraire, celle qui, à cet égard, prête davantage le flanc à la critique.

C'est ainsi, par exemple, qu'on peut, à juste titre, reprocher au brillant écrivain d'avoir été trop concis dans son analyse (p. 221) des pages de la *Politique* réservées à la théorie des localisations cérébrales, — en passant sous silence les raisons qui ont incité Comte à assigner un siège hypothétique aux diverses facultés psychiques, plutôt que de les laisser sans détermination anatomique, — et en n'insistant pas assez sur la profonde rationalité des principes qui ont présidé à sa décomposition effective de l'appareil cérébral en organes distincts.

Les raisons, dont cependant l'importance majeure saute aux yeux, étaient : — 1° d'une part, l'obligation générale (à laquelle on ne peut se soustraire) de fournir une solution susceptible de vérification positive ou négative à toute question qu'on s'efforce de transporter du terrain de la discussion scolastique sur celui de la discussion positive : — 2° d'autre part, la nécessité de fournir une base statique aux spéculations dynamiques sur l'âme, si l'on voulait soustraire l'étude de celle-ci à la méthode théologico-métaphysique.

Quant aux principes directeurs de son audacieuse entreprise, leur caractère profondément rationnel ressort trop surabondamment des lignes suivantes de Comte, pour qu'il y ait lieu de rien ajouter :

« Le vrai principe scientifique », dit-il, « de cette double décomposition nécessaire de la nature phrénologique en diverses facultés fondamentales et de l'appareil cérébral en différents organes correspondants, consiste essentiellement à regarder, en général, les fonctions, soit affectives, soit intellectuelles, comme plus élevées, ou, si l'on veut, plus humaines, et en même temps aussi moins énergiques, à mesure qu'elles deviennent plus spécialement exclusives à la partie supérieure de la série zoologique, et à concevoir simultanément leurs sièges comme situés dans des portions de la masse encéphalique de moins en moins étendues et de plus en plus éloignées de son origine immédiate, en considérant le crâne, suivant la saine théorie anatomique, comme un simple prolongement de la colonne vertébrale, centre primitif de l'ensemble du système nerveux : en sorte que la partie la moins développée et la plus antérieure du cerveau se trouve toujours affectée aux facultés les plus caractéristiques de l'humanité, et la plus volumineuse et la plus postérieure à celles qui constituent surtout la base commune de toute animalité ». (*Phil. pos.*, III, p. 634).

« Le vrai principe logique de cette construction », ajoute-t-il dans sa *Politique*, « consiste, pour moi, dans son institution subjective. J'y subordonne systématiquement l'anatomie à la physiologie ; en concevant toujours la détermination des organes cérébraux comme le complément et même le résultat de l'étude positive des fonctions mentales et morales... Si la structure d'un appareil quelconque indique rarement ses fonctions, cela est surtout vrai du cerveau, envers lequel l'analyse statique conduira toujours à des opinions inconciliables, tant qu'elle ne sera point dirigée par une vraie théorie dynamique » (T. I, p. 671).

C'est en se basant sur de telles considérations, et en s'aidant de la tentative de Gall, qu'il réalisa la répartition du cerveau entre les trois groupes de fonctions intérieures : assignant sa principale masse, surtout postérieure, au sentiment, son extrémité antérieure à l'intelligence et sa partie moyenne à l'activité, — répartition qui n'a été, jusqu'ici, contredite par aucune observation probante. Mais comme, avec ces seules données, il ne pouvait aller au-delà de divisions générales et régionales, il s'aventura, pour compléter son œuvre, à déduire presque exclusivement ses subdivisions de l'étude purement physiologique des diverses facultés et de la supposition d'une rigoureuse concordance entre le degré de leur association, soit synergique, soit sympathique, et le degré de rapprochement de leurs organes au sein de la masse nerveuse.

Faute de s'être étendu suffisamment sur ces points et faute d'avoir prévenu le lecteur que les localisations, ainsi obtenues par voie rationnelle de logique déductive, n'ont jamais représenté, aux yeux de Comte lui-même, qu'une première approximation provisoire de la réalité, susceptible de révision ultérieure, Lewes a bénévolement exposé son Maître aux critiques trop faciles des médecins qui, — familiarisés avec les découvertes embryologiques sur le mode de développement de l'encéphale par trois vésicules, dont la plus antérieure s'étale, en se plissant, au-dessus des deux autres, — savent que des territoires cérébraux, topographiquement éloignés, peuvent se trouver étroitement reliés par des voies de communication directes et rapides, et, inversement, que des centres, topographiquement contigus, peuvent se trouver très distants sous le rapport fonctionnel comme le seraient, par exemple, sous le rapport économique et administratif, deux villages situés en face l'un de l'autre, de chaque côté d'un torrent dont aucun pont ne rattacherait les rives.

On conçoit que, sans aucune explication préalable, les biologistes pourraient, à bon droit, se montrer choqués de l'outrecuidance de Comte, s'il était vrai qu'il eût affiché la prétention d'imposer, comme une théorie *ne varietur*, un système de localisations, ainsi déduit, jusque dans ses détails, à l'aide de la seule logique, de points de départ théoriques dont l'un, purement hypothétique, ne devait pas tarder à être controuvé. Il y a donc nécessité de faire ressortir ici que le leader de la pensée moderne s'est borné, en somme, et pour mettre fin à l'indétermination métaphysique dans laquelle végétaient les problèmes psychiques, à user du droit appartenant à tout savant de suppléer provisoirement aux hiatus du savoir positif par des hypothèses, pourvu que celles-ci présentent le double caractère d'être susceptibles de vérification positive ou négative et d'être les plus simples en rapport avec l'ensemble des renseignements possédés.

Or, la supposition de Comte relative à la concordance entre le degré de synergie ou de sympathie des diverses facultés psychiques et le degré de voisinage anatomique de leurs organes, remplissait évidemment la première de ces conditions puisque, précisément, elle a été invalidée ; et nous devons croire qu'elle remplissait également la seconde, puisqu'on n'a jamais essayé de démontrer qu'elle ne fût pas la suggestion la plus simple, en rapport avec les données scientifiques de l'époque.

Nous ajouterons que, nonobstant la fragilité inhérente à toutes les constructions purement logiques, la théorie des localisations, élaborée par Comte, lui a permis de fournir l'échaffaudage statique indispensable aux spéculations dynamiques sur l'âme, de donner, de la nature humaine, une approximation supérieure à celle de Gall, et de préparer ainsi l'édification, par Pierre Laffitte, d'une Morale pratique susceptible de remplacer avantageusement la discipline usée du Catholicisme.

En tout cas, il aurait suffi à Lewes, pour justifier la façon de procéder de son Maître, de lui appliquer les réflexions suivantes du *Cours de Philosophie positive* et du *Système de Politique positive* relatives à Gall :

« Les esprits judicieux », déclare Comte, « ont adressé, à l'ensemble de la doctrine de Gall, un reproche beaucoup plus difficile à écarter lorsqu'ils ont blâmé la localisation effective, évidemment hasardée, et même notoirement erronée à beaucoup d'égards essentiels, que Gall a cru devoir proposer. Toutefois, *en examinant, d'une manière plus approfondie, la situation nécessaire de ce grand philosophe, on reconnaitra, j'espère, que, quels que soient, en réalité, les vices fondamentaux d'une telle tentative, qu'il serait, certes, bien superflu de soumettre ici au moindre examen spécial, il a fait ainsi un usage, non seulement très légitime, mais même essentiellement indispensable, du droit général des naturalistes à l'institution des hypothèses scientifiques, en se conformant d'ailleurs à la théorie préli-*

minaire que j'ai établie, à ce sujet, dans le second volume de ce traité. D'abord, les conditions principales imposées par cette théorie logique ont été, en ce cas, parfaitement remplies ; puisqu'il ne s'agit point là de fluides, ni d'éthers fantastiques, qui échappent à toute discussion réelle, mais bien d'organes très saisissables, dont les attributions hypothétiques comportent, par leur nature, des vérifications pleinement positives. En second lieu, aucun de ceux qui ont fait, de la manière la plus convenable, la facile critique de la localisation supposée par Gall, n'aurait pu, très probablement, en imaginer, à sa place, aucune autre moins imparfaite, ni même aussi heureusement ébauchée. S'abstenir est, à la vérité, un conseil que la médiocrité prudente peut toujours aisément prescrire au génie ; mais on peut, je crois, constater, sans la moindre incertitude, que, dans toute semblable opération philosophique, une telle inaction serait nécessairement impossible et même radicalement vicieuse. *Car l'esprit humain est ordinairement beaucoup trop faible, et surtout trop peu disposé à supporter, d'une manière continue, la pénible contention qu'exige la combinaison d'idées très abstraites et, par suite, très indéterminées, pour que la création de la doctrine phrénologique, et ensuite la propagation de son développement, eussent été possibles, sans l'institution préalable d'une hypothèse quelconque sur le siège effectif de chaque faculté fondamentale, sauf la rectification ultérieure de cet indispensable programme, nécessairement hasardé.* La même obligation logique s'est reproduite, de nos jours, pour l'illustre rénovateur de la philosophie médicale (Broussais) et je n'hésite point à affirmer qu'on la vérifiera constamment dans tous les cas analogues. Elle a, sans doute, de très graves inconvénients, par l'extrême embarras que présentent ensuite l'élimination ou le redressement d'hypothèses auxquelles une science doit son existence, et que les esprits ordinaires ont presque toujours épousées avec une foi bien plus profonde que la confiance hardie de leurs propres inventeurs ; mais il n'y a point à délibérer sur ce qui est évidemment nécessité par l'infirmité radicale de notre intelligence..... *Il est incontestable que, si Gall s'en fût scrupuleusement tenu aux hautes généralités philosophiques, quelque irrécusables qu'elles soient, il n'aurait jamais constitué une science, ni formé une école, et ces vérités si précieuses eussent été inévitablement étouffées dans leur germe, par la coalition spontanée des diverses influences antagonistes* ». (in *Phil. pos.* III, 646).

« Les meilleures études dynamiques ne produiront jamais que des notions flottantes, tant qu'elles ne seront pas poussées jusqu'à leur terme statique, d'ailleurs effectif ou hypothétique. Plus les phénomènes se compliquent, moins notre esprit peut les séparer d'un siège quelconque. Déjà sensible dans la dernière moitié de la cosmologie, cette nécessité logique devient irrésistible en biologie, surtout envers les plus nobles fonctions. Toutes les études directes sur notre nature intellectuelle et morale n'ont abouti qu'à des doutes indéfinis, jusqu'à ce que le génie de Gall y ait heureusement fixé certaines notions fondamentales à l'aide d'une hypothèse très hasardée sur l'appareil cérébral ». (in *Pol. pos.*, I, 648).

A titre d'omission secondaire, on pourrait également reprocher à Lewes d'avoir glissé trop rapidement (p. 261-262) sur les caractères nouveaux que revêt la Méthode comparative en Sociologie, lorsqu'elle s'applique à la considération des divers états consécutifs de l'Humanité, envisagés au point de vue de leur filiation, « et qui, » déclare Comte « font d'elle, à la suite de l'observation pure, de l'expérimentation et de la comparaison proprement dite, comme un quatrième et dernier mode essentiel de l'art d'observer, destiné, sous le nom spécial de Méthode historique, à l'analyse des phénomènes les plus compliqués... » (in *Phil. pos.*, IV, p. 374).

Mais si l'on considère que ces lacunes sont presque les seules, ayant vraiment une certaine importance, qui puissent être relevées dans l'ensemble du volume, force est de reconnaître que celui-ci représente effectivement, en dépit de l'extrême condensation de son contenu, un résumé fidèle et pour ainsi dire complet, des points essentiels de la doctrine positiviste.

*
* *

Lewes, avons-nous dit, n'a pas seulement réussi à résumer, en un si petit nombre de pages, toutes les idées principales du cours de *Philosophie positive* et du commencement de la *Politique*, il a réussi, par surcroit, à illustrer la plupart d'entre elles d'exemples variés que sa prodigieuse érudition lui a permis d'emprunter à tous les ordres de connaissances, et qui sont toujours de nature (*même quand ils ne sont plus en harmonie avec l'état de la science contemporaine*) à éclairer la pensée de Comte et à faciliter sa pénétration dans les cervelles les moins aptes, spontanément, et les moins préparées, par leur instruction antérieure, à goûter le charme de la vérité abstraite.

S'agit-il, par exemple, de la loi des trois États, que, dans le but de la mettre davantage à la portée des profanes, il rappeliera les interprétations successives dont ont été l'objet les éclipses de soleil, les effets de la foudre, la naissance des monstres, l'apparition des épidémies, etc.....

C'est ainsi qu'afin de rendre plus compréhensible l'état théologique, il évoquera, à l'improviste, le souvenir classique de l'épidémie qui a éclaté dans le camp d'Agamemnon, épidémie que les Grecs terrifiés attribuent à la vengeance d'Apollon offensé dont l'arc retentissant lance de toutes parts les flèches invisibles de la mort, et qu'ils cherchent à conjurer par des sacrifices expiatoires (p. 29).

Pour permettre de saisir sur le vif l'état métaphysique, il rappellera le cas du grand Kepler, attribuant « la régularité des mouvements planétaires à ce que les planètes étaient animées d'esprits capables de faire des observations sur le diamètre apparent du soleil, en vue de régler leurs mouvements, de façon à décrire des aires proportionnées au temps » (p. 30).

Afin d'objectiver le contraste entre la manière théologico-métaphysique de raisonner et la manière positive, il les mettra en parallèle, — soit à propos des éclipses de soleil, interprétées par les primitifs comme le résultat de l'intervention d'un dragon qui avalait l'astre du jour, et dont le mécanisme est désormais si bien élucidé que les astronomes peuvent prédire l'heure exacte de leur apparition (p. 28) ; — soit à propos de la foudre, considérée longtemps comme l'arme de Jupiter ou de Jéhovah, et que les physiciens modernes condamnent maintenant à ramper le long d'une tige de fer pour aller se perdre, inoffensive, dans la terre (p. 29) ; — soit à propos de l'insalubrité de certains lieux fermés, attribuée naguère à un animal invisible, le Basilic, dont les regards étaient capables de tuer les personnes qu'ils fixaient, et à laquelle les hygiénistes contemporains pourvoient efficacement par la ventilation (p. 32) ; — soit à propos de la naissance des monstres, imputée récemment encore à la colère de Dieu ou à la concupiscence de Satan, et dont Étienne et Isidore Geoffroy-Saint-Hilaire ont enfin magistralement résolu le déterminisme (p. 33) ; — soit à propos du choléra dont la marche est aujourd'hui si bien connue, alors qu'en plein XIXe siècle, un grand nombre de pasteurs anglicans n'hésitaient pas à rejeter la responsabilité de l'une de ses invasions sur le gouvernement anglais, coupable, à leurs yeux, d'avoir irrité la Providence par une tolérance excessive envers les catholiques (p. 29) (1), etc., etc.

Cette manière de procéder ne lui a pas permis seule-

(1) Dans le numéro d'octobre 1905 de la *Revue Occidentale* et dans les numéros d'août et de novembre 1907 de la *Revue positiviste internationale*, j'ai donné les raisons pour lesquelles j'ai proposé de modifier la Loi des trois États, — en faisant rentrer la Métaphysique dans le premier État, dont elle représenterait une nouvelle et dernière subdivision, et qui deviendrait l'*État théologico-métaphysique* ou *anthropomorphique*, caractérisé par l'emploi prépondérant de la méthode anthropomorphique qui procède du dedans au dehors, et d'après laquelle l'esprit humain, puisant en lui-même toutes ses liaisons, cherche à expliquer le monde par l'homme ; — en introduisant comme second État, antagoniste avec le premier, le *Matérialisme*, caractérisé par l'emploi prépondérant de la méthode objective, qui va des phénomènes les plus simples et les plus généraux aux phénomènes les plus complexes et les plus particuliers, cherchant à expliquer

ment d'éclaircir beaucoup de points, tant soit peu obscurs, elle lui a permis aussi d'éviter la sécheresse qu'on a si souvent reprochée au style de Comte, de rendre son austère philosophie presque attrayante et, dès lors, accessible à une foule de lecteurs que rebuterait la tournure abstraite de l'œuvre originale.

*
* *

Mais, s'il s'est révélé ainsi vulgarisateur hors ligne et illustrateur émérite, il s'en faut, par contre, qu'il ait rencontré le même succès quand il a voulu rectifier ou compléter la pensée de son modèle, même dans des cas (sauf celui du Transformisme, p. 193) où l'expression de cette pensée prête le plus à la critique.

Autant, par exemple, il a eu raison, à mon sens, de dénoncer la dangereuse facilité avec laquelle Comte et beaucoup de ses disciples se laissent aller à employer au propre des termes qui n'ont de signification positive qu'au figuré, et parlent volontiers de lois qui *gouvernent* les phénomènes, comme s'ils croyaient véritablement que la production desdits phénomènes est susceptible d'être influencée activement par les formules auxquelles notre anthropomorphisme applique le nom de lois, par analogie avec l'ordre politique, — autant il a été mal inspiré dans la solution qu'il a préconisée pour remédier à ce danger

ceux-ci par ceux-là; qui procède, par conséquent, du dehors au dedans, et qui vise à expliquer l'homme par le monde ; — et en présentant, comme une conciliation entre les deux États précédents, l'*État positif*, dans lequel l'esprit humain, cessant de confondre le monde (indépendant de l'homme), avec la connaissance du monde (subordonnée à la structure de notre cerveau et à l'état social qui conditionne son activité), procède d'abord du dehors au dedans, c'est-à-dire des phénomènes les plus généraux aux plus particuliers, mais sans prétendre déduire la connaissance des uns de la connaissance des autres et en comprenant, au contraire, la nécessité de la recherche de nouvelles inductions toutes les fois que les problèmes à résoudre se compliquent par l'introduction de facteurs nouveaux; puis redescend de l'Humanité au monde, pour discipliner la recherche scientifique et systématiser ses résultats au point de vue subjectif de l'opportunité logique et sociale. C. H.

réel et qui consiste à substituer au mot Loi le mot Méthode. A dire vrai, les explications qu'il a accumulées sur ce sujet, ressemblent plus à du verbiage scolastique qu'au clair langage d'un esprit positif.

Non moins inopportune, dirai-je, a été son introduction, entre la Philosophie chimique et la Philosophie biologique, d'un chapitre relatif au passage de l'Inorganique à l'Organique (p. 143). Tel qu'il apparait, ce chapitre n'est propre, selon moi, qu'à troubler l'esprit du lecteur en soulevant, sans motif, un problème de synthèse objective, à propos d'un problème de synthèse subjective, en confondant malencontreusement une question purement abstraite, — celle de savoir si les phénomènes biologiques sont ou ne sont pas susceptibles d'être expliqués par les seules lois des phénomènes physico-chimiques, — avec la question concrète bien différente de savoir si la matière vivante est dérivée ou non de la matière inorganique et, dans l'affirmative, par quels procédés. Comme j'ai déjà eu l'occasion de le dire ailleurs (in *Rev. Occid.* de juillet 1892 (1), et *Rev. post. int.* de nov. 1907 et juill. 1908), mais

(1) « Depuis l'ouverture du XIXe siècle, tous les progrès accomplis en Biologie n'ont fait que confirmer les vues de Bichat sur l'irréductibilité des phénomènes physiologiques aux lois physico-chimiques..... — La physique et la chimie ne sont pas plus capables d'expliquer les phénomènes physiologiques que la biologie n'est capable d'expliquer les phénomènes sociaux et moraux..... — Maintenant, quand à dire si la matière organisée vivante est ou n'est pas apparue sur la terre, à une époque plus ou moins reculée, comme une dérivation, une différenciation de la matière inorganique, c'est là une question d'ordre *concret* que je ne veux pas traiter ici, pour ne pas soutenir, dans cette Revue, des opinions, non susceptibles encore de démonstration positive, et en contradiction formelle avec celles d'A. Comte et de M. Pierre Laffitte. Mais cette question vint-elle à être résolue un jour, comme je le pense, dans le sens de la théorie de l'évolution, que cela n'infirmerait en rien la distinction d'ordre *abstrait* établie par A. Comte entre la Cosmologie et la Biologie. Cette distinction subsisterait, tout comme subsiste la distinction entre la Biologie et la Sociologie et la Morale, bien que l'homme *social* et l'homme *moral* soient, incontestablement, des différenciations de l'homme *animal ;* mais ils représentent des sujets d'étude spéciaux que ne suffisent pas à expliquer les lois biologiques. » (p. 126-150).

comme il n'est peut-être pas inutile de le répéter ici, la Philosophie seconde, qui traite exclusivement des lois propres à chaque ordre spécial de phénomènes, n'a pas à s'inquiéter — non plus que la Philosophie première qui envisage les lois universelles communes aux divers ordres de phénomènes — de l'origine de la matière vivante ou des conditions de sa différenciation, et ses conclusions ne sauraient être, en aucun cas, affectées par l'issue éventuelle des recherches entreprises sur ce terrain. C'est là, au premier chef, un problème d'ordre concret dont, seule, peut avoir à s'occuper la Philosophie troisième, amorcée par Comte, ébauchée par Pierre Laffitte, et qui a pour objectif de coordonner l'ensemble des théories générales, relatives aux êtres.

Ajoutons que la solution proposée (p. 163) par Lewes, pour ingénieuse qu'elle ait pu paraître en 1853, n'a pas résisté, plus que les hypothèses analogues et non moins séduisantes d'Herbert Spencer, à la découverte d'une foule de facteurs nouveaux, qui ont modifié profondément la position du problème. Trop de documents manquaient alors à l'esprit humain pour qu'aucun de ses interprètes fût en état d'étreindre la réalité au point d'en donner une formule viable.

Tout aussi peu justifiée me paraît avoir été sa tentative pour modifier la classification Comtienne des sciences par l'intercalation de la Psychologie, comme science fondamentale distincie, entre la Biologie et la Sociologie.

Il a donné pour raison de son innovation que « les problèmes psychiques ne sauraient être résolus par les seuls principes physiologiques, et que, par suite, le domaine psychologique doit être séparé du domaine biologique » (p. 214-216) (1).

L'argument est, certes, valable pour distraire la Psy-

(1) Il aurait pu ajouter que « la vraie biologie (abstraite) n'a nullement pour objet la connaissance individuelle de l'homme, mais seulement l'étude générale de la vie, envisagée surtout dans l'ensemble des êtres qui en jouissent ». (Comte, in *Pol. pos.*, T. II, p. 437).

chologie de la Biologie — car, malgré les dires des matérialistes, il est suffisamment établi que l'explication de la plupart des phénomènes psychiques de l'homme social ne peut se déduire de la connaissance des lois biologiques de l'homme animal — mais il n'est pas recevable pour justifier la place qui lui est donnée avant la Sociologie.

Pour légitimer ce rang, il faudrait prouver qu'une science abstraite de la Psychologie peut se constituer, *sans le secours des données sociologiques*, par le moyen de l'observation intérieure, plus ou moins aidée de l'observation comparée des autres individus de l'espèce et même de celle des animaux supérieurs.

Or, c'est là une opinion insoutenable et que Lewes ne soutient d'ailleurs nullement. Quand même, en effet, il serait exact que Comte a exagéré l'impuissance de la conscience à analyser les pensées et les passions intimes, il n'en resterait pas moins vrai que l'individu est évidemment mal placé pour observer, sans illusion, la genèse de ses propres concepts et sentiments ; qu'un tel genre d'observation est tout au plus capable de procurer des renseignements accessoires et complémentaires ; qu'il ne peut à lui seul fournir les bases d'une science abstraite de la nature humaine, et qu'il offre même le danger de pousser chaque homme à conclure de lui-même aux autres, du particulier au général.

Vainement prétendrait-on que l'introspection peut suffisamment se compléter par l'observation des autres individus de l'espèce et par celle des animaux supérieurs pour servir alors de fondement à l'élaboration d'une science abstraite de l'âme humaine !

Dans la réalité des choses, l'observation comparée des vertébrés supérieurs est tout au plus capable de nous renseigner sur les facultés élémentaires de l'homme primitif, mais nullement sur la psychologie complexe de l'homme civilisé, c'est-à-dire modifié par la vie sociale.

Et quant à l'étude individuelle des autres civilisés, normaux ou anormaux, sains ou aliénés, — qui, d'ailleurs, pour peu qu'elle soit approfondie, suppose l'utilisation implicite ou explicite d'un certain nombre de données sociologiques, — elle ne saurait, malgré le haut intérêt des documents qu'elle est susceptible de recueillir, suppléer aux notions que seule la science sociale est en mesure de fournir.

Selon la juste remarque d'Auguste Comte, « la nature et la marche des facultés et des penchants devant être, au fond, les mêmes chez l'individu que dans l'espèce, ce dernier cas seul est assez réel et assez développé pour les caractériser. On ne peut ensuite demander à la saine observation personnelle que de vérifier les lois ainsi dévoilées par l'évolution sociale » (in *Pol. pos.*, I, 672).

« Aucune des véritables lois, même statiques et surtout dynamiques, propres à l'intelligence », ajoute-t-il, « ne saurait être connue que d'après un suffisant exercice. Sans doute, leur analogie nécessaire avec celle des autres fonctions vitales comporte envers elles de précieuses indications. Mais il n'en peut résulter qu'une vérification indispensable et jamais une découverte décisive. Il faut étendre ce jugement jusqu'aux lumières directes fournies par l'étude intellectuelle des animaux. Elle est toujours trop peu caractérisée pour dévoiler de telles lois, quoiqu'elle soit très propre à les consolider, et même à les perfectionner... Cette difficile manifestation appartient exclusivement au cas le plus complet et le plus décisif, résulté de l'exercice positif de la raison humaine.

« Or l'existence individuelle ne saurait, à cet égard, fournir assez de champ, même quand on y pourrait écarter les influences émanées de la vie collective. En effet, le progrès vraiment propre à chaque entendement reste toujours trop peu prononcé, même chez les esprits d'élite, pour dévoiler la marche générale du mouvement mental. C'est donc uniquement par l'étude positive de la grande évolution humaine que l'on peut découvrir les lois réelles de l'intelligence. Quand elles sont ainsi trouvées, la vie individuelle leur procure la meilleure vérification possible, vu la similitude fondamentale qui doit toujours exister entre l'essor personnel et le développement social. Après que la marche de l'espèce m'eût dévoilé la loi des trois états, je la confirmai très utilement par l'individu, dont l'étude propre ne me l'aurait jamais manifestée » (1).

Si donc, l'on concède que l'âme de l'homme civilisé l'emporte infiniment en complexité sur l'âme du primate le plus rapproché de nous, ou même sur celle du sauvage primitif, — si l'on accepte que cette complexité supérieure est due exclusivement, d'une part, à l'influence séculaire de la vie sociale, notamment aux institutions politiques qui, directement ou indirectement, ont conditionné l'évolution des races supérieures (propriété, famille, langage, gouvernement, religion), et, d'autre part, à l'action sociale des générations les unes sur les autres, — on ne peut, sans inconséquence, se refuser à admettre que l'étude abstraite de la société, au point de vue statique et dynamique, doit précéder l'étude abstraite de la nature humaine, au lieu de la

(1) Dans le *Cours de Philosophie positive*, A. Comte s'était déjà exprimé d'une façon analogue, dans les termes suivants : « Séparément envisagée, l'évolution individuelle de l'esprit humain ne peut vraiment dévoiler aucune loi essentielle ; elle ne saurait même fournir de précieuses indications ou des vérifications importantes que lorsque son exploration rationnelle est dirigée et interprétée par les inspirations émanées de l'évolution totale de l'Humanité, seule à la fois assez réelle et assez complète pour manifester suffisamment la véritable marche de notre intelligence; l'exécution même de ce Traité l'a, j'ose le dire, pleinement démontré ; car quelque utilité que j'y aie souvent tirée de la considération de l'individu, c'est évidemment à l'étude directe de l'espèce que j'ai dû, non seulement la pensée fondamentale de ma théorie philosophique, mais ensuite aussi son développement caractéristique... — Après avoir d'abord passé ainsi à la science de l'animalité, si l'on y aborde enfin les plus hautes spéculations positives, en s'élevant directement jusqu'aux fonctions morales et intellectuelles de l'appareil cérébral, on ne tarde point à sentir l'inévitable irrationalité d'une telle constitution scientifique ; car le cas le plus décisif, surtout à cet égard, n'y saurait être convenablement traité qu'en subordonnant son étude à la science ultérieure du développement social, suivant l'ensemble des motifs déjà indiqués dans ce chapitre pour démontrer l'impossibilité radicale d'une satisfaisante appréciation de notre nature morale, tant qu'on reste au point de vue individuel, alors essentiellement stérile, de quelque manière qu'il puisse être institué » (T. VI. p. 637 et 727).

suivre. En d'autres termes, du moment où l'on reconnait que la nature humaine a été, au cours des siècles, trop profondément modifiée par la vie et l'évolution sociales, pour qu'on puisse procéder fructueusement à son étude sans préparation sociologique, il est indiqué de placer la sociologie avant la psychologie.

L'erreur de Lewes à cet égard est d'autant plus surprenante que lui-même, en divers endroits de son volume, admet la dépendance dans laquelle se trouve la vie psychologique vis-à-vis de la vie sociale, et semble accepter (p. 221), avec Comte, « la nécessité d'une véritable doctrine sociologique comme condition préliminaire à l'élaboration d'une théorie cérébrale complète. » Sa méprise provient, je crois, de ce qu'il a confondu, sous le nom de Psychologie, la Psychologie proprement dite, c'est-à-dire l'étude de la nature humaine dans sa complexité, avec la physiologie psychique ou l'étude des conditions organiques du fonctionnement des facultés psychiques élémentaires. Ne pouvant reporter l'étude de la physiologie psychique après la sociologie, ni placer l'étude de la nature humaine dans la biologie, il a placé le tout après celle-ci et avant celle-là. Mais, dans la réalité des choses, il faut distinguer la Psychologie de la Physiologie psychique, et alors qu'il n'y a aucun motif valable pour isoler celle-ci de la Biologie, il y a les meilleures raisons pour n'entreprendre l'étude systématique de la nature humaine qu'après celle de la société.

Est-ce à dire pour cela que la Psychologie abstraite doive simplement former le chapitre final ou un appendice de la Sociologie abstraite, comme le proclament les matérialistes sociologiques et comme Comte l'a cru d'abord?

A cela on peut répondre qu'il ne saurait en être ainsi pour cette raison péremptoire que les seules lois de la Sociologie sont impuissantes à expliquer la plupart des phénomènes psychologiques, notamment ceux qui résultent des actions et des réactions des facultés élémentaires et des fonctions composées, les unes sur les autres.

Lesdits phénomènes, tout en subissant l'influence des

facteurs biologiques et sociologiques, s'accomplissent cependant d'après des lois propres, autres que celles des phénomènes organiques et politiques, et dont la découverte réclame des observations directes et des inductions nouvelles. Leur étude, en un mot, doit faire l'objet d'une nouvelle et dernière science abstraite, distincte de la Biologie et de la Sociologie, quoique utilisant leurs données, et qui n'est autre que la Morale théorique (ou Psychologie abstraite), esquissée par A. Comte et fondée par Pierre Laffitte.

Ce « septième et dernier degré de la grande hiérarchie abstraite diffère des deux précédents en ce qu'il les combine intimement. En regardant la biologie comme ébauchant l'étude de l'existence humaine, d'après celle des fonctions végétatives et animales, la sociologie fait seule connaître ensuite nos attributs intellectuels et moraux, qui ne deviennent assez appréciables que dans leur essor collectif. Dès lors, la véritable science finale, c'est-à-dire la morale, peut systématiser la connaissance spéciale de notre nature individuelle, suivant une combinaison convenable entre les deux points de vue, biologique et sociologique, qui s'y rapportent nécessairement. — Outre cette base déductive, elle exige directement, comme toute autre science, des inductions qui lui sont propres.... Une telle nécessité y résulte spécialement de ce que la science précédente (la sociologie) fait essentiellement abstraction des réactions continues entre le physique et le moral de l'homme, d'après les relations nécessaires des viscères végétatifs avec les organes affectifs. En effet, ces perturbations individuelles n'altèrent pas sensiblement l'existence collective, et s'y font d'autant moins sentir qu'elle se développe davantage. Leur mutuelle neutralisation entre les divers individus ne laisse subsister, en sociologie, que l'influence permanente des attributs vraiment collectifs, même quand on s'y bornerait à la simple solidarité objective. Mais ces phénomènes doivent encore moins affecter l'étude de la continuité subjective, qui prévaut de plus en plus envers l'ordre social. Car, ils se neutralisent davantage dans la succession des générations que dans la combinaison des individus ou des familles. Voilà pourquoi l'anthropologie proprement dite est à la fois plus spéciale et plus compliquée que la sociologie elle-même » (in *Pol. pos.*, II, 438).

A cette ultime science (éclairée par la Biologie et la Sociologie) revient l'étude des multiples combinaisons qu'offrent entre elles les facultés simples ou composées du sentiment, de l'intelligence, du caractère, et d'où résultent, entre autres, la foule des penchants composés qui agitent le cœur humain, tels : — l'amour de la propriété ou de l'argent, lié à la réaction des images correspondantes sur l'instinct conservateur et à la conception de la possession ; — l'amour de la parure ou des signes honorifiques, le désir de l'approbation actuelle ou future des hommes, dus à la combinaison de la vanité avec l'image de certains objets ou de certains êtres individuels ou collectifs ; — les sentiments de l'honneur, de la honte, du remords, résultant de la perturbation de l'intime association habituelle d'un des sentiments altruistes, la vénération, avec un élément mental déterminé qui est un type idéal du Moi, variable avec les lieux et les époques ; — l'amour ou le mépris de la vie, liés à la combinaison de l'instinct conservateur avec l'image plus ou moins précise de la personnalité, suivie dans les diverses évolutions dont on conçoit celle-ci susceptible, etc., etc....

Si, par exemple, il appartient à la Biologie d'étudier l'instinct sexuel, indépendamment du degré de parenté des individus qu'il rapproche ou du retentissement de ses manifestations sur la vie sociale, — s'il appartient à la Sociologie d'apprécier la canalisation de cet instinct par l'institution du Mariage, son règlement par les lois sur l'inceste ou l'adultère, etc..., — la Morale seule a qualité et compétence pour analyser le phénomène de la pudeur qui, déclare P. Laffitte, résulte d'un trouble réel ou imaginaire, apporté à l'intime combinaison habituelle de la vénération avec la conception d'un type idéal du Moi.

Que dire maintenant des singuliers efforts de Lewes pour concilier, soit le texte de Comte soit tout au moins l'esprit de la Philosophie positive avec un vague Déisme sans révélation ?

A l'inverse de ses tentatives précédentes pour compléter ou rectifier le texte de Comte, celle-ci est, à ce point difficilement explicable, que sa sincérité a été mise en doute et qu'elle a pu être considérée, notamment par le principal intéressé, comme une manœuvre peu honorable, comme une sorte de rouerie voltairienne, pour faire accepter, des lecteurs anglais, l'exposition d'idées contraires à leurs sentiments intimes.

Voici, en effet, le dur jugement qu'on trouve dans deux lettres de Comte à H. Dix-Hutton : — « J'ai spécialement blâmé M. Lewes », est-il dit dans la première, « de sa participation inattendue au système d'hypocrisie que les déistes s'efforcent de substituer à ceux des divers chrétiens, et qui me paraît plus méprisable qu'aucun autre » (13 nov. 1853) ; — « le déisme de M. Lewes », est-il dit dans la seconde, « ne mérite point l'honneur que vous lui faites d'une sérieuse réfutation. Cet écrivain.... ne prend actuellement ce ton étrange que comme un costume qu'il croit convenable aux succès immédiats de son exploitation littéraire » (8 déc. 1853).

Mais nous sommes tous diposés à nous laisser dominer plus ou moins inconsciemment par l'égomorphisme, et peut-être, en vérité, le Maître s'est-il trop hâté de conclure de son émancipation personnelle à celle de son disciple britannique. Il ne faut pas perdre de vue que celui-ci respirait dans un milieu intellectuellement plus arriéré que le milieu français, qu'il a vécu de longues années, en étroites relations d'amitié avec l'auteur de la Philosophie de l'Incognoscible, et que s'il a certainement influé sur l'évolution des idées d'Herbert Spencer, son propre développement mental a pu, à son tour, être fâcheusement influencé par ses contacts répétés avec un tel séducteur. Jusqu'à preuve du contraire, je serais donc plutôt porté à croire qu'au lieu de manquer d'honnêteté il a finalement manqué de courage de tête, et qu'au moment de couper la dernière amarre qui rattachait l'Humanité à la vieille superstition théologique, il a eu un mouvement d'hésitation et de recul.

Quoiqu'il en soit de cette interprétation, on le voit, dès le chapitre II (p. 25), se donner beaucoup de peine pour essayer de démontrer, à grand renfort de citations, que Comte n'a jamais été un athée et qu'il répudiait l'athéisme.

En fait, c'est Lewes qui joue sur les mots, puisque le fondateur du Positivisme reproche précisément aux athées de s'occuper encore de Dieu. Le mépris mental du Philosophe pour les questions théologiques (intrinsèquement envisagées et indépendamment de leur rôle dans le passé) est tel qu'il juge indigne d'un esprit positif de s'arrêter à les discuter. Si l'on rapproche, de ce dédain transcendant de Comte pour les croyances surnaturelles, le fait qu'il n'a jamais cessé de considérer les diverses divinités adorées jusqu'ici par les hommes, comme des créations purement anthropomorphiques de leur esprit, et comme des extériorisations des différents types humains, force est bien de reconnaître (n'en déplaise à M. Le Verrier) la profonde justesse de l'appréciation humoristique des Élèves de l'École polytechnique, disant de leur examinateur « qu'il avait mis Dieu en équation et ne lui avait trouvé que des racines imaginaires ». Cette boutade résume admirablement l'attitude intellectuelle de Comte vis-à-vis de la théologie (1).

Plus loin, dans un chapitre assez obscur sur l'*Astronomie et la Religion* (p. 91-94), Lewes ne craint pas de reprocher à son Maître, au nom de la saine philosophie positive, d'avoir écrit que les cieux ont cessé de raconter la gloire de Dieu pour ne plus « raconter d'autre gloire que celle d'Hipparque, de Kepler, de Newton et de tous ceux qui ont concouru à en établir les lois », et il proteste, toujours au nom de la Philosophie positive, contre cette affirmation de son fondateur que « les éléments de notre système solaire ne sont certainement point disposés de la manière la plus avantageuse » au regard de « la science qui permet de concevoir un meilleur arrangement » (p. 90).

(1) Avec non moins d'humour, Pierre Laffitte a pu dire que « le Positivisme était venu congédier Dieu pour cause de suppression d'emploi, mais en le remerciant de ses services provisoires ».

Il soutient, à ce propos, et non sans apparence de raison, me semble-t-il, que la science humaine qui manque de terme de comparaison pour apprécier l'ordonnance de notre monde et qui ignore si l'arrangement de ses éléments existe en vue d'une fin, — que la science humaine, dis-je, n'a pas qualité pour décider d'une telle question et que revendiquer pour elle une telle compétence équivaut à prétendre qu'elle est la mesure de tout.

Mais, s'il n'a pas tort, à mes yeux, de soutenir que la science ne sait rien de ces choses, que l'intelligence humaine, tout en étant la mesure de la connaissance, ne saurait néanmoins prétendre être la mesure de l'univers et revendiquer le droit de nier l'existence d'harmonies mondiales, dans un domaine inaccessible à nos recherches, — il manque à toutes les règles de la positivité et il fait preuve du plus étroit égomorphisme en soutenant implicitement le contraire par cette affirmation qu'aucun homme ne saurait contempler le firmament, « cette voûte de la cathédrale de l'immensité », sans s'associer au transport du Psalmiste et répéter avec lui : « *Cœli enarrant gloriam Dei* ».

Une telle affirmation suppose, en effet, d'une part, que Lewes admire l'ordonnance de l'Univers perceptible, et, d'autre part, qu'il conclut de son admiration à la nécessité de celle des autres.

Or cet ordre de l'Univers qui provoque l'admiration plus ou moins déguisée de notre Essayiste, n'est, somme toute, que la constatation et l'interprétation anthropomorphique des rapports apparents à notre vue des corps que nous distinguons dans l'espace. A ces rapports nous appliquons le terme d'*ordre* par analogie avec l'arrangement des choses mobiles qui nous entourent, et nous sommes tentés d'attribuer la disposition réciproque des astres à une volonté intelligente, analogue à la nôtre, mais d'une puissance infinie en rapport avec l'infini de l'Univers, — sans réfléchir qu'il ne peut pas ne point exister de rapports quelconques de situation réciproque entre les éléments divers d'un panorama, et que ces rapports inévitables (quelconques) représentent toujours un ordre pour les yeux humains qui les contemplent et l'ordre le plus parfait pour ceux qui n'ont pas de terme de comparaison.

D'autre part, de ce que Lewes ressent, à la vue des cieux, le même sentiment que celui exprimé par le psalmiste, il ne s'ensuit nullement que ce sentiment doive être nécessairement celui de tous les autres hommes. Et, en fait, ce même spectacle, qui provoque chez notre auteur un réflexe théologique si marqué, n'inspirera à d'autres spectateurs que le sentiment de l'extrême relativité de la connaissance humaine et n'éveillera chez eux que la tendance au doute.

Dans son chapitre de conclusion, Lewes revient à nouveau, et d'une façon insidieuse, sur la question théologique.

Après avoir, en effet, semblé admettre avec Comte que le propre de toute religion est de représenter une doctrine de ralliement et de règlement et que la religion positiviste réalise les conditions d'une telle doctrine, à un degré supérieur, en nous offrant dans l'Humanité (c'est-à-dire dans l'ensemble des êtres convergents de notre espèce et des espèces qui lui sont associées) le seul Être suprême dont la connaissance, l'amour et le service puissent rallier et régler tous les hommes, — il conclut finalement, et de la façon la plus imprévue, à l'insuffisance de la création religieuse du Maître, pour ce motif spécieux que si l'Humanité peut être considérée, à bon droit, comme l'Être suprême de notre globe, et, adorée, en cette qualité, ici-bas, elle ne saurait être considérée comme l'Être suprême de l'Univers et adorée comme telle sur d'autres astres. De cette constatation, il tire subtilement la conséquence que nous avons besoin de concevoir une divinité de l'*Univers* au-delà de l'Humanité (Être suprême de notre planète), et qu'au-dessus de la Religion de l'Humanité, il y a place pour une religion de l'Univers commune à tous les astres.

De la part de quelqu'un qui assimile la religion à une doctrine de ralliement et de règlement, l'argumentation est faite pour surprendre, car l'objection qu'elle soulève ne deviendrait valable que si les habitants de la Terre venaient à nouer des relations avec les habitants d'autres planètes et à entrer en compétition avec eux. Dans ce cas seulement, on serait fondé à prétendre que la conception de la seule Humanité terrestre n'est pas suffisante pour rallier les habitants des divers astres, et qu'il faut chercher en dehors de chacun d'eux un autre principe supérieur de ralliement. Tant que les rapports de la Terre avec les autres planètes resteront ce qu'ils sont, on ne voit pas bien, en suivant le raisonnement de Lewes, quelle aide religieuse pourrait nous procurer la conception anthropomorphique d'un Dieu de l'Univers dont l'existence ne saurait être démontrée scientifiquement et, par suite, ne saurait s'imposer à la croyance de la généralité de nos semblables de façon à remplir, vis-à-vis d'eux, l'office de ralliement d'un principe religieux. Tout au plus, pourrait-on prétendre qu'une telle conception serait susceptible de contribuer au règlement personnel, à l'instar de l'amour qui, si souvent, ennoblit la vie de l'individu en lui faisant adorer l'idéalisation de sa propre nature dans l'être aimé.

D'ailleurs, en supposant même qu'un jour l'Humanité entrât non-seulement en relations avec les habitants des autres planètes (ce qui arrivera vraisemblablement lorsque l'Humanité pacifiée songera à utiliser le merveilleux agent de communication qu'est la lumière), mais aussi en compétition avec eux (éventualité peu probable), il ne s'ensuivrait nullement que l'idée d'un Dieu de l'Univers pût avoir aucune utilité religieuse, tant qu'elle resterait invérifiée, car l'existence d'une telle Divinité ne serait pas moins contestée au sein de chaque planète qu'au sein de la nôtre et sa conception ne varierait pas moins entre les croyants de chacune des planètes qu'entre les croyants de chaque population terrestre.

En nous plaçant au point de vue de la destination sociale des idées religieuses, le Dieu de l'Univers, préconisé par Lewes, ne représente donc qu'une création égomorphique, sans utilité réelle, et plus propre à diviser les hommes qu'à les rallier.

∴

A voir le peu de place que j'ai réservé à l'éloge et l'importance que j'ai accordée à la critique dans cette Introduction, on pourrait croire qu'il y a moins à prendre qu'à laisser dans l'œuvre dont Mme Hillemand publie aujourd'hui la traduction.

Ce serait une erreur. La vérité est simplement que, dans toute appréciation sérieuse qui n'est pas un prospectus de librairie, la discussion de la moindre divergence d'idées exige infiniment plus de développements que la constatation d'une masse de pensées concordantes. Point n'est besoin, en effet, d'insister sur celles-ci, tandis qu'il est d'une honnêteté élémentaire de produire les raisons pour lesquelles on considère telle ou telle opinion comme erronée. De là, le développement donné à la critique dans les pages qui précèdent. Mais en tenant le plus large compte des légères imperfections que présente le travail de Lewes et que je n'ai pas cachées, je ne saurais trop répéter ce que j'ai dit, page 202, à savoir qu'il représente l'un des meilleurs résumés, existant actuellement, de la doctrine positiviste. Malgré la date, déjà éloignée (1853), de sa première édition, il ne le cède en mérite à aucun de ceux qui ont été écrits postérieurement, et, dans son ensemble, il leur est, le plus souvent, supérieur.

CONSTANT HILLEMAND.

PRÉFACE

L'Essai suivant pour populariser les idées principales du plus grand penseur des temps modernes se compose de deux parties, différemment traitées.

La première contient la Philosophie des six sciences préliminaires (dans lesquelles la Psychologie est incluse pour des raisons que nous produirons) ; la seconde contient la Science sociale qui comprend la Philosophie de l'Histoire. Dans la première partie, l'exposition des vues de Comte se trouve entremêlée de bon nombre de critiques, d'illustrations, de spéculations et d'observations nouvelles, tandis que, dans la seconde partie, je n'ai, pour ainsi dire, rien ajouté et me suis borné à résumer le texte de l'auteur, en serrant sa pensée d'aussi près que possible.

Le principal motif qui m'a déterminé à procéder ainsi, dérive de la nature du sujet lui-même. Il m'a semblé, en effet, de toute justice, de laisser Comte expliquer à sa manière, et sans que ses explications fussent coupées de réflexions étrangères, les principes d'une science qu'il a lui-même créée. Mais cette considération ne s'appliquait pas évidemment aux autres sciences, et, pour rendre le volume plus attrayant, j'ai cru pouvoir me permettre, tout en exposant les idées de l'auteur, de les mettre au point du *présent* état de la science. C'est pourquoi, par exemple, le lecteur trouvera exposées ici, en place de la Chimie organique et de la Physiologie de 1838, les dernières découvertes et conceptions de l'année 1853.

Je dois ajouter qu'une portion considérable de la première partie a déjà paru dans le journal *Le Leader* (d'avril à août 1852), sous forme d'une série d'articles, rédigés au milieu d'occupations dont mes amis sont seuls à même de connaître le nombre et la divergence. Mais lesdits articles ont été soigneusement revisés et considérablement accrus, notamment de trois chapitres nouveaux. Parmi ces derniers, il s'en trouve un, consacré à l'exposition d'une théorie du passage de l'Inorganique à l'Organique, dont l'importance exigerait assurément une discussion beaucoup plus étendue que celle à laquelle j'ai dû me borner. Mais comme je n'ai guère l'espoir de trouver jamais assez de loisir pour traiter le sujet avec tout le développement qu'il comporte, j'ai préféré risquer ma théorie sans me préoccuper outre mesure de l'accueil qui lui est réservé.

Un mot pour finir et pour répondre à la remarque faite par Sir WILLIAM HAMILTON, et rééditée par M. MORELL dans ses *Philosophic Tendencies of the Age*, qu'il est vraiment surprenant de voir Comte commencer à être pris en considération en Angleterre juste au moment où la

France le délaisse. On devine la portée tendancieuse et la signification d'une telle remarque ; il est seulement dommage pour ses auteurs qu'elle repose sur un fait complètement faux. Loin que la réputation de Comte décline en France, elle s'affirme au contraire de plus en plus, non seulement par l'accroissement du nombre de ses disciples, mais aussi par la faveur que ses doctrines rencontrent auprès des hommes les plus éminents. En raison même de la nature de sa philosophie, on ne pouvait guère espérer pour elle d'adhésions précoces que dans les rangs des hommes de science préparés à la goûter par leurs études préliminaires, notamment dans les rangs des physiologistes. C'est pourquoi, pendant que la plupart des métaphysiciens (obéissant à la jalousie) et la plupart des mathématiciens (en proie à l'étroitesse d'esprit) ne parlent du Rénovateur qu'avec colère et mépris, on distingue, parmi les Français qui se proclament ses disciples, — le biologiste Littré, le plus éminent de ses collaborateurs, — Ch. Robin, le premier, sans doute, des anatomistes contemporains, et le digne successeur de Bichat, — le Dr Verdeil, le chimiste organique, — le Dr Segond, le physiologiste, — et J. B. Béraud, dont l'admirable Manuel de Physiologie a paru pendant que ces feuilles étaient à l'impression. Quant au nombre de ses lecteurs, il suffit de faire remarquer que la *Philosophie Positive* est épuisée, et que ses autres ouvrages sont en vente à des prix assez modérés pour permettre de compter sur une large vente, — toutes choses qui ne vont guère avec une réputation décroissante !

Il me sera permis d'ailleurs d'ajouter que la valeur d'un système de philosophie est, au suprême degré, indépendante de l'acceptation ou de l'opposition qu'il peut rencontrer sur le moment, soit en France, soit ailleurs. La seule question que nous ayons à nous poser est la suivante : Est-il vrai ?

Le but des pages qui suivent sera rempli si leur lecture permet de répondre en toute conscience à cette interrogation.

G. H. LEWES.

Kensington, sept. 1853.

TABLE

2e Partie. — Science Sociale.

LA

PHILOSOPHIE DES SCIENCES

DE COMTE

Introduction biographique.

A la fin de l'*Histoire Biographique de la Philosophie,* après avoir parcouru les grandes époques de la Spéculation, j'ai cherché, en quelques traits rapides, à indiquer la position occupée par A. Comte, le plus grand penseur des temps modernes, l'homme dont la doctrine est, au XIXe siècle, quelque chose de plus que n'a été celle de Bacon aux XVIIe et XVIIIe siècles. Toute imparfaite et rudimentaire qu'ait été nécessairement une pareille esquisse, renfermée dans les étroites limites d'un chapitre de conclusion, elle n'a pas laissé d'avoir un effet utile en inspirant le désir de faire plus intime connaissance avec Comte. Aussi peut-on espérer qu'il se trouvera un public important, curieux de lire une exposition plus ample et plus détaillée de la Philosophie positive. L'espoir que j'ai longtemps caressé d'exécuter ce travail, d'une manière ou d'une autre, se trouve enfin sur le point d'être réalisé, grâce au noble instinct de notre nature qui nous pousse, lorsque nous sentons en nous la grandeur et la puissance d'une croyance véritable, à essayer de faire pénétrer notre conviction dans d'autres esprits. Toute propagande est religieuse; toute prédication inébranlable de la vérité, telle que notre esprit la conçoit, est un devoir humain, un instinct social. S'il en était autrement, pourquoi irait-on troubler la béatitude des sots en faisant ressortir l'absurdité de leurs préjugés? Pourquoi s'exposerait-on aux interprétations blessantes, à l'indignation et à l'animosité de ceux avec lesquels on diffère d'avis ? Je dois trop aux leçons d'A. Comte, qui m'ont guidé au cours de mes années actives de labeur, en me procurant la foi qui soutient, et que m'avaient fait perdre mes spéculations antérieures, pour ne pas désirer que d'autres bénéficient semblablement de son enseignement. Pendant dix ans, son influence ne m'a pas quitté, survivant à tous mes changements d'opinion et modifiant toute ma destinée mentale ; aussi ma dette de reconnaissance envers lui ne saurait-elle s'exprimer en paroles. Si, une fois cette déclaration faite, on me trouve différer d'opinion avec Comte sur quelques points énergiquement soutenus par lui et par ses disciples orthodoxes, il me suffira de rappeler au lecteur, une fois pour toutes, que le respect n'est pas incompatible avec l'indépendance.

A. Comte naquit en 1798. Sa famille était hautement catholique et monarchique, détail qui n'est pas sans signification pour peu que l'on considère son éducation philosophique. Son instruction de collégien commença dans l'une de ces institutions universitaires au sein desquelles Bonaparte s'efforçait vainement de restaurer l'antique prépondérance du régime théologico-métaphysique. C'était déjà au collège que Bacon, dans sa vive et ardente jeunesse, avait rejeté avec mépris l'inspiration scolastique des études et projeté la première esquisse du « Novum Organum ». C'était également au collège que Descartes avait pris pleinement conscience de l'insuffisance de la méthode aristotélienne, et de la vanité des sciences régnantes. C'était au collège encore que Locke avait secoué le joug des arguties pédantesques qui tenaient lieu de philosophie, et avait appris à mépriser toute autre éducation que celle qu'on acquiert soi-même. Ce fut de même au lycée que Comte sentit, pour la première fois, le besoin d'une entière rénovation de la philosophie, et que, pénétré de l'absurdité de restreindre la Méthode scientifique aux phénomènes du monde inorganique, il entrevit de bonne heure, par voie de conséquence, l'absolue nécessité d'étendre ladite méthode aux problèmes vitaux et sociaux. Bacon avait 13 ans et notre lycéen 14, quand cet esprit de réforme s'éveilla en eux.

Comte se trouvait encore dans cette disposition intellectuelle lorsqu'il fit la connaissance du célèbre Saint-Simon, sous la direction duquel il consentit à travailler, pour devenir bientôt l'un de ses plus actifs disciples. Plus tard dans sa vie, il a caractérisé Saint-Simon : « un écrivain fort ingénieux, mais très superficiel, dont la nature propre, beaucoup plus active que spéculative, était assurément peu philosophique, et ne comportait réellement d'autre mobile essentiel qu'une immense ambition personnelle ». La coïncidence de leur point de vue relatif à la nécessité d'une Rénovation sociale, basée sur une Révolution mentale, fut le lien qui les réunit, mais il semble bien que le charme et l'ascendant personnel de Saint-Simon aient subjugué Comte qui, cependant, considéra, par la suite, que leur commerce avait eu pour seul résultat de troubler et d'interrompre le cours naturel de ses propres spéculations, en les orientant vers de futiles tentatives d'action politique directe.

Une autre fois, en 1826, sa carrière se trouva interrompue d'une manière différente et plus pénible, lorsque le surmenage et des préoccupations morales lui amenèrent une excitation cérébrale qui, sous la garde de médecins aliénistes, se développa en folie caractérisée. Après que les docteurs l'eurent déclaré incurable, il fut guéri par les soins et la tendresse des siens. Il n'a pas craint d'exposer lui-même ouvertement cet épisode de sa vie, en prévenant ainsi la perfidie de ses adversaires qui ne devaient pas manquer, par dérision, de le rappeler souvent. Que cet accès de folie n'ait été qu'un désordre cérébral passager, aucun lecteur de ses ouvrages ne saurait en douter, car quelque opposition que puissent soulever ses opinions, aussi fausses et aussi absurdes puissent-elles paraître, elles n'ont assurément rien de cette extravagance et de cette incohérence auxquelles peut convenir l'imputation de folie.

Sa vie semble avoir été d'abord une vie scientifique paisible, avec le pain quotidien assuré par l'enseignement des mathématiques, soit comme répétiteur privé, soit comme répétiteur officiel à l'École polytechnique où il professa. Ses loisirs étaient consacrés à la lente élaboration de sa philosophie. Il nous a raconté lui-même, dans la préface du tome sixième de la *Philosophie Positive*, l'histoire de ses persécutions, mais naturellement, il ne nous a donné que ses vues sur la question : or, pouvons-nous ignorer que les hommes qui écrivent l'histoire de leurs malheurs ne sont pas toujours les plus exacts des historiens? Qu'il eut offensé Arago, et la plupart des professeurs ses collègues, cela est hors de doute et le fait de son expulsion graduelle d'un poste après l'autre est aussi incontestable qu'il est déplorable. Le lecteur apprendra avec peine que Comte, dans la 54e année de son existence, fut jeté sur le pavé, sans autres ressources que celles qui purent lui être recueillies par ses admirateurs.

En dehors de son enseignement officiel, Comte avait pris l'habitude, depuis nombre d'années, de faire des cours gratuits sur des parties de la Philosophie positive, chaque dimanche durant six mois sur douze; disséminant par ce moyen, au sein du peuple, des vérités générales de la plus importante nature. Et l'on peut dire que ces occupations constituaient sa vie, uniquement distraite par deux récréations constantes — la Poésie et la Musique. Ses ouvrages, qui déjà se montent à douze gros volumes, ont été composés avec une rapidité presque incroyable. L'ensemble du premier volume de la *Philosophie Positive* (600 pages) fut écrit en trois mois! et le reste, avec une rapidité telle, qu'elle expliquera dans une certaine mesure les imperfections de son style diffus. Ses travaux sont les suivants :

Le *Cours de Philosophie positive*, en 6 volumes. Paris, 1830-42.

Un *Traité élémentaire de Géométrie analytique*, 1 vol. Paris, 1843.

Un *Traité d'Astronomie populaire*, 1 vol. 1844.

Le *Discours sur l'Ensemble du Positivisme*, 1 vol. 1848 (réimprimé dans le traité suivant).

Le *Système de Politique positive*, 4 vol. 1851-54.

Le *Catéchisme positiviste, ou Sommaire Exposition de la Religion universelle*, 1 vol. Paris, 1852.

On peut relever, dans sa vie, deux grandes divisions qui correspondent aux deux divisions fondamentales de sa philosophie. L'homme de science solitaire, dont les jours se passaient dans la méditation et le professorat, qui menait une vie purement intellectuelle, se trouva admirablement bien préparé pour la grande mission de construire une philosophie des sciences, et, par ce moyen, de jeter les bases inébranlables d'une nouvelle Doctrine sociale, — en d'autres termes, d'élaborer une philosophie comme l'indispensable préparation à une Religion. Mais cette vie intellectuelle, en proportion qu'elle lui convenait pour la coordination des principes scientifiques, le rendait peu propre, par sa nature exclusive, à la compréhension intense et élevée d'une vie sentimentale en intime connexion avec la Religion et la Moralité.

Ici, je touche à l'un des caractères de la Philosophie Positive, qui, pendant longtemps encore, sera un obstacle à son acceptation ; car les scientistes seront disposés à repousser, non sans raillerie, la subordination de l'Intelligence au Cœur, de la Science à l'Émotion ; et ceux d'entre les non-scientistes qui sentent l'importance souveraine et supérieure de notre nature morale, s'écarteront d'une philosophie qui repose uniquement sur une base scientifique. La logique et le sentiment — pour employer des expressions populaires — ont été si longtemps en guerre que bien des hommes rejetteront le système de Comte parce qu'il cherche précisément à concilier l'une avec l'autre.

Que l'aspect Intellectuel ne soit pas le plus noble aspect de notre nature, c'est là une hérésie que j'ai depuis longtemps proclamée, avec une constance liée à une conviction profonde. Jamais aucune Philosophie ne sera en état de satisfaire les aspirations de l'Humanité tant qu'elle ne reconnaîtra pas cette vérité que l'homme est mû par ses sentiments et non par ses idées, et que son intelligence lui sert seulement d'œil pour *reconnaître son chemin*. En d'autres termes, l'Intelligence est la servante et non la maîtresse du Cœur ; et la Science est une futile et frivole occupation, ne méritant guère plus d'égard qu'une partie d'échecs, lorsqu'elle n'est pas au service de quelque grande aspiration religieuse, lorsque ses résultats ne contribuent pas à élargir d'une façon quelconque la conception de la vie et de la destinée humaine ! Je dis cela, sans aucune crainte d'être mal compris, car mes opinions sur la théologie ont été trop souvent et trop clairement exprimées, pour donner prise à la supposition qu'en établissant ainsi la subordination de la science vis-à-vis de la religion, je veuille défendre les déclarations courantes d'orthodoxie.

Je suis d'accord avec l'*esprit* de ces déclarations sans partager toutefois les opinions qu'elles impliquent. Bien que je ne sois pas redevable à Comte de ma propre conviction de la suprématie morale, il n'est point douteux cependant que mon sentiment, à cet égard, a été grandement fortifié par le spectacle du développement de la même idée dans l'esprit de cet auteur.

A l'âge de quarante-sept ans, Comte devint amoureux d'une malheureuse et remarquable femme, séparée de son mari. Une année entière de chaste et exquise affection changea sa vie. Il avait achevé son grand ouvrage sur la *Philosophie positive*. Son élaboration scientifique était terminée. Il était sur le point d'aborder les grands problèmes de la vie sociale lorsque, par une heureuse coïncidence, il tomba amoureux. Ce fut alors que notre philosophe se trouva en état de sentir, dans toute sa plénitude, la vérité qu'il avait naguère entrevue, à savoir, que dans la masse, comme dans l'individu, la prédominance appartient aux sentiments, l'intelligence n'étant, à proprement parler, que la servante du cœur. Une nouvelle influence pénétrant, comme la clarté du soleil, dans les intimes profondeurs de son être, réveilla en lui des sentiments endormis depuis son enfance, et à l'essor desquels il dut de voir le monde sous de nouveaux aspects. Il devint religieux. Il apprit à apprécier l'influence permanente et universelle des sentiments. Un nouveau trait de lumière se fit jour en lui sur la destinée humaine. Il aspira à devenir le fondateur d'une religion nouvelle, la religion de l'Humanité.

Pendant une longue année de félicité, Auguste Comte connut l'inexprimable bonheur d'un profond attachement ; mais, au bout de ce temps, la consolation de sa vie lui fut enlevée, l'ange qui lui était apparu dans son isolement, et qui avait ouvert les portes du ciel à son regard avide, s'évanouit et le laissa de nouveau à sa solitude ; toutefois, bien que sa présence eût été de courte durée, elle laissa dans le cœur de l'abandonné une trace de gloire lumineuse, suffisante pour lui faire supporter le fardeau de l'existence et consacrer ses jours à la grande mission que l'amour de Mme Clotilde de Vaux avait sanctifiée.

CHAPITRE Ier

Considérations générales sur le but et l'objet du Positivisme.

La Philosophie positive prête à une erreur très répandue et très préjudiciable, bien que fort compréhensible.

Elle est, volontiers, regardée comme un objet de science sévère et sèche, intéressant seulement les hommes de cabinet, présentant exclusivement l'aspect scientifique des choses, et passant sous silence les grandes questions du Sentiment, de l'Art, de la Moralité, de la Religion ; comme une philosophie qui serait propre à distraire l'intelligence d'un petit nombre d'esprits spéculatifs, mais qui jamais ne saurait prétendre obtenir l'adhésion de la masse. La méprise est d'autant plus fâcheuse que le monde pensant en est arrivé malheureusement à se trouver divisé en deux classes : les hommes de science dépourvus de philosophie parce qu'ils sont, pour la plupart, incapables d'apprécier convenablement ces généralités qui forment une philosophie, et les métaphysiciens, que leur tendance vers les généralités pousse à dédaigner les spécialités terre à terre de la science physique. Ainsi, entre la Science qui ignore la Philosophie, et la Philosophie qui ignore la Science, Comte se trouve en danger d'être méconnu. Ces pages convaincront probablement le lecteur que la Philosophie positive est nécessairement appelée à résoudre ces contradictions, à servir de trait d'union aux deux partis, et que, tout en rendant l'hommage légitimement dû aux recherches spéciales des expérimentateurs, elle est apte à donner libre carrière aux tendances généralisatrices des philosophes. En tout cas, le moraliste, le métaphysicien et l'homme de lettres, peuvent être assurés que si le système de Comte se distingue par quelque chose de saillant, c'est par la prédominance absolue du point de vue moral et par la rigoureuse subordination de l'intelligence au cœur. Sa doctrine dénonce toute spéculation qui consiste exclusivement en un simple déploiement de force intellectuelle, et considère la science, telle qu'elle est communément comprise, avec quelque chose des sentiments que peut éprouver le moraliste en contemplant la routine de ceux dont la vie se passe à fabriquer uniquement des têtes d'épingles. L'impression de demi-répugnance que ressentent les littérateurs, les artistes et les moralistes à l'égard de la science, est le résultat d'une insurrection légitime et naturelle des sentiments contre les aspirations dominatrices de l'intelligence : les hommes ont conscience que la vie morale est plus vaste et plus intense que la vie intellectuelle, — ils sentent qu'aucune science ne peut prétendre satisfaire les besoins de cette vie morale, et ils rejettent toute Philosophie qui leur parle seulement de laboratoire. Mais telle n'est pas chez Comte la position de la Science. Cette dernière est simplement la base sur laquelle doit s'élever la superstructure sociale. Elle donne à la Philosophie des matériaux et une méthode, et c'est tout.

Si la Philosophie Positive est quelque chose, elle est une doctrine capable d'embrasser tout ce qui peut régler l'Humanité ; elle n'est pas un traité de science physique, ni un traité de science sociale, mais un système qui encadre toute l'activité intellectuelle. « Le Positivisme », déclare notre auteur, dans son récent ouvrage, « se compose essentiellement d'une philosophie et d'une politique, qui sont nécessairement inséparables, comme constituant l'une la base et l'autre le but d'un même système universel, où l'intelligence et la sociabilité se trouvent intimement combinées »; et plus loin, « telle est donc la mission du Positivisme : généraliser la science réelle et systématiser l'art social. » En d'autres termes, Comte s'est proposé de créer une Philosophie des Sciences comme base d'une nouvelle foi sociale. Le but du Positivisme est d'abord la fondation d'une doctrine sociale, et la science ne représente pour lui qu'un moyen ; de même que chez l'homme l'intelligence est simplement l'intendante et la directrice de la vie. « En effet, si le cœur doit toujours poser les questions, c'est toujours à l'esprit qu'il appartient de les résoudre. »

Voilà quant au but du Positivisme.

Qu'on me permette maintenant d'appeler l'attention sur les conceptions primordiales de Comte, et premièrement sur sa conception lumineuse de *toutes les sciences physiques et sociales, en tant que branches d'une science unique, et destinées à être cultivées, d'après une seule et même méthode.*

Dire que la science est une, et que la méthode devrait être une, peut paraître, au lecteur inconsidéré, un truisme plutôt qu'une découverte ; mais à la réflexion, il s'apercevra que s'il régnait, avant Comte, une certaine idée générale de la connexité des sciences physiques, cette idée n'était ni très précise ni très profonde, comme on peut en juger par l'ouvrage de Mrs Somerville ou par le *Discours* d'Herschel. Personne n'avait songé à une science sociale issue des sciences physiques, et *cultivée d'après la même méthode.* Et maintenant encore, il paraîtrait absurde à la plupart de nos contemporains de vouloir ramener les questions morales à former une science positive. Sans doute on se sert volontiers des expressions « Science sociale », « Science morale », mais ceux qui les emploient n'entendent nullement dire par là que l'Éthique représente une branche du grand arbre de la science, provenant de la même souche, tout en s'élevant plus haut que les branches constituées par les sciences physiques. Ils interprètent, au contraire, les phénomènes éthiques d'après les méthodes métaphysiques ou théologiques, et s'imaginent volontiers que l'Histoire est gouvernée par le caprice au lieu de l'être par des lois.

La seconde conception primordiale, avec laquelle le lecteur doit se familiariser, est celle de la loi fondamentale du développement humain. *Il n'existe que trois phases principales dans l'évolution intellectuelle de l'individu aussi bien que dans celle de l'espèce, — la phase Théologique (surnaturelle), la phase Métaphysique et la phase Positive.*

Il y aura lieu plus tard d'illustrer cette loi en détail, mais il suffira maintenant de fournir, à son sujet, quelques indications très brèves. Dans la phase *Surnaturelle,* l'esprit cherche les causes ; il aspire à connaître les *essences* des choses, le comment et le pourquoi de leur production. Il regarde tous les phénomènes comme produits par des puissances surnaturelles, et il considère ceux qui lui paraissent extraordinaires comme des signes de la satisfaction ou du courroux de quelque divinité. Dans la phase *Métaphysique,* cette modification intervient, que les agents surnaturels sont laissés de côté pour faire place à des forces abstraites ou Entités, supposées inhérentes aux diverses substances et capables d'engendrer les phénomènes. Dans la phase *Positive,* l'esprit, convaincu de la futilité de toute recherche sur les *causes* et les *essences*, se restreint lui-même à l'observation et à la classification des faits, et à la recherche des *relations* invariables de succession et de similitude qui relient les êtres entre eux ; en un mot, à la découverte des lois des phénomènes.

La troisième conception initiale est cette belle classification des sciences, coordonnées d'après le lumineux principe de *commencer l'étude des phénomènes par celle des plus simples* (*les plus généraux*), *pour s'élever successivement à celle des plus complexes et des plus particuliers,* en ordonnant ainsi les sciences d'après leur *dépendance* réciproque.

Sans doute, il n'est guère possible d'apprécier la justesse de ces trois grandes conceptions, tant qu'on ne les a pas appliquées. Mais n'en est-il pas de même de n'importe quelle conception générale, — de la loi de la gravitation, — tant que l'esprit ne l'a point vérifiée ! Ma conviction profonde est donc que tout esprit compétent, qui procèdera au contrôle impartial de ces formules, les reconnaîtra pour les plus importantes contributions apportées au domaine de la philosophie, depuis l'inauguration de la Méthode positive par Descartes et Bacon.

Un mot, maintenant, sur le rôle que le Positivisme est appelé à jouer dans les années de lutte qui s'annoncent. Qu'une nouvelle ère se prépare, qu'une nouvelle forme de vie sociale soit en train de s'élever sur les ruines de la féodalité, c'est ce que l'observateur le plus superficiel ne peut manquer de constater ! Et comme symptôme de la profonde inquiétude dont le siècle est agité, non moins que comme un signe évident de l'indestructible aspiration vers un Idéal qui a toujours travaillé le genre humain, nous voyons les systèmes de Communisme, les plus naïvement promulgués, attirer l'attention de la plupart des penseurs. Cependant est-il un seul système de Communisme, même parmi les mieux combinés, qui puisse être accepté comme une solution efficace du problème social ? Le Positivisme répond non, et pour cette simple raison que le Communisme représente seulement une solution *politique* d'un problème qui embrasse des questions beaucoup plus complexes et beaucoup plus élevées que la politique. Le Communisme est le *but* vers lequel tend la société, mais non le *chemin* par lequel ce but puisse être atteint.

La coopération non plus que les devises de fraternité, fussent-elles sincèrement traduites en action, ne sauraient prétendre embrasser l'ensemble du problème. Car nous aurons beau supposer la difficulté politique tranchée, nous aurons beau imaginer un parallélogramme de forces harmonisées, — une ruche humaine d'activité coopérative, — le fond du problème ne sera nullement résolu, et les pressantes et difficiles questions de Religion et de Philosophie continueront à réclamer une solution. C'est, en effet, juste au moment où l'homme s'élève nettement au-dessus de l'abeille, qu'il se trouve abandonné, par le Communisme, aux soins de Prêtres ou de Philosophes qui ne peuvent s'accorder ensemble. Or, comme toute politique repose sur un système de croyances communes, comme nous ne pouvons, d'autre part, dans les problèmes sociaux, isoler la politique de la morale, la morale du système religieux, il se trouve que le Communisme laisse la société dans l'anarchie.

Il ne faut pas oublier, en effet, que le désordre politique actuel dérive de celui des idées. Les anciennes croyances sont ébranlées (lorsqu'elles ne sont pas réduites en miettes), et la nouvelle foi qui doit les remplacer est encore à venir. Ce dont l'Europe a besoin, c'est d'une Doctrine susceptible d'encadrer le système entier de nos conceptions, qui réponde d'une manière également satisfaisante aux questions de la Science, de la Vie, de la Religion, qui nous renseigne sur nos rapports avec le Monde, avec le Devoir, avec Dieu. Un simple coup d'œil sur l'état actuel de l'Europe révèle le besoin d'*unité* causé par l'absence d'une Doctrine assez *générale* pour embrasser la variété des questions, et assez suffisamment *positive* pour entraîner avec elle une conviction irrésistible, — cette dernière réserve motivée par le fait que le Catholicisme, qui présente la généralité requise, ne peut réussir à convaincre les Protestants. L'existence de *sectes*, dans toutes les religions, suffirait à prouver, s'il était besoin de preuve, qu'aucune n'est en état de remplir la mission religieuse de *rallier* tous les humains sous une foi unique.

Ce qui se passe pour la religion a lieu pour la philosophie : aucune doctrine n'est universelle, et il y a presque autant de philosophies que de philosophes. Les dogmes reçus en Allemagne sont raillés en Angleterre et en Écosse ; l'Allemagne méprise et l'Angleterre délaisse la Psychologie écossaise. En dehors de ces divisions sectaires, nous voyons la Religion et la Philosophie plus ou moins ouvertement en lutte.

Telle est donc la situation en ce qui concerne les doctrines générales : les religions s'opposent aux religions, les philosophies aux philosophies, en même temps que religion et philosophie sont essentiellement en état de guerre l'une avec l'autre.

Dans le domaine de la science positive on remarque moins de dissidence, mais la même absence de toute Doctrine générale. Chaque science repose sur une large et ferme base de vérités reconnues, et progresse rapidement ; mais nulle part on ne rencontre une Philosophie des sciences, sauf dans les pages d'Auguste Comte.

Le spécialisme de la plupart des savants et leur frappante inaptitude à formuler ou à saisir les idées générales est depuis longtemps justement déplorée ; ils ne sont que des Manœuvres alors qu'ils s'imaginent être des Architectes. Leur incapacité, à ce point de vue, est une des raisons pour lesquelles de nébuleuses métaphysiques consument encore la brillante activité de nobles esprits qui voient clairement, qu'en dépit de l'exactitude de chaque science séparée, les diverses sciences n'arrivent pas plus à constituer, par elles-mêmes, une philosophie, qu'un amas de briques ne peut constituer une maison. Dans les premiers temps de la science, il était facile d'acquérir des vues générales. Mais, lorsque les matériaux devinrent plus nombreux, il s'établit des divisions variées : tel homme se voua à une science, tel autre à la science voisine, sans que toutefois les idées générales eussent déjà disparu. Puis, à mesure que le courant des découvertes se précipita, les unes succédant aux autres, semblables aux vagues qui se pressent, et que de nouveaux procédés de recherches vinrent placer l'esprit humain en face d'une étendue immense de vérités à découvrir, chaque savant dut nécessairement consacrer tout le labeur de sa vie à quelque petite fraction de science, en laissant à d'autres le soin de classer ses découvertes à un point de vue général. Le résultat a été que la plupart des hommes de science s'occupent exclusivement de leur spécialité et abandonnent aux métaphysiciens la tâche de construire une doctrine synthétique. De là vient que nous trouvons actuellement une abondance d'idées générales sans valeur, parce qu'elles ne sont pas positives, et des sciences positives sans influence parce qu'elles ne sont pas générales. Le but de Comte a été précisément de présenter une doctrine qui fût *positive*, en tant que dérivant de la science positive, et qui néanmoins possédât toute la précieuse *généralité* des systèmes métaphysiques, sans leur vague, leur manque de base et leur inapplicabilité.

Nous pouvons citer maintenant quelques remarques de la leçon d'ouverture de Comte :

« Ce n'est pas aux lecteurs de cet ouvrage que je croirai jamais devoir prouver que les idées gouvernent et bouleversent le monde, ou, en d'autres termes, que tout le mécanisme social repose finalement sur des opinions. Ils savent surtout que la grande crise politique et morale des sociétés actuelles tient, en dernière analyse, à l'anarchie intellectuelle. Notre mal le plus grave consiste, en effet, dans cette profonde divergence qui existe maintenant entre tous les esprits relativement à toutes les maximes fondamentales dont la fixité est la première condition d'un véritable ordre social.

Tant que les intelligences individuelles n'auront pas adhéré, par un assentiment unanime, à un certain nombre d'idées générales capables de former une doctrine sociale commune, on ne peut se dissimuler que l'état des nations restera, de toute nécessité, essentiellement révolutionnaire, malgré tous les palliatifs politiques qui pourront être adoptés, et ne comportera réellement que des institutions provisoires. Il est également certain que si cette réunion des esprits dans une même communion de principes peut une fois être obtenue, les institutions convenables en découleront nécessairement, sans donner lieu à aucune secousse grave, le plus grand désordre étant déjà dissipé par ce seul fait. C'est donc là que doit se porter principalement l'attention de tous ceux qui sentent l'importance d'un état de choses vraiment normal.

« Maintenant, du point de vue élevé où nous ont placés graduellement les diverses considérations indiquées dans ce discours, il est aisé à la fois et de caractériser nettement dans son intime profondeur l'état présent des sociétés, et d'en déduire par quelle voie on peut le changer essentiellement. En me rattachant à la loi fondamentale énoncée au commencement de ce discours, je crois pouvoir résumer exactement toutes les observations relatives à la situation actuelle de la société, en disant simplement que le désordre actuel des intelligences tient, en dernière analyse, à l'emploi simultané des trois philosophies radicalement incompatibles : la philosophie théologique, la philosophie métaphysique et la philosophie positive. Il est clair, en effet, que si l'une quelconque de ces trois philosophies obtenait en réalité une prépondérance universelle et complète, il y aurait un ordre social déterminé, tandis que le mal consiste surtout dans l'absence de toute véritable organisation. C'est la co-existence de ces trois philosophies opposées qui empêche absolument de s'entendre sur aucun point essentiel. Or, si cette manière de voir est exacte, il ne s'agit plus que de savoir laquelle des trois philosophies peut et doit prévaloir par la nature des choses ; tout homme sensé devra ensuite, quelles qu'aient pu être, avant l'analyse de la question, ses opinions particulières, s'efforcer de concourir à son triomphe. La recherche étant une fois réduite à ces termes simples, elle ne paraît pas devoir rester longtemps incertaine; car il est évident, par toutes sortes de raisons dont j'ai indiqué dans ce discours quelques-unes des principales, que la philosophie positive est seule destinée à prévaloir selon le cours ordinaire des choses. Seule elle a été, depuis une longue suite de siècles, constamment en progrès, tandis que ses antagonistes ont été constamment en décadence. Que ce soit à tort ou à raison, peu importe; le fait général est incontestable, et il suffit. » (in *Cours de Phil. pos.*, 5e édit., t. I, p. 40.)

Personne, assurément, ne s'aviserait de mettre en doute le fait du parallélisme entre le progrès scientifique et le déclin des systèmes Religieux (théologiques) et Métaphysiques. Si, cependant, quelqu'un se posait la question, il n'aurait qu'à se reporter à l'ample démonstration fournie par Comte, et, en ce qui concerne la Métaphysique, à l'*Histoire Biographique de la Philosophie*. Cette proclamation non équivoque de l'Histoire doit d'autant moins être dédaignée que l'homme ne peut fermer les yeux devant tout ce qui a été accompli par l'Humanité dans le long cours des siècles.

Les vues suivantes de Comte sur l'Éducation seront la meilleure des conclusions à ces considérations générales :

L'établissement de la philosophie positive doit être le facteur prépondérant et déterminant dans la réforme générale de notre système d'éducation. « En effet, déjà les bons esprits reconnaissent unanimement la nécessité de remplacer notre éducation européenne encore essentiellement théologique, métaphysique et littéraire, par une éducation *positive*, conforme à l'esprit de notre époque, et adaptée aux besoins de la civilisation moderne. Les tentatives variées qui se sont multipliées de plus en plus depuis un siècle, particulièrement dans ces derniers temps, pour répandre et pour augmenter sans cesse l'instruction positive, et auxquelles les divers gouvernements européens se sont toujours associés avec empressement quand ils n'en n'ont pas pris l'initiative, témoignent assez que, de toutes parts, se développe le sentiment spontané de cette nécessité. Mais, tout en secondant autant que possible ces utiles entreprises, on ne doit pas se dissimuler que, dans l'état présent de nos idées, elles ne sont nullement susceptibles d'atteindre leur but principal, la régénération fondamentale de l'éducation générale. Car la spécialité exclusive, l'isolement trop prononcé qui caractérisent encore notre manière de concevoir et de cultiver les sciences, influent nécessairement à un haut degré sur la manière de les exposer dans l'enseignement. Qu'un bon esprit veuille aujourd'hui étudier les principales branches de la philosophie naturelle, afin de se former un système général d'idées positives, il sera obligé d'étudier séparément chacune d'elles d'après le même mode et dans le même détail que s'il voulait devenir spécialement ou astronome, ou chimiste, etc. ; ce qui rend une telle éducation presque impossible et nécessairement fort imparfaite, même pour les plus hautes intelligences placées dans les circonstances les plus favorables. Une telle manière de procéder serait donc tout à fait chimérique, relativement à l'éducation générale. Et néanmoins, celle-ci exige absolument un ensemble de conceptions positives sur toutes les grandes classes de phénomènes naturels. C'est un tel ensemble qui doit devenir désormais, sur une échelle plus ou moins étendue, même dans les masses populaires, la base permanente de toutes les combinaisons humaines ; qui doit, en un mot, constituer l'esprit général de nos descendants. Pour que la philosophie naturelle puisse achever la régénération, déjà si préparée, de notre système intellectuel, il est donc indispensable que les différentes sciences dont elle se compose, présentées à toutes les intelligences comme les diverses branches d'un tronc unique, soient réduites d'abord à ce qui constitue leur esprit, c'est-à-dire à leurs méthodes principales et à leurs résultats les plus importants. Ce n'est qu'ainsi que l'enseignement des sciences peut devenir parmi nous la base d'une nouvelle éducation générale vraiment rationnelle. Qu'ensuite à cette instruction fondamentale s'ajoutent les diverses études scientifiques spéciales, correspondantes aux diverses éducations spéciales qui doivent succéder à l'éducation générale, cela ne peut évidemment être mis en doute. Mais la considération essentielle que j'ai voulu indiquer ici consiste en ce que toutes ces spécialités, même péniblement accumulées, seraient nécessairement insuffisantes pour renouveler réellement le système de notre éducation, si elles ne reposaient sur la base préalable de cet enseignement général, résultat direct de la philosophie positive définie dans ce discours. » (in *Phil. Pos.*, 5e édit., t. I, p. 33.)

CHAPITRE II

Qu'est-ce que la Philosophie ?

Nous dissiperons quelques obscurités si nous pouvons arriver à fournir une juste et compréhensible définition de la Philosophie. Voici celle à laquelle je me suis finalement arrêté : *La Philosophie est l'Explication des Phénomènes de l'Univers.* Par le terme Explication, le sujet se trouve restreint au domaine de l'Intelligence, et par là séparé de la Religion, tout en ne l'étant pas de la Théologie. La définition non seulement me semble expliquer clairement la nature précise de la Philosophie, mais, de plus, sert à résoudre les perplexités soulevées par l'opposition de la Métaphysique et de la Science qui ne sont plus, dès lors, considérées que comme des méthodes différentes pour atteindre une même fin. La recherche Métaphysique et la recherche Positive se proposent également d'arracher à l'univers ses secrets, et de comprendre nos relations avec la Nature extérieure et avec l'Humanité. Mais le Métaphysicien croit qu'il peut pénétrer les *causes* et les *essences* des phénomènes qui l'entourent, tandis que le Positiviste, reconnaissant son insuffisance, limite ses efforts à la découverte des lois qui gouvernent la succession de ces phénomènes.

La Philosophie est inhérente à la nature de l'homme. Elle n'est pas un caprice, elle n'est pas un jeu : elle est une nécessité, car notre vie est un mystère, entouré de mystères, et nous vivons au sein du merveilleux. Les multiples aspects de la Nature *extérieure*, les étranges fluctuations des sentiments *intérieurs*, tout réclame, à nos yeux, une explication. Perchés sur une boule de terre qui nous paraît infinie et qui est insignifiante dans ses rapports avec l'Univers, nous scrutons la Nature avec un respect mêlé de terreur et de vénération, avec une curiosité dont nous ne sommes point maîtres. Il nous faut des explications.

Et c'est ainsi que la Philosophie, sous une forme quelconque, fût-ce la plus fruste, est un effort qui se manifeste dans chaque condition de l'histoire de l'homme, aussi bien dans l'état le plus grossier de ses facultés à moitié développées que dans son état de plus haute culture ; qui se rencontre dans les plantations de cannes à sucre des Indes Occidentales, aussi bien que dans les forêts vierges de l'Amérique. Prenez l'homme où vous voudrez — chassant le buffle dans les prairies, ou s'immobilisant dans la contemplation sur les rives chaudes du Gange, — prêtre ou paysan, soldat ou étudiant, jamais il n'échappe à la pression du fardeau de ce mystère qui le force à chercher, et le dispose à accepter une explication quelconque. Le sauvage, effrayé par le grondement lointain du tonnerre, demande : « Qu'est-ce cela ? » et demeure inquiet jusqu'à ce qu'il sache, ou s'imagine savoir. S'il entend dire que c'est la voix d'un démon furieux, cela suffit : la raison est donnée. S'il entend raconter qu'il est nécessaire, pour apaiser ce démon, de sacrifier quelque être humain, — son esclave, son ennemi, son ami, peut-être même son enfant deviendront les victimes de sa crédule erreur. L'enfance de l'homme nous permet ici de retracer le premier âge des nations, car on ne peut vivre avec les enfants sans être frappé de leurs incessantes questions, de leur inextinguible désir d'avoir une explication pour chaque chose, non moins que de la facilité avec laquelle ils acceptent, comme une solution, toute réponse qui leur est faite sur un ton d'assurance. L'Histoire de la Philosophie n'est autre chose que l'histoire des essais successifs de l'homme pour expliquer les phénomènes du monde extérieur et ceux du monde intérieur.

Les premières explications furent naturellement déduites des seules analogies fournies par la conscience. Les hommes voyaient autour d'eux l'activité, le changement, la force, ils sentaient en eux-mêmes un mystérieux pouvoir qui les rendait actifs, changeants, puissants ; ils expliquèrent ce qu'ils *voyaient*, par ce qu'ils *sentaient*. De là le fétichisme des barbares, et les mythologies des races plus avancées. Les Oréades et les Nymphes, les Démons et les Divinités bienfaisantes circulèrent au milieu des activités incessantes de la Nature. L'homme sait que, dans sa colère, il tempête, crie, détruit. Que peut, dès lors, être le tonnerre, sinon la manifestation du courroux de quelque puissance invisible ? Il a appris, de plus, par expérience, que sa colère contre son ennemi s'apaise lorsque celui-ci lui offre un présent, et, par suite, il est tout naturel qu'il espère apaiser de même, par quelque offrande, l'irritation du maître du tonnerre. Aussitôt qu'une autre conception de la nature du tonnerre surgit de l'observation et de l'étude de ses manifestations phénoménales, le dieu supposé disparaît, et avec lui disparaissent toutes les fausses conceptions auxquelles il avait donné naissance, jusqu'à ce qu'enfin, la science, au moyen d'une tige de fer, fasse descendre des cieux la terrible foudre, en la rendant à ce point inoffensive qu'elle ne puisse plus déchirer une fragile toile d'araignée.

Mais de longs siècles de patiente observation et d'impatientes conjectures, contrôlées par la logique, furent indispensables avant que de tels changements pussent s'effectuer. Le développement de la Philosophie, semblable au développement de la vie organique, s'est opéré grâce aux lentes additions de milliers et de milliers d'années ; car l'Humanité, au même titre que notre globe, est un être en évolution, et ses lois de croissance sont encore à découvrir.

L'une de ces lois les plus fondamentales a été découverte précisément par A. Comte. Mais, avant de procéder à son exposition, il ne sera pas hors de propos de rechercher d'abord si l'exposition de l'évolution de l'Humanité peut se subordonner à une loi quelconque de l'évolution intellectuelle, — en d'autres termes, si les conditions diverses de l'existence sociale dépendent des conditions du développement scientifique ou correspondent avec elles. La question a été si lumineusement traitée par John Stuart Mill, dans le sixième livre de sa *Logique*, que je lui emprunte tout ce qu'il a écrit à ce sujet :

« Afin d'obtenir de meilleures lois empiriques, il ne faut

pas se contenter de noter les changements progressifs qui se manifestent dans les éléments séparés de la société, et qui n'indiquent autre chose que la relation de certains fragments de l'effet avec des fragments correspondants de la cause. Il est indispensable de combiner la considération statique des phénomènes sociaux avec leur considération dynamique, en tenant compte, non seulement des modifications successives des différents éléments, mais encore de la condition contemporaine de chacun, pour obtenir ainsi empiriquement la loi de correspondance, tant entre les états simultanés qu'entre les changements simultanés de ces éléments. C'est cette loi de correspondance qui, dûment vérifiée *a priori*, deviendrait, par dérivation, la véritable loi scientifique du développement de l'Humanité et des affaires humaines. . .

« Dans le travail difficile d'observation et de comparaison qui est ici nécessaire, nous serions évidemment fort aidés s'il se trouvait qu'en fait un des éléments de l'existence complexe de l'homme en société dominât tous les autres, en tant qu'agent principal du mouvement social. En effet, nous pourrions alors prendre le progrès de cet élément unique pour la maîtresse chaîne, à chaque anneau successif de laquelle seraient suspendus les anneaux correspondants de tous les autres progrès, de sorte que la succession des faits se présenterait dans une sorte d'ordre spontané, beaucoup plus rapproché de l'ordre réel de leur filiation qu'on ne pourrait l'obtenir par tout autre procédé purement empirique. . . . .

« Or, le témoignage de l'histoire et celui de l'étude de la nature humaine se réunissent, par un exemple frappant de concordance, pour montrer que parmi les agents du progrès social il en existe un qui a sur tous les autres cette autorité prépondérante et presque souveraine. C'est l'état des facultés spéculatives de la race humaine, tel qu'il se manifeste dans la nature des croyances auxquelles elle est arrivée par des voies quelconques au sujet d'elle-même et du monde qui l'environne. . . . .

« Ce serait une grande erreur (qu'il est d'ailleurs peu vraisemblable qu'on commette) de croire que la spéculation, l'activité intellectuelle, la recherche de la vérité, figurent parmi les penchants les plus puissants de la nature humaine ou tiennent la plus grande place dans la vie des hommes, si ce n'est dans celle d'individus tout à fait exceptionnels. Mais, malgré la faiblesse relative de ce principe comparé à d'autres agents sociaux, son influence est la principale cause déterminante du progrès social. Toutes les autres dispositions de notre nature qui contribuent à ce progrès sont sous la dépendance de ce principe et lui empruntent les moyens d'accomplir leur part de l'œuvre totale. Ainsi (pour prendre d'abord le cas le plus évident), la force dont l'impulsion a déterminé la plupart des perfectionnements apportés dans les arts de la vie est le désir d'accroître le bien-être matériel; mais, comme nous ne pouvons agir sur les objets extérieurs qu'en proportion de la connaissance que nous en avons, l'état de la science à une époque quelconque est la limite des perfectionnements industriels possibles à cette époque ; et le progrès de l'industrie doit suivre celui de la science et en dépendre. La même remarque peut s'appliquer, quoique d'une façon moins évidente, au progrès des beaux-arts. En outre, comme les penchants les plus puissants de la nature humaine non civilisée ou seulement à demi-civilisée (les penchants purement égoïstes, et ceux des penchants sympathiques qui participent à la nature de l'égoïsme), comme ces penchants, dis-je, tendent évidemment en eux-mêmes à désunir les hommes et non à les unir, à en faire des rivaux et non des alliés, l'existence sociale n'est possible que par une discipline qui les subordonne à un système commun d'opinions. Le degré de cette subordination est la mesure du degré de force de l'union sociale, et la nature des opinions communes en détermine l'espèce. Mais pour que les hommes conforment leurs actions à un système d'opinions, il faut que ces opinions existent et qu'ils y croient. C'est ainsi que l'état des facultés spéculatives, le caractère des propositions admises par l'intelligence, déterminent essentiellement l'état moral et politique de la communauté, comme nous avons déjà vu qu'ils en déterminent l'état physique.

« Ces conclusions, déduites de l'étude de la nature humaine, sont en parfait accord avec les faits généraux de l'histoire. Tous les changements considérables dans la condition d'une fraction quelconque du genre humain qui nous sont historiquement connus ont été précédés, quand ils n'ont pas été produits par une force extérieure, d'un changement proportionnel dans l'état des connaissances ou des croyances dominantes; absolument comme entre un état donné de la spéculation et l'état corrélatif de tout autre élément social, c'est presque toujours le premier qui s'est montré d'abord, quoique les effets, sans aucun doute, réagissent puissamment sur la cause. Tout progrès considérable de la civilisation dans l'ordre matériel, a été précédé d'un progrès de la connaissance; et tout grand changement social a été précédé d'un grand changement dans les opinions et les manières de penser de la société. Le Polythéisme, le Judaïsme, le Christianisme, le Protestantisme, la Philosophie critique de l'Europe moderne et sa science positive, — toutes ces révolutions de la pensée ont été les facteurs principaux de la formation de la société, telle qu'elle a été à chaque période, tandis que la société elle-même n'a joué qu'un rôle secondaire dans la formation de ces systèmes, chacun d'eux (autant qu'on peut leur assigner des causes) étant principalement l'émanation, non de la vie pratique de l'époque, mais de l'état antérieur des croyances et des opinions. Ainsi donc, quelque faible que soit la tendance spéculative dans l'Humanité, ce n'en est pas moins le progrès de la spéculation qui, en gros, a régi celui de la société; seulement et trop souvent, cette faiblesse a empêché complètement tout progrès, là où, faute de circonstances favorables, la progression intellectuelle a éprouvé de bonne heure un temps d'arrêt.

« Ces preuves accumulées nous autorisent à conclure que l'ordre de la progression humaine, sous tous les rapports, dépendra principalement de l'ordre de progression des convictions intellectuelles de l'Humanité, c'est-à-dire de la loi des transformations successives de la religion et de la science. »

Si nous admettons, conformément aux témoignages de l'histoire, que les évolutions de l'Humanité correspondent aux évolutions de la Pensée, — que la science est le flambeau à la lumière duquel nous voyons notre chemin, — il est difficile d'exagérer l'importance de la loi fondamentale découverte par Comte. Elle est à la Science sociale ce que la grande découverte de Newton fut à la Science physique. Aussi, me paraît-il utile, pour rendre le lecteur complètement maître de sa signification, de consacrer le prochain chapitre à démontrer cette loi par des illustrations familières.

Je terminerai celui-ci par une digression relative à l'athéisme que beaucoup d'écrivains attribuent à Comte. Leur imputation est erronée, bien que, à vrai dire, Comte, dans plus d'un passage, induise le lecteur non prévenu (et qui parcourt superficiellement son œuvre) à le supposer athée. Mais aucun homme d'esprit sincère ne saurait lire les ouvrages de Comte, avec l'attention que commande tout ouvrage sérieux, sans être fortement frappé de l'énergique et méprisante répudiation de l'athéisme qui s'y trouve si souvent exprimée. Il regarde l'athéisme comme le résidu de la période métaphysique, et son mépris pour la métaphysique est incessant. Aux yeux de ceux qui connaissent sa manière de parler librement et sans équivoque, le passage suivant de son *Discours sur l'Ensemble du Positivisme* ne peut laisser aucun doute :

« Quoique j'aie, depuis longtemps, repoussé formellement toute solidarité, soit dogmatique, soit historique, entre le vrai positivisme et ce qu'on nomme l'athéisme, je dois ici indiquer encore, sur cette fausse appréciation, quelques éclaircissements sommaires, mais directs.

« Même sous l'aspect intellectuel, l'athéisme ne constitue qu'une émancipation très insuffisante, puisqu'il tend à prolonger indéfiniment l'état métaphysique en poursuivant sans cesse de nouvelles solutions des problèmes théologiques, au lieu d'écarter comme radicalement vaines toutes les recherches *inaccessibles*. Le véritable esprit positif consiste surtout à substituer toujours l'étude des *lois* invariables des phénomènes à celle de leurs *causes* proprement dites, premières ou finales, en un mot la détermination du *comment* à celle du *pourquoi*. Il est donc incompatible avec les orgueilleuses rêveries d'un ténébreux athéisme sur la formation de l'univers, l'origine des animaux, etc. Dans son appréciation générale de nos divers états spéculatifs, le Positivisme n'hésite point à regarder ces chimères doctorales comme fort inférieures, même en rationalité, aux inspirations spontanées de l'humanité. Car le principe théologique, consistant à tout expliquer par des *volontés*, ne peut être pleinement écarté que quand, ayant reconnu inaccessible toute recherche de *causes*, on se borne à connaître les *lois*. Tant qu'on persiste à résoudre les questions qui caractérisèrent notre enfance, on est très mal fondé à rejeter le mode naïf qu'y appliqua notre imagination, et qui seul convient, en effet, à leur nature...... *Les athées persistants peuvent donc être regardés comme les plus inconséquents des théologiens,* puisqu'ils poursuivent les mêmes questions en rejetant l'unique méthode qui s'y adapte. » (*Edit. du Cinquantenaire,* p. 49.)

Ce passage, à défaut de tout autre, est à coup sûr suffisamment explicite. Je le cite, moins pour écarter un malentendu courant en Angleterre, que pour prévenir l'objection de ceux qui, lisant que Comte est un athée, me demanderaient ce que je veux dire en déclarant qu'il aspira à prendre le titre de fondateur d'une nouvelle Religion.

Cela posé, nous pouvons nous consacrer maintenant à la considération de sa Loi fondamentale de l'Évolution humaine.

CHAPITRE III

La Loi fondamentale de l'Évolution.

Dans les essais tentés par l'homme pour expliquer les phénomènes variés de l'univers, l'histoire nous révèle trois stages distincts et caractéristiques, dénommés par Comte : le stage Théologique (surnaturel), le stage Métaphysique, et le stage Positif.

Dans le premier, l'homme explique les phénomènes par quelque conception chimérique tirée des analogies de sa propre conscience.

Dans le second, il explique les phénomènes par quelque conception *a priori d'entités* inhérentes ou surajoutées, que lui suggère l'observation de la *constance* de ces phénomènes, laquelle constance le conduit à supposer qu'ils ne sont pas dus à l'intervention d'êtres extérieurs, mais imputables à la nature des choses elles-mêmes.

Dans le troisième, il explique les phénomènes d'après les seuls rapports constants de succession et de co-existence découverts par induction, et reconnus comme les *lois* de la nature.

L'on verra que le stage théologique est le résultat du premier exercice spontané de la faculté spéculative, procédant du connu (c'est-à-dire de la conscience) à l'inconnu. Le stage métaphysique, modification importante du premier, représente un effort plus mûri de la *raison* pour expliquer les choses, qui pèche en ceci que l'esprit raisonne sans preuves et sur des sujets dépassant la compétence humaine. Dans le stage positif, les phénomènes sont expliqués par des lois vérifiées, lois basées sur une certitude évidente et indiscutable, résultée de la longue et laborieuse investigation des siècles ; et ces lois ne sont plus seulement présentées comme rationnellement démontrables, mais aussi comme d'accord avec les faits ; car le caractère distinctif de la science est de voir et surtout de prévoir. Qui dit science dit *prévision*. La certitude est sa base et sa gloire.

Dans la phase théologique, la Nature est regardée comme le théâtre sur lequel les volontés arbitraires et les caprices momentanés de Pouvoirs supérieurs jouent leurs rôles changeants et variables. Les hommes, étonnés des évènements extraordinaires, les expliquent par des conceptions chimériques. L'Éclipse de soleil, dont la science positive a élucidé le mécanisme et peut prédire l'heure exacte d'apparition, est alors attribuée à l'intervention de quelque dragon avalant le soleil ! Dans la phase métaphysique, la notion des divinités capricieuses est remplacée par celle *d'entités abstraites* dont les modes d'action sont toutefois *invariables*. Dans cette reconnaissance d'invariabilité se trouve le germe de la science. C'est à cette époque que la Nature a « horreur du vide », que les êtres organisés ont un « principe vital », et que la matière possède une *force d'inertie*.

Dans l'âge positif, l'invariabilité des phénomènes qui se produisent dans des conditions semblables, est reconnue comme le résultat de l'ensemble des investigations humaines, et on juge inutile de chercher à pénétrer au-delà des lois qui régissent ces phénomènes.

Lorsque les hommes offrent des prières pour demander la pluie ou le beau temps, ils agissent conformément à la conception théologique d'après laquelle ces phénomènes ne sont pas le résultat de *lois invariables* mais de quelque *volonté variable*. Et, au contraire, le prêtre qui refuse de prier pour la pluie, « tant que le vent souffle d'un côté », fait ressortir naïvement l'inconvenance de cette requête. Lorsque les hommes croient qu'il suffit de jeter le regard sur un cheval pie au moment où l'on fait un vœu, pour que celui-ci soit exaucé ; quand ils croient que la présence de treize convives à la même table est de nature à entraîner la mort de l'un d'eux avant la fin de l'année ; lorsqu'ils croient que tout individu mordu par un chien souffrira de l'hydrophobie, si le chien est atteint plus tard par cette maladie ;

lorsqu'ils croient qu'une conjonction spéciale des astres gouverne leur destinée, — ils sont dans la phase théologique, car ils conçoivent la nature comme indéfiniment variable.

L'histoire est remplie d'exemples de cette conception. Dans la poésie, dans la littérature, dans la vie de chaque jour, nous trouvons constamment des traces de ce mode primitif et spontané d'interpréter les événements. A titre d'illustration nous citerons l'épidémie qui éclata dans le camp d'Agamemnon. Les hommes meurent par vingtaines ; mais comme les terribles flèches de la mort sont invisibles, l'armée, terrifiée, attribue l'épidémie à la colère d'Apollon offensé qui, avec son arc d'argent retentissant, venge l'insulte faite à son prêtre. Cette explication, si absurde à nos yeux, était acceptable pour l'accommodante crédulité de cette époque, et des sacrifices expiatoires furent offerts à la divinité irritée, dans un cas où la science moderne, avec ses commissions sanitaires, aurait vu un mauvais drainage du sol ou une ventilation imparfaite ! Mais pour prouver que le stage théologique n'est pas entièrement et universellement disparu, nous n'avons qu'à nous reporter au témoignage monstrueux fourni, de nos jours, par des hommes instruits, les éducateurs religieux de notre peuple, qui attribuaient gravement le choléra à la colère ressentie par Dieu, en voyant l'Angleterre protestante accorder une dotation aux séminaires de Maynooth.

Rappelons encore le cas de cette église de Sienne qui avait été souvent frappée de la foudre. Un paratonnerre y fut établi malgré la suspicion du monde religieux qui le regardait comme « le poteau hérétique ». Sur les entrefaites, un orage éclate, le tonnerre tombe sur la tour et la foule se précipite pour voir si le saint lieu avait été épargné. Or, elle dut constater, à sa grande surprise, que les toiles d'araignées qui s'y trouvaient étaient intactes ! Ici nous voyons la science corrigeant les préventions pernicieuses de la théologie.

Pour nous, la mythologie est de la poésie, mais pour les anciens elle était une religion et une science. Les *explications,* données à cette époque, étaient toutes tirées de cette conception fondamentale que la nature n'était assujettie à aucune autre loi que celle des agents surnaturels. La plus inférieure des périodes théologiques est celle du Fétichisme qui conduit, par transition, au Polythéisme ; et la plus élevée est le Monothéisme, où l'intervention providentielle d'un seul Dieu est substituée à celle d'un grand nombre de divinités indépendantes.

On retrouve, dans la période métaphysique, la même tendance à vouloir aller *au-delà* du fait pour l'expliquer, et à im giner pour cela quelque influence surajoutée au phénomène. La notion d'invariabilité est bien admise, mais pour l'expliquer, on invente des «entités» ou quelque «principe», — comme le montre l'exemple de Képler attribuant la régularité des mouvements planétaires à ce que les planètes étaient animées d'esprits capables de faire des observations sur le diamètre apparent du soleil, en vue de régler leurs mouvements de façon à décrire des aires proportionnées au temps. De même aussi, voyons-nous les physiciens continuer, de nos jours, à répéter les vieilles notions d'une force d'inertie « *vis inertiæ* », qu'ils qualifient de « triomphante », et, en chimie, imaginer « les affinités », tout en se moquant de l'antique conception d'un « principe phlogistique ». En biologie, nous voyons la méthode métaphysique se donner toujours libre carrière. Si l'on se place au point de vue historique, Aristote peut, certes, être admiré pour sa conception des « principes animés » (ψυχαι) déterminant les actes vitaux des animaux et des plantes, — principes qui avaient une sorte de hiérarchie entre eux sous un agent suprême les contrôlant (Φυσις). Mais si l'historien de la science est en droit de décerner les louanges dues à la création d'une telle théorie dans la série des conceptions progressistes, il ne peut que rapporter avec un étonnement, non exempt de mépris, la remise en honneur, au siècle dix-neuvième, de cette conception, dans toute l'étendue de son absurdité, par un physicien, d'une réputation considérable, le Dr Prout. Cet auteur admet en effet l'existence de *principes organiques* (dont l'office est de produire et de régler les phénomènes vitaux), « agents distincts et intelligents », ne formant tous qu'une seule hiérarchie, chacun possédant plus ou moins de contrôle sur tous ceux qui sont au-dessous de lui et ayant le pouvoir de s'approprier leurs services, jusqu'à ce qu'enfin, par l'opération combinée de toute la série de ces agents jusqu'au sommet de l'échelle, la perfection de l'existence organique soit atteinte. Le fait qu'une telle conception ait pu être accueillie sans éclats de rire indique combien la Méthode Positive est peu comprise encore, même par ceux qui s'occupent de science positive !

Comme exemple frappant et utile de cette méthode métaphysique, nous n'avons qu'à considérer la croyance si répandue à l'existence d'une force médicatrice « *vis medicatrix naturæ* », croyance attestée par le dicton populaire « la nature est le meilleur médecin ». Non seulement le vulgaire, mais aussi des hommes de science renommés croient que le processus de réparation qui s'observe dans l'organisme, la faculté de rejeter hors du système les ingrédients nuisibles, « les forces de conservation » en un mot, sont dus à quelque tendance ou principe qu'ils inscrivent au compte de la « Nature » — oubliant que si l'on attribue à une *vis medicatrix* ou à « un principe curateur » la réparation d'un tissu déchiré, ou d'un membre fracturé, la mort par empoisonnement devrait alors être attribuée à un « principe d'empoisonnement ». Or, lorsque les exhalations d'un égoût découvert ou d'une mare stagnante pénètrent dans le sang par l'intermédiaire actif des poumons, que fait la Nature ? Résiste-t-elle à cette influence troublante, rejette-t-elle ces éléments nuisibles ? Du tout. Elle continue à pomper comme si le poison était le plus favorable des visiteurs ; elle le distribue à travers l'organisme avec la même impartialité qu'elle mettrait à distribuer l'oxygène qui donne la santé. D'après la méthode métaphysique, nous devrions admettre qu'un principe quelconque intervient ici. Comment l'appellerons-nous ? La *vis deletrix*, — le « principe destructeur ». Les physiologistes (spécialement ceux qui penchent vers la théologie naturelle) nous expliquent la « bienfaisante disposition » de l'appareil digestif ; mais ils oublient d'ajouter que si, en place de nourriture, vous introduisez dans ce tube digestif de l'arsenic, la vigilante Nature, au lieu de susciter immédiatement un mouvement antipéristaltique et de rejeter le poison, l'absorbe aussi activement que si elle prenait de la nourriture : la *vis deletrix* est à l'œuvre ! Un insecte se fixe sur un point quelconque de votre peau ; il y prend demeure et commence à se mettre à l'aise en se nourrissant aux dépens de votre corps. Par sa *vis medicatrix*, la nature expulse-t-elle l'intrus ? Le fromage expulse-t-il le ver blanc ? Non, la Nature chérit le champignon parasite, le nourrit et l'élève avec une tendre sollicitude, est aux petits soins pour lui, entretient sa vitalité aux dépens de celle de votre corps ; ainsi choyé, le champignon continue à croître jusqu'à ce que vous soyez détruit, — et vous qui, peut-être, auriez pu devenir un Shakespeare, un Gœthe, un Bacon, un homme de valeur sans pareil pour l'Humanité, — vous êtes sacrifié à un champignon !

En réalité, la Nature n'est ni médecin, ni assassin, et c'est seulement nos vains efforts à découvrir « ses intentions » qui nous la font apparaître ainsi. Notre rôle est d'étudier ses lois, de suivre la trace de ses processus et de savoir nous résigner — comme l'a dit sagement et modestement Locke — à demeurer dans une paisible ignorance de tous les sujets transcendants, heureux d'avoir pu pénétrer si avant la divine signification de l'univers.

Dans la phase finale et Positive, les hommes acceptent la Nature comme elle se présente elle-même, sans rechercher de fantastiques entités au-delà des faits. « L'on croyait autrefois, dit Œrsted, qu'il existait des basilics dans les caves depuis longtemps closes ; qu'ils étaient invisibles, mais que leur regard tuait tous ceux sur lesquels il tombait. Depuis qu'il est généralement admis que l'asphyxie, dans ces conditions, est produite par un gaz nuisible, dont le poids détermine l'accumulation dans les parties déclives, nous reconnaissons l'agent destructeur, et le chassons au moyen de l'air pur. Vous avez-là un exemple des deux interprétations, métaphysique et positive ; l'une cherchant à expliquer le phénomène par l'existence d'une entité inconnue (basilic), l'autre cherchant cette explication dans les lois connues des processus de la Nature. L'Histoire nous montre la graduelle disparition des superstitions et des croyances imaginaires devant la lumière de « *certitude* » que porte partout la science.

L'histoire de chaque science particulière peut d'ailleurs fournir d'autres illustrations des trois Méthodes, et Comte, dans le cours de son ouvrage, en a donné plusieurs — auxquelles j'ajouterai la suivante, tirée de la Tératologie ou « Science des Monstruosités », science que, seules, les découvertes de Geoffroy Saint-Hilaire, dans le siècle dernier, ont rendue possible.

Jadis, quand une malheureuse mère donnait naissance à une de ces « déviations organiques », connues sous le nom de « monstres », telles que, par exemple, un enfant à deux têtes, ou un enfant sans tête, l'explication toute prête était que la naissance d'un pareil monstre était un signe de la colère de Dieu. Parfois l'on prétendait même que le diable avait séduit ou violé la mère, et que le monstre était le résultat de leur rapprochement. Telles étaient les explications spontanées, suggérées par l'esprit théologique. Postérieurement, ces explications furent abandonnées comme ridicules. On crut alors (comme, en vérité, on croit encore très généralement) que le gland renfermait le chêne et que le germe renfermait l'homme. Cette conception métaphysique de germes primitifs, contenant virtuellement tout ce qui peut sortir d'eux par la suite, conduisit naturellement l'esprit à conclure logiquement qu'un monstre était dès son origine un monstre, que la déformation existait virtuellement dans le germe primitif. L'étudiant curieux qui se donnerait la peine de consulter les travaux de Serres et d'Isidore Geoffroy Saint-Hilaire, trouverait rapportés un grand nombre d'arguments ingénieux, qui ont été, à un moment ou à l'autre, invoqués en faveur de la difformité primitive du germe. La troisième conception, ou conception positive de l'Épigenèse, d'après laquelle le développement graduel de l'organisme se poursuit d'accord avec ses conditions d'existence, a finalement mis en déroute la conception métaphysique des « germes préexistants » ; et, en considérant les monstres comme de simples cas de « déviation organique », elle a fait de la monstruosité (conformément à la grande loi des arrêts de développement de Geoffroy Saint-Hilaire), une branche de l'embryologie positive.

Nous voyons donc, dans ce cas particulier, intervenir la colère de Dieu ou la concupiscence du diable, qui représentent l'esprit théologique ; les germes virtuellement préexistants qui représentent l'esprit métaphysique ; et, finalement, l' « arrêt de développement », qui représente l'esprit positif.

Après avoir multiplié les exemples empruntés à la science, je demande la permission de terminer par une illustration empruntée à la politique. Nos contemporains sont encore si profondément enlisés dans les stages théologique et métaphysique, en ce qui concerne la science de la société, que, dans leur ignorance de toutes les lois et de toutes les conditions de sa croissance et de son développement, ils partagent presque universellement la croyance absurde à la possibilité d'obtenir un *changement* politique radical par une simple modification dans le gouvernement ou par l'adoption de quelque projet de loi. Ils croient, par exemple, que, pour obtenir une société républicaine, il est nécessaire d'adopter les formes d'une République, ne voyant pas que lorsque ces formes sont imposées à une nation, au lieu de résulter des tendances et des idées nationales, elles représentent simplement de nouveaux noms imposés à de vieilles réalités. Cette croyance est un reste de la vieille conception théologique, mécanique, qui suppose que l'homme est extérieur à l'organisme social, au lieu d'être un élément intégral de cet organisme. Il faut remplacer cette conception mécanique par une conception dynamique, et comprendre que l'organisme social a ses lois de croissance et de développement, comme l'organisme humain.

Et ici, je demande à illustrer la Loi fondamentale de l'Évolution, due à Comte, par une analogie tirée de l'organisme humain, et pour la compréhension de laquelle je dois expliquer d'abord une des lois de l'Embryologie.

Chaque fonction est successivement exécutée par deux organes (quelquefois plus), *dont l'un est primitif, transitoire, provisoire, tandis que l'autre est secondaire, définitif, permanent.*

Entre ces deux organes existe toujours un rapport, non seulement de fonction, mais aussi de développement et de durée. L'organe *provisoire* tient lieu d'abord de l'organe permanent, puis coéxiste avec lui, durant *les premières phases de l'évolution ;* et finalement, quand l'organe permanent a acquis un développement convenable, l'organe provisoire, ou bien cesse tout à fait sa fonction, ou bien ne la remplit plus qu'imparfaitement. Quelques-uns de ces organes provisoires (tels les dents de lait, et les poils follets qui sont, dans la suite, remplacés par les cheveux) se séparent d'eux-mêmes de leurs successeurs et tombent pour leur faire place. D'autres sont résorbés et se réduisent à une condition rudimentaire ou même à zéro : telles sont les branchies, toujours présentes chez les têtards, et qu'on sait maintenant coéxister avec les poumons chez beaucoup de vertébrés supérieurs ; tels sont aussi les lobes optiques du cerveau, qui sont d'abord les principaux organes de l'encéphale, mais qui s'atrophient graduellement à mesure que les hémisphères cérébraux se développent et qui, en dernier lieu, offrent la condition rudimentaire que présentent les tubercules quadrijumeaux dans l'encéphale humain ; tels aussi le *thymus* et la queue du fœtus qui disparaissent, les capsules surrénales et la glande thyroïde qui diminuent.

De même, dans le développement de l'embryon, nous distinguons trois formes de circulation entièrement différentes, dont la première coïncide avec la formation du blastoderme et de la vésicule ombilicale, dont la seconde commence avec la première apparition de l'allantoïde et le développement du placenta, dont la troisième suit le développement des poumons et des organes de relation. Ces trois formes sont caractérisées, à l'observation, par la création de nouveaux systèmes vasculaires et par l'atrophie de ceux qui les précédaient.

On pourrait multiplier ces exemples, mais il suffira de résumer les résultats des recherches embryologiques, sur ce point, dans les deux propositions suivantes :

1° *Que tout organe qui est primitif est seulement provisoire*, du moins chez les animaux les plus élevés en organisation ;

et que *tout organe qui est permanent est seulement apparu en seconde ligne, et quelquefois même en troisième.*

2° *Que, conséquemment, l'embryon des animaux supérieurs renouvelle successivement ses organes et ses traits caractéristiques, à travers une série de métamorphoses qui aboutissent à des conditions permanentes, non seulement différentes de celles qui existaient primitivement, mais même absolument contraires.*

Ne semble-t-il pas, dès lors, que nous soyons en droit de faire rentrer cette loi du développement provisoire dans les innombrables et frappantes analogies du développement de l'organisme social avec celui de l'homme : les trois phases, Théologique, Métaphysique et Positive, à travers lesquelles l'Humanité passe *nécessairement* dans son évolution, représentant les phases Primitive, Transitoire et Permanente de notre organisme ? L'analogie est parfaite dans tous ses détails, et j'invite le lecteur à poursuivre ses diverses applications ; il arrivera alors à l'entière conviction de ce qui ne peut être qu'indiqué ici, — à savoir, que la Théologie et la Métaphysique sont des organes provisoires dans la croissance de l'Humanité.

Ayant ainsi cherché, par des exemples variés, à populariser la conception de la loi fondamentale des trois états que traverse l'Humanité, je terminerai par la citation de quelques passages de ma première exposition du système de Comte, en risquant, pour l'intérêt de la redite, l'ennui de la répétition :

« Tout le monde s'accorde maintenant à admettre que la connaissance réelle doit être fondée sur l'observation des *faits*. De là, le mépris des théories *à priori*. Mais cependant la simple observation ne saurait suffire à fonder aucune science ; car si, d'un côté, toutes les théories positives doivent être basées sur l'observation, d'un autre côté, il est également nécessaire d'avoir une théorie quelconque pour se livrer à des observations sérieuses. Si nous ne pouvions rattacher à quelque principe les phénomènes qui sont le sujet de nos contemplations, il nous serait impossible de combiner nos observations isolées et, conséquemment, d'en tirer profit ; nous serions même incapables de les retenir, et, le plus fréquemment, les faits importants resteraient inaperçus. Nous sommes conséquemment tenus de faire des théories. La théorie est nécessaire à l'observation, et aucune observation correcte n'est possible sans une théorie correcte.

« Cette double nécessité qui s'impose à l'esprit — de l'observation pour la formation d'une théorie, et d'une théorie pour la pratique de l'observation — l'aurait condamné à tourner dans un cercle si son activité spontanée ne lui eût heureusement ouvert une issue naturelle, en lui faisant supposer d'abord une cause qu'il chercha au-delà de la nature, c'est-à-dire une cause surnaturelle. En raison de la conscience qu'a l'homme d'agir conformément à sa volonté, il conclut naturellement que tous les phénomènes sont produits par des volontés supérieures. De là le Fétichisme qui n'est rien autre que l'attribution de la vie et de la volonté aux choses inanimées. Telle fut la nécessité logique qui engendra l'état surnaturel : l'intelligence commence par l'inconnaissable, et il lui faut d'abord reconnaître son impuissance, apprendre les limites de sa portée, avant qu'elle sache se contenter du connaissable.

« Le stage métaphysique est également important comme stage de transition, car l'état surnaturel et l'état positif sont si grandement opposés qu'il faut des notions intermédiaires pour franchir l'abîme qui les sépare. En substituant une *entité inséparable des phénomènes* à un *agent surnaturel par la volonté desquels* ces phénomènes étaient produits, l'entendement s'habitua à considérer seulement les phénomènes eux-mêmes, ce qui était une très importante condition de leur étude. Le résultat fut que les idées de ces entités métaphysiques disparurent graduellement et se confondirent peu à peu avec les simples noms abstraits des phénomènes.

« Le stage positif devint alors possible. L'esprit ayant cessé d'interposer soit des agents surnaturels, soit des entités métaphysiques entre les phénomènes et leur production, s'attacha uniquement aux phénomènes eux-mêmes. Il les ramena à des *lois* ; en d'autres termes, il les ordonna conformément à leurs relations invariables de similitude et de succession. La recherche des origines et des causes se trouva définitivement abandonnée. Toute prétention à la connaissance absolue fut écartée, et la découverte des Lois devint le grand objectif du genre humain.

« Il est à noter que bien que chaque branche de connaissance doive passer par ces trois phases, conformément à la loi de l'évolution, le progrès n'est cependant pas strictement chronologique. Certaines sciences sont plus rapides dans leur évolution que d'autres; certains individus parcourent ces étapes plus rapidement que leurs voisins; il en est de même des nations. La présente anarchie intellectuelle résulte même de cette différence : quelques sciences se trouvent dans la phase positive, d'autres dans la phase surnaturelle et d'autres encore dans la phase métaphysique. Cette diversité se complique, en outre, de celle qu'apportent les différences individuelles : il arrive que les sciences les plus complètement parvenues à l'état positif, en apparence, soient encore cultivées par quelques individualités restées à l'état métaphysique. L'Astronomie est parvenue à une condition si positive que les lois de la mécanique et de la gravitation nous suffisent pour expliquer tous les phénomènes célestes, et cette explication nous paraît aussi certaine qu'une explication humaine peut l'être, puisqu'elle nous permet de prédire le retour d'une comète avec la plus exacte précision et qu'elle rend le marin capable de découvrir sa latitude et de trouver son chemin à travers « l'immensité des océans ». Elle est donc une science positive. Cependant, la météorologie est si loin d'une telle condition, que des prières sont encore dites, de nos jours, dans les Églises pour obtenir un temps sec ou pluvieux, ce qui n'aurait pas lieu si les lois de ces phénomènes étaient établies, puisqu'alors il n'y aurait pas plus de raison de prier pour la pluie que pour le lever du soleil à minuit. Remarquons également que s'il n'est, de nos jours, aucun philosophe de la nature assez insensé pour chercher à découvrir la cause de l'attraction, des milliers s'efforcent de découvrir la *cause* de la vie et *l'essence* de l'esprit. Cette différence caractérise la science à l'état positif et à l'état métaphysique. L'une se contente du fait général, que « l'attraction est en raison directe de la masse et en raison inverse du carré de la distance », cette loi, étant suffisante pour tous les projets scientifiques, puisqu'elle nous rend capables de prédire avec une certitude infaillible les résultats de son action. Le métaphysicien ou le physiologiste métaphysicien, au contraire, s'occupe beaucoup plus d'émettre des *conjectures* sur les causes de la vie, que d'observer et de classifier les phénomènes vitaux dans le but de découvrir leurs lois de production. Premièrement, il conjecture que cette cause, est ce qu'il appelle un « principe vital » — une mystérieuse entité résidant dans l'être (le corps) et capable d'engendrer ses manifestations phénoménales. Il s'occupe ensuite de faire de nouvelles conjectures sur la nature ou l'essence de ce principe et l'appelle « électricité » ou « fluide nerveux » ou « affinité chimique ». Il accumule ainsi hypothèse sur hypothèse et rend la question de moins en moins claire à ses propres yeux.

« Plus nous examinerons l'état présent des sciences, plus nous serons frappés de l'anarchie ci-dessus indiquée. Nous trouverons telle science dans un état parfaitement positif (Physique), telle autre dans la phase métaphysique (Biologie), une troisième dans la phase surnaturelle (la Sociologie). Et ce n'est pas tout, car nous retrouverons cette diversité dans chaque intelligence individuelle. Le même individu qu'on peut considérer comme parvenu à l'état positif en physique et qui, dans ce domaine, ne poursuit d'autre recherche que celle des lois des phénomènes, se révèlera l'esclave de la Métaphysique en Biologie, où il cherchera à découvrir les causes de la vie, et il sera si peu émancipé de la Théologie en Sociologie qu'il rira de vous, en vous traitant de « théoricien » si vous venez à lui parler d'une science de l'histoire et d'une science sociale. Notre éducation est à ce point vicieuse, notre conception d'une Méthode scientifique est à ce point imparfaite que nous pourrions nous écrier avec Shelley : « Combien novice est ce vieux monde ! » En réalité, l'état actuel de la science nous offre trois méthodes, au lieu d'une : de là, l'anarchie. Pour remédier au mal, toutes ces divergences doivent disparaître : une seule méthode doit présider. Or, Auguste Comte a été le premier à signaler le mal et à suggérer le remède ; cela seul suffirait à rendre son nom immortel. Tant que l'explication surnaturelle des phénomènes fut universellement acceptée, il y eut unité de pensée, par le fait qu'un seul principe général était appliqué à tous les faits. On peut dire la même chose de l'état métaphysique, quoique à un moindre degré, par suite de cette circonstance qu'il ne fut jamais universellement reconnu ; il marqua un pas en avant sur l'état théologique, mais avant qu'il eût pu obtenir l'adhésion universelle, l'état positif avait déjà surgi. Lorsque la méthode positive sera universellement adoptée — et ce jour, nous l'espérons, n'est pas loin, tout au moins en ce qui concerne l'élite de l'humanité — nous aurons alors de nouveau une unité de pensée, nous aurons de nouveau une doctrine générale, puissante, parce que générale.

« Il est facile de prouver que la Méthode positive est la seule Méthode appropriée à la capacité humaine, et la seule sur laquelle la vérité puisse être fondée, parce qu'elle est la seule qui permette la *prévision* des phénomènes. Or, la prévision est le caractère et la preuve de la connaissance. Si vous pouvez prédire certains résultats, et s'ils arrivent conformément à vos prédictions, vous pouvez être assuré que votre connaissance est exacte. Si, au contraire, le vent souffle selon la volonté de Borée, nous pouvons, assurément, tâcher de nous le rendre propice, mais nous ne pouvons pas *établir de calculs* sur sa faveur ; et par suite, nous ne saurions acquérir aucune certitude sur le fait de savoir si le vent soufflera ou non. Est-il, au contraire, sujet à des lois, comme tout autre phénomène, il suffira de découvrir ces lois pour être en mesure de faire des prédictions sur ses variations, comme on en fait sur d'autres sujets. Car, pour nous servir des expressions du Dr Arnott, « le vent et la pluie eux-mêmes, qui sont communément considérés comme des types de l'incertitude et du changement naturel, obéissent à des lois aussi fixes que celles du soleil et de la lune et peuvent déjà, dans plusieurs parties de la terre, être prédits avec une telle assurance qu'il ne tient qu'à nous d'arranger nos voyages de façon à les faire concorder avec la venue des moussons et de nous prémunir contre les inondations de la saison des pluies ».

« S'il était besoin d'un autre argument, nous n'aurions qu'à invoquer simplement le graduel et progressif perfectionnement qui s'est toujours opéré dans chaque département des recherches à la suite de l'introduction de la Méthode positive — et avec un succès exactement proportionné au rigoureux emploi de cette Méthode, — succès qui contraste avec le mouvement circulaire de la Philosophie dont les principaux problèmes sont précisément aussi loin d'être résolus qu'il y a 5000 ans, et dont les seules vérités qu'on puisse considérer comme acquises ressortent de la psychologie et sont dues en réalité à la Méthode positive ».

CHAPITRE IV

Classification des Sciences.

Jusqu'ici, je me suis très peu attaché à suivre l'exposé que Comte a donné lui-même de son système, et je me suis surtout efforcé, par une exposition plus populaire et plus décousue, de familiariser le lecteur avec le point de vue auquel il convient de se placer pour étudier la Philosophie positive. Mais, en traitant de la conception lumineuse d'une nouvelle et finale classification des sciences, il sera bon de le faire autant que possible dans les propres termes de Comte. Ceux qui n'ont jamais médité sur le sujet ne pourront apprécier la gigantesque force de pensée philosophique qu'implique son système. L'arrangement semble si naturel, si facile à comprendre qu'un pénétrant critique, analysant Comte dans le *Blackwood Magazine*, exprimait cette impression, probablement très générale, que c'était précisément le genre de classification qui naîtrait spontanément dans tout esprit réfléchi s'occupant de la question. Si ce critique se fût seulement souvenu des essais infructueux tentés par F. Bacon, d'Alembert, Stewart, Ampère et d'autres, il n'eût jamais laissé échapper cette phrase.

Sans nous arrêter à critiquer les essais des précédents penseurs, examinons le principe posé dans la Philosophie Positive. Le problème à résoudre est celui-ci : *Comment peut-on disposer les sciences de façon que leur classification soit, elle-même, l'expression du fait le plus général, ressortant d'une étude approfondie des objets* que cette classification renferme. La solution du problème réside en ceci : que la *dépendance des sciences peut seulement résulter de celle des phénomènes correspondants.*

La science est une connaissance des lois de la nature. Cette connaissance est la seule base rationnelle de l'action de l'homme sur le monde. Par elle, son esprit prévoit ce que sera le résultat du jeu de tout phénomène abandonné à sa propre activité spontanée, et par quelles modifications on peut obtenir un résultat différent, humainement plus avantageux. La *Science* donne le pouvoir de *prévoir* et la *prévision* conduit à l'action, d'où résulte la relation de la Science et de l'Art.

Mais précisément en raison de ce fait que la Science conduit à l'Utile, et qu'on a pu, de nos jours, apprécier surtout les fins pratiques auxquelles elle sert, on est trop porté présentement à associer sa culture avec les idées de simple profit et d'utilité. Comte, ici comme ailleurs, nous invite à ne pas perdre de vue la plus haute fonction de la Science, qui est de *satisfaire un besoin fondamental de notre nature*. En tant qu'êtres intelligents, nous avons un insatiable désir de connaître les lois du monde, et c'est pourquoi, lorsque nous manquons de conceptions positives, nous avons recours aux conceptions *théologiques* ou *métaphysiques*.

Comme les lois des phénomènes (science théorique) d'une part, et l'application de ces lois à des fins pratiques, d'autre part, forment deux branches distinctes de spéculations, il convient de signaler que ce dernier genre de spéculations n'entre point dans le cadre du système de Comte.

Celui-ci fait encore une autre élimination. Les sciences naturelles sont de deux sortes : les unes abstraites, les autres concrètes, spéciales, descriptives. Les premières sont fondamentales ; les autres sont secondaires. Le jeu des lois abstraites dans les cas particuliers donne naissance aux lois concrètes. La biologie générale est abstraite ; la zoologie et la botanique sont concrètes. Il en est de même de la chimie et de la minéralogie : en chimie, on considère toutes les combinaisons possibles de la matière ; en minéralogie on considère seulement les combinaisons dont nous constatons actuellement l'existence dans les minéraux. De même, c'est la physique abstraite seule qui tombe sous le coup de la classification de Comte.

Si nous voulons maintenant entrer dans le cœur du grand sujet qui nous occupe, nous devons tout d'abord nous rappeler que pour obtenir une classification naturelle et positive des sciences fondamentales, il nous reste à rechercher d'après quel principe nous comparerons les différents ordres de phénomènes dont il s'agit de découvrir les lois. Ce que nous voulons déterminer, c'est la dépendance réelle des diverses sciences, les unes par rapport aux autres. Or, cette dépendance ne peut résulter que de celle des phénomènes correspondants.

En considérant tous les phénomènes observables, sous ce point de vue, nous verrons qu'il est possible de les classer dans un petit nombre de catégories naturelles, disposées de telle sorte que l'étude rationnelle de chaque catégorie puisse prendre pour point de départ la connaissance des lois principales de la catégorie précédente, et servir, à son tour, de base pour l'étude de la suivante. Cet ordre est déterminé par le degré de simplicité, ou, ce qui revient au même, par le degré de généralité des phénomènes. De cette différence en simplicité ou en généralité dérive la dépendance successive des phénomènes, et comme conséquence, la facilité plus ou moins grande avec laquelle ils peuvent être étudiés.

En fait, il est clair, *a priori*, que les phénomènes les plus simples, ceux qui sont les moins dépendants des autres, sont nécessairement aussi les plus généraux ; puisque ceux qui se produisent dans le plus grand nombre de cas, sont, par cela même et au plus haut degré possible, sans liaison avec les circonstances particulières à chaque cas séparé et indépendants d'elles. Donc, si nous voulons arriver à la conception de la Philosophie naturelle d'une manière vraiment méthodique, nous commencerons d'abord par l'étude des phénomènes les plus généraux ou les plus simples et nous nous élèverons ensuite jusqu'aux plus compliqués, puisque cet ordre de généralité ou de simplicité détermine nécessairement la connexion rationnelle des différentes sciences fondamentales d'après l'échelon de dépendance de leurs phénomènes, et fixe aussi leurs degrés comparatifs de difficulté.

Notre premier examen de l'ensemble des phénomènes

actuels nous conduit, dès le début, à les diviser, conformément au principe que nous venons justement d'établir, en deux grandes classes : la première comprenant tous les phénomènes des corps *inorganiques* ; la seconde tous ceux des corps *organisés*.

Les derniers phénomènes sont évidemment plus complexes et plus spéciaux que les premiers. Ils dépendent des précédents qui, au contraire, ne dépendent pas d'eux ; d'où la nécessité de n'étudier les phénomènes physiologiques qu'après ceux de la matière inorganique. De quelque manière que nous expliquions les différences de ces deux modes d'existence, il est certain que nous observons dans les corps vivants tous les phénomènes, à la fois mécaniques et chimiques, qui se manifestent dans les corps inorganiques, et, en plus, un ordre entièrement spécial de phénomènes — phénomènes vitaux — particuliers à l'organisation. Il est possible que la matière organique et la matière inorganique, considérées en tant que *noumena*, soient ou ne soient pas de la même nature : la philosophie évite de telles recherches ; c'est assez qu'il existe entre ces deux formes de la matière une différence reconnue pour justifier l'obligation de les étudier séparément, et, avant toute hypothèse sur la nature de cette différence, d'examiner les phénomènes généraux avant leurs modifications spéciales.

Ce n'est pas le lieu de présenter une comparaison générale entre la matière organique et la matière inorganique. Il suffit présentement que nous reconnaissions la nécessité logique de séparer les sciences qui concernent la première de celles qui ont trait à la seconde, et que nous ne procédions point à l'étude de la *physique organique* avant d'avoir établi et formulé les lois générales de la *physique inorganique*.

Quant à la *physique inorganique*, nous voyons sur-le-champ, en continuant à suivre l'ordre de généralité et de dépendance des phénomènes, qu'elle doit être subdivisée en deux sections distinctes, suivant qu'elle se rapporte aux phénomènes généraux de l'univers, ou spécialement à ceux qui nous sont présentés par la matière terrestre. Nous obtenons ainsi la physique céleste ou astronomie (géométrique et mécanique), et la physique terrestre. Cette division est commandée par les mêmes raisons que la précédente.

Les phénomènes astronomiques étant les plus généraux, les plus simples et les plus abstraits de tous, il est évident que l'étude de la philosophie naturelle doit commencer par eux, puisque les lois auxquelles ils sont sujets influencent celles de tous les autres phénomènes, alors qu'au contraire elles en restent elles-mêmes essentiellement indépendantes. Dans tous les phénomènes de la physique terrestre, nous constatons l'action générale de la gravitation universelle, en plus de certaines autres influences qui leur sont propres et qui la modifient. Il s'ensuit que lorsque nous analysons le plus simple phénomène terrestre, chimique ou même purement mécanique, nous le trouvons toujours plus complexe que le plus complexe des phénomènes célestes. C'est ainsi, par exemple, que le simple mouvement d'un corps qui tombe, fût-ce seulement un solide, nous offre réellement (si nous tenons compte de toutes les circonstances en cause) un sujet de recherches plus compliqué que la plus difficile question astronomique. Cette considération montre clairement combien il est indispensable d'établir une séparation distincte entre la physique céleste et la physique terrestre, et de ne passer à l'étude de la deuxième qu'après celle de la première qui lui sert de base rationnelle.

La physique terrestre est, à son tour, subdivisible en deux sections très distinctes, suivant qu'elle traite des corps considérés au point de vue *mécanique*, ou au point de vue *chimique*. On ne peut évidemment concevoir la partie chimique d'une manière vraiment méthodique, que si on possède une connaissance préalable de la partie mécanique. Car tous les phénomènes chimiques sont nécessairement plus complexes que les phénomènes physiques, et dépendent d'eux, sans agir sur eux. Chacun sait que toute action chimique est sujette à l'influence de la pesanteur, de la chaleur, de l'électricité, et que, en même temps, elle présente quelque chose de particulier qui modifie l'influence des agents précédents.

Ce qui précède à trait à la division rationnelle des branches principales de la science générale des corps inorganiques. Celle des corps organiques prête à une division analogue basée sur les mêmes principes.

Tout être vivant présente deux ordres de phénomènes essentiellement distincts : ceux qui ont rapport à l'individu, et ceux qui ont trait à l'espèce, surtout quand celle-ci est sociable. C'est principalement en ce qui concerne l'homme que cette distinction est fondamentale. Or, le dernier ordre de phénomènes est évidemment plus compliqué et plus spécial que le premier : il en dépend sans l'influencer. De là deux grandes sections dans la *Physique organique*, à savoir la physiologie proprement dite et la physique sociale qui est fondée sur la physiologie.

Dans tout phénomène social, nous constatons, en premier lieu, l'influence des lois physiologiques individuelles, et aussi quelque chose de spécial, qui modifie leurs effets et qui dérive de l'action des individus les uns avec les autres.

Cette influence devient singulièrement compliquée dans l'espèce humaine du fait de l'action de chaque génération sur la suivante. Il suit évidemment de là, que si l'on veut étudier les phénomènes sociaux suivant une bonne méthode, il est nécessaire d'acquérir d'abord une connaissance approfondie des lois relatives à la vie individuelle. Mais, d'autre part, il ne résulte nullement de la subordination nécessaire de l'un de ces sujets d'étude à l'autre, que nous devions considérer la physique sociale comme un appendice de la physiologie, ainsi que plusieurs physiologistes de premier ordre ont été amenés à le croire. Bien que les deux genres de phénomènes puissent assurément être homogènes, ils ne sont pas du tout identiques, et il est d'une importance radicale d'établir une séparation entre les deux sciences correspondantes. On ne saurait traiter l'étude des espèces sous le point de vue collectif, comme une pure déduction de l'étude de l'individu, puisque les conditions sociales qui modifient l'action des lois physiologiques deviennent, dans ce dernier cas, le plus essentiel objet de considération. Il s'ensuit que la Physique sociale doit être basée sur un corps d'observations directes qui lui soient propres, tout en tenant convenablement compte de son intime et nécessaire union avec la physiologie proprement dite.

Nous trouvons, comme résultat de cette discussion, que la Philosophie positive se décompose naturellement en *cinq sciences fondamentales*, dont la succession est déterminée par une subordination nécessaire et invariable, basée sur la comparaison simple mais approfondie des phénomènes correspondants. Ces sciences sont : l'Astronomie, la Physique, la Chimie, la Biologie et enfin la Sociologie. La première se rapporte aux phénomènes les plus généraux, les plus simples, les plus abstraits, et ayant les rapports les moins étroitement liés à l'Humanité ; ils agissent sur tous les autres sans être modifiés par eux. Les phénomènes compris dans la dernière science, sont, au contraire, les plus spéciaux, les plus complexes, les plus concrets, et ceux qui intéressent le plus directement l'homme ; ils dépendent, plus ou moins, de tous ceux qui précèdent, sans exercer aucune influence sur eux. Entre ces deux termes extrêmes, le degré de spécialité, de complexité, et de particularité des phénomènes, augmente graduellement aussi bien que leur dépendance successive.

Un caractère très essentiel de notre classification est sa nécessaire conformité avec l'ordre effectif du développement de la philosophie naturelle, comme en témoigne tout ce que nous savons de l'histoire des sciences, particulièrement durant les deux derniers siècles, où nous avons pu suivre plus exactement leur marche.

On voit donc que si l'étude rationnelle de chacune des sciences fondamentales réclame, comme étude préliminaire, la culture de toutes celles qui la précèdent dans la hiérarchie encyclopédique, elle ne peut faire aucun progrès réel, ni prendre son vrai caractère tant qu'un développement suffisant n'a pas été atteint par les sciences antérieures relatives aux phénomènes plus généraux, plus abstraits, moins complexes, et plus indépendants. C'est, par conséquent, dans cet ordre, que la progression des diverses sciences, quoique simultanée, a dû se réaliser.

Cette considération est tellement importante aux yeux de

notre auteur, qu'il croit réellement impossible de comprendre, sans y avoir égard, l'histoire de l'esprit humain, la loi générale de l'Évolution humaine ne pouvant être convenablement saisie tant qu'on ne la combine pas, dans ses applications, avec la formule encyclopédique ci-dessus établie. C'est, en effet, dans l'ordre représenté par cette formule que les différentes théories reçues par l'Humanité ont atteint successivement, d'abord l'état théologique, puis l'état métaphysique, et, en dernier lieu, l'état positif. Si nous ne tenions pas compte de cela lorsque nous invoquons l'action de la loi de cette progression nécessaire, nous nous exposerions souvent à des difficultés qui nous paraîtraient insurmontables, puisque, à n'en pas douter, l'état théologique et l'état métaphysique de quelques-unes des théories fondamentales doivent avoir coïncidé temporairement l'un avec l'autre, et, de fait, ont coïncidé parfois avec l'état positif de celles qui précèdent dans notre série encyclopédique, circonstance qui tend à jeter sur la vérification de la loi générale une obscurité que seule peut dissiper la classification précitée.

En troisième lieu, cette classification présente la propriété très remarquable d'indiquer avec exactitude les états relatifs de perfection des différentes sciences, — perfection qui consiste essentiellement dans le degré de précision avec lequel les phénomènes nous sont connus, et dans la plus ou moins intime coordination des connaissances que nous possédons sur eux.

Plus les phénomènes sont généraux, simples et abstraits, plus précises sont les idées que nous avons d'eux. Les propositions mathématiques, par exemple, sont les plus précises de toutes. Mais Comte nous rappelle que la *précision* est une chose et la *certitude* une autre chose. Une proposition absurde et fausse peut être très précise, et d'un autre côté, malgré que les sciences varient dans leur degré de précision, elles présentent toutes des résultats également certains. Le lecteur ne doit pas supposer qu'aucune science soit moins certaine dans ses résultats qu'une autre, sous prétexte qu'elle est moins précise.

Enfin, le caractère le plus intéressant de la formule encyclopédique, à cause de l'importance et de la multiplicité des applications immédiates que nous pouvons en tirer, est de déterminer immédiatement le vrai plan général d'une éducation scientifique et entièrement rationnelle. C'est une conséquence directe de la teneur même de la formule.

Il est évident, en fait, que, avant d'entreprendre l'étude méthodique d'aucune des sciences fondamentales, il est absolument nécessaire d'être préparé par la culture de celles d'entre elles qui se rapportent aux phénomènes qui précèdent dans l'échelle encyclopédique, puisque ces derniers influencent toujours avec force ceux dont il s'agit d'étudier les lois.

Si la remarque est éminemment applicable à l'éducation générale, elle ne l'est pas moins à l'éducation spéciale des savants. Les physiciens qui n'ont pas étudié en premier lieu l'astronomie, du moins à un point de vue général; les chimistes qui, avant de s'occuper de leur propre science, n'ont pas préalablement étudié l'astronomie, et ensuite la physique; les physiologistes qui ne se sont pas préparés à leurs travaux spéciaux par une étude préliminaire de l'astronomie, de la physique, de la chimie, — manquent tous d'une des conditions fondamentales de leur développement intellectuel. La remarque est encore plus évidente dans le cas de ces esprits qui s'appliquent à l'étude positive des phénomènes sociaux sans avoir acquis d'abord une connaissance générale de l'astronomie, de la physique, de la chimie et de la biologie.

L'une des propositions fondamentales du système de Comte est, en effet, que l'éducation scientifique demeurera incapable de produire ses résultats les plus généraux et les plus essentiels, tant que les sciences ne seront pas enseignées dans leur ordre naturel, ce qui, présentement, est le cas ordinaire.

Il a soin d'indiquer que sa loi encyclopédique ne doit pas seulement servir de base à une éducation scientifique sous le rapport *doctrine*, mais aussi sous le rapport *méthode*. Car, en passant d'une science à une autre, nous découvrons les diverses modifications que subit la méthode (bien qu'essentiellement la même pour toutes). C'est seulement de cette manière que nous pouvons prendre une exacte connaissance de la discipline positive. Chaque science développe les procédés méthodiques qui lui sont propres, l'une, l'observation, — l'autre, un certain genre d'expérimentation, — la troisième, une autre sorte d'expérimentation. Et il est avantageux qu'elles soient apprises dans leur ordre encyclopédique. Quel résultat rationnel d'intérêt public, peut-on effectivement attendre d'un esprit qui, de prime-abord, s'occupe de l'étude des phénomènes les plus compliqués sans s'être préparé, par l'étude des plus simples phénomènes, à comprendre ce que nous appelons une *loi*, — ce que c'est que d'*observer*, — ce qu'on entend par conception positive, — et même, ce qu'est un raisonnement logique. Telle est cependant encore, de nos jours, l'éducation ordinaire de nos jeunes biologistes qui, le plus souvent, entreprennent directement l'étude des corps vivants, sans avoir reçu d'autre préparation qu'une éducation préliminaire limitée à l'acquisition d'une ou de deux langues mortes et en n'ayant qu'une très superficielle connaissance de la physique et de la chimie — connaissance se réduisant presque à rien en ce qui touche la Méthode, si l'on considère que, généralement, elle n'a pas été obtenue d'une manière rationnelle, en procédant du vrai point de départ de la philosophie naturelle. De même, à l'égard des phénomènes sociaux, qui sont encore plus complexes, ne serait-ce point faire un grand pas vers le retour de la société moderne à un état vraiment normal que de reconnaître la nécessité logique d'attendre, pour aborder leur examen, d'avoir graduellement exercé les organes intellectuels par une étude philosophique approfondie de tous les phénomènes antérieurs ? Nous pouvons même ajouter, sans aucune exagération que là gît la principale difficulté. Car, à la vérité, il reste peu d'esprits intelligents qui, actuellement, ne soient convaincus de la nécessité d'étudier les phénomènes sociaux d'après la Méthode positive. Mais pour ceux qui ont entrepris une telle étude, sans connaître ladite Méthode et même sans être capables de distinguer exactement en quoi elle consiste, faute de l'avoir pratiquée dans ses applications antérieures, cette croyance est restée jusqu'ici presque stérile et s'est montrée incapable de fournir, à elle seule, le moyen de renouveler les théories sociales, lesquelles sont encore plongées dans l'état théologique ou métaphysique, malgré les efforts des réformateurs positifs les plus déclarés.

Le lecteur aura peut-être remarqué l'omission de la Mathématique dans l'échelle encyclopédique. Elle est cependant placée par Comte, en vertu de son principe de classification, au pied de l'échelle. Mais il considère cette vaste et importante science plutôt comme la *véritable base fondamentale de la philosophie naturelle* que comme l'un de ses éléments constituants ; et il l'estime moins pour ses propres vérités intrinsèques que pour son grand rôle de très puissant instrument de progression scientifique.

CHAPITRE V

Que faut-il entendre par Lois de la Nature ?

Ayant exposé, dans les chapitres précédents, les trois grandes conceptions primordiales de la Philosophie positive, je vais procéder maintenant à l'analyse des six volumes d'exposition scientifique qui forment le *Cours de Philosophie Positive*. Mais, avant de quitter définitivement la loi Comtienne de l'Évolution, je tiens à insérer cette note qui m'a été adressée par un ami et qui me paraît susceptible d'éclairer quelques obscurités de ma propre exposition. L'importance du sujet est telle qu'elle justifie mon insistance :

« Les observations suivantes pourront peut-être rendre service à ceux qui commencent l'étude de la Philosophie positive. Ils ne doivent pas, en effet, à propos de la loi de l'Évolution, supposer, à l'instar de beaucoup de personnes, que chacune des trois périodes décrites a une existence séparée et exclusive. Au contraire, les éléments Théologique, Métaphysique et Positif ont toujours co-existé. Mais, dans la première période, la Théologie a été l'élément prédominant, tandis que dans la seconde, c'est la Métaphysique qui prévaut, et dans la troisième la conception Positive. Le germe du Positivisme se retrouve jusque dans le stage fétichique ; l'homme n'ayant jamais été entièrement incapable d'Abstraction. Il s'en faut, d'autre part, que la période Positive comporte l'entière élimination des tendances premières et des tendances intermédiaires de l'esprit humain. Il est à observer, enfin, que ces trois états sont tous intimement liés, que la Métaphysique étant un état de transition, en partie théologique, en partie scientifique, représente un pont jeté sur l'abîme qui sépare le Surnaturel du Positivisme. Sans elle, l'Humanité ne se serait jamais développée, puisque la Nature ne fait pas de sauts, *non agit per saltum*. Le principe de gradation ou de continuité qui la caractérise est aussi la caractéristique de la nouvelle philosophie et se trouve relier toutes ses conceptions logiques et scientifiques ». A titre d'illustration, j'ajouterai un passage du discours de sir John Herschel : « On ne peut guère douter que les états solide, liquide et gazeux des corps soient simplement des degrés dans une progression graduelle d'un extrême à l'autre ; car, si marquées que puissent nous apparaître leurs différences, ils arrivent finalement à n'être séparés par aucune ligne brusque de démarcation, et à se fondre les uns dans les autres par d'insensibles gradations. »

Cette remarque me fournit l'occasion favorable de présenter une critique relative à l'usage et à l'abus du terme « Lois de la Nature », que j'ai employé, non sans méfiance, il y a près de vingt ans. L'expression a deux vices : elle est incorrecte, elle est trompeuse ; et une critique sévère pourrait, non sans raison, condamner son emploi dans la Philosophie positive. La conception qu'impliquent ou suggèrent ces mots « Lois de la Nature » est une dernière manifestation, et la plus raffinée, de l'état métaphysique de la Spéculation ; dans cette expression, la Loi remplace l'ancien Principe, elle représente une délicate Entité abstraite, surajoutée aux phénomènes. Par exemple, quand vous dites que c'est conformément à une *loi* que les corps gravitent, que les fluides se maintiennent à leur niveau, ou que l'aiguille aimantée se tourne vers le nord, vous ajoutez aux *faits* une entité abstraite (la Loi), que vous croyez capable de les contraindre et de les forcer à être ce qu'ils sont. Sous prétexte de donner un exposé généralisé des faits, vous introduisez subrepticement, en dehors de cet exposé, une entité, quelque chose *ab extra*. Quelle est, en effet, cette loi qui produit les phénomènes, si ce n'est un remplaçant plus subtil, plus impersonnel du Pouvoir surnaturel qui, à l'époque théologique, était censé surveiller toutes choses, « *guider la trombe et diriger la tempête* ». Si le sauvage dit que c'est un Démon qui soulève la tempête, l'homme de science ne déclare-t-il pas de son côté que c'est une Loi qui la dirige ? Ces deux conceptions ne sont-elles pas identiques ?

Quand on voit un homme des talents et de la haute situation de Cuvier raisonner comme si le mot Loi signifiait réellement un règlement superposé, il n'est que temps de soulever des objections à l'emploi de ce terme. Dans sa discussion célèbre avec Geoffroy-Saint-Hilaire, sur l'Unité de composition du Règne animal, Cuvier s'oublie jusqu'à s'écrier : « Pourquoi la Nature agirait-elle toujours uniformément ? Quelle nécessité l'aurait contrainte à employer constamment les mêmes formes organiques, et à les avoir toujours employées ? Par qui cette règle arbitraire lui aurait-elle été imposée? » Nous voyons donc que l'identité des processus organiques est considérée par lui comme une « règle arbitraire » à laquelle il préfère le caprice. Ailleurs il reprend cet argument, et déclare que les « prétendues identités » de Saint-Hilaire réduiraient, *si elles étaient vraies*, la Nature, à une sorte d'esclavage ! (1)

La Loi, même dans son acception Métaphysique, était encore trop rigoureuse pour les vues de Cuvier ; il repoussait l'idée que la nature lui fut sujette, et il est hors de doute que par l'expression « Loi de la Nature » il ne comprenait nullement une simple « relation de coexistence et de succession ».

On objectera peut-être que la généralité des hommes de science conçoivent autrement la Loi. Ils ne croient pas que les activités toujours vivantes, baptisées « Nature » par notre profonde ignorance, soient mises en action selon certains statuts célestes attachés à elles et impliquant ou comportant « des peines et des pénalités ». Mais mon objection n'en est pas moins solide, car le langage courant des hommes exprime habituellement cette conception. Ils ont beau, lorsque leur attention est attirée sur le sujet, et quand ils cherchent à définir rigoureusement les termes dont ils se servent, dénommer Loi « l'expression des relations de coexistence et de succession », il n'en est pas moins vrai que lorsqu'ils parlent de la violation des lois de la « Nature », d'actions « contraires aux lois de la Nature », ils traduisent les suggestions

(1) Geoffroy Saint-Hilaire : *Philosophie zoologique*, pp. 7 et 25.

vicieuses qu'entraîne l'emploi du terme et qui altèrent un grand nombre de leurs raisonnements. Ainsi, sans aller chercher plus loin que cette forme de la théorie de l'Évolution qui admet un certain plan défini et immuable dans l'Univers, — les Lois qui concourent à ce Plan ne sont-elles pas supposées douées d'une mystérieuse prescience de la fin qu'elles doivent atteindre ? Et que sont ces lois douées de prescience, sinon des entités métaphysiques ?

Beaucoup d'hommes de science ne laissent pas de proclamer hautement que le Créateur a asservi la matière à certaines lois immuables, mais de quelque façon qu'ils puissent raffiner sur les mots et sublimifier l'idée de Loi, son élément humain (anthropomorphique) ne peut néanmoins être éliminé. Cette conception me fait d'ailleurs l'effet d'une théorie mécanique de l'Univers, à la fois stérile et irreligieuse, car elle fait de Dieu un postulat nécessaire, quitte à le lâcher ensuite. Après qu'il aurait légiféré une bonne fois, pour l'Univers, ses lois suffiraient désormais à soutenir la grande vie de celui-ci. Au regard de la conception *dynamique*, d'après laquelle Dieu est la Vie et l'Univers son Activité, de telles idées de la Loi sont profondément erronées. Je m'oppose donc à l'emploi de ce terme, « Lois de la Nature », parce que, dans son sens étroit, il aboutit à une conception *mécanique* de la Nature, et parce que, quelque soin que nous apportions à circonscrire sa signification et à lui faire signifier simplement les relations de coexistence et de succession, il ne peut se dégager suffisamment de ses associations humaines subjectives, et, par suite, reste trompeur. En ce qui me concerne, je préférerais la théorie primitive et spontanée qui eut cours, durant les premiers stages de l'Humanité, à la théorie actuellement en faveur et qu'on peut désigner sous le nom de théorie mécanique de l'Univers ; il m'est plus facile de m'accommoder avec les vieilles Divinités — toutes capricieuses et humaines qu'elles aient été — qu'avec les modernes Lois ; car ces Divinités représentaient au moins des Pouvoirs *vivants*. Spinoza et Gœthe nous ont enseigné quelque chose de mieux que la théorie mécanique et je renvoie le lecteur à leurs écrits.

Mais en supposant qu'il soit reconnu que l'expression Loi est défectueuse, quelle autre pourrait-on lui substituer? La difficulté d'en trouver une est très grande, car l'esprit, dans le vaste circuit de ses méditations, retombe sur des termes chargés tous de significations étrangères et trompeuses qui les rendent impropres à remplacer le vieux mot. Celui sur lequel j'ai finalement arrêté mon choix ne me satisfait pas entièrement, mais il me paraît remplir les principales conditions requises.

Je propose d'appeler Méthodes les relations de coexistence et de succession, communément dénommées Lois. Étymologiquement, la Méthode (μέθοδος) est une *voie* (conduisant en avant), un chemin de passage. Les Méthodes de la Nature signifieraient, par conséquent, les voies que suivent ses activités pour aboutir à leurs résultats (c'est-à-dire, aux phénomènes). Je n'ai pu éviter le langage figuré, qui a d'ailleurs son utilité à cause de sa valeur expressive ; mais la conception qu'il exprime ici est limitée aux faits, sans rien de surajouté. En présence de phénomènes donnés, nous nommons *Voies* de la Nature, les processus par lesquels ils sont produits, ou, autrement dit, les chemins que les forces prennent pour aboutir à ce résultat particulier. Ces chemins peuvent être coupés par le passage d'autres Forces. Prenons comme exemple l'étincelle qui met le feu à de la poudre à canon sèche : une voie nouvelle se trouve alors ouverte, qui permet aux Forces de se diriger vers une issue particulière (l'explosion) ; mais si nous jetons de l'eau sur la poudre, la voie précédente se trouve bloquée et une autre issue est ouverte. De même, le feu élève la température de l'eau. Cependant, si vous versez de l'eau dans un creuset chauffé au rouge et contenant de l'acide sulfurique liquide, la température de l'eau, loin de s'élever, se trouvera abaissée au point de congélation, de telle sorte qu'au lieu de vapeur vous aurez de la glace ! Cela n'est pourtant pas en contradiction avec les Lois de la Nature ; aucune d'elles n'a été violée ; tout ce que nous pouvons dire, c'est que la voie première a été coupée par une autre voie. L'évaporation rapide de l'acide sulfurique a produit un froid si intense que l'eau qui, en l'absence de l'acide, aurait sifflé en vapeur, a non seulement perdu en évaporation toute la chaleur communiquée par le feu, mais encore a perdu une portion de la chaleur qui la conservait liquide. Et cela est arrivé simplement parce que la Méthode de la Nature — la véritable voie de son activité en face de l'acide sulfurique soumis à la chaleur — est ce que nous appelons une évaporation rapide.

Pour comprendre cette conception des Méthodes, consentons à nous placer au point de vue le plus abstrait, — considérons la Nature comme la somme des Forces qui, du fait qu'elles existent et sont des Forces, doivent agir, selon une direction ou une autre, — et envisageons de plus ces forces dans l'instant où elles se dépensent en résultats, — nous sommes obligés de reconnaître qu'elles suivent certaines voies spéciales pour atteindre certains résultats déterminés. Nous voyons ainsi que la direction de l'activité est une des conditions de l'acte, et que nous n'ajoutons rien aux actions observées en disant que les Méthodes de la Nature sont de telle ou telle sorte.

Puisque je suis entrain d'avoir recours à diverses formes d'expressions et à des illustrations variées pour rendre mon idée familière, qu'on me permette d'emprunter un exemple à la science de la Mécanique. La matière est réputée inerte, et, en temps qu'artifice scientifique, cette prétendue inertie peut avoir son utilité en mécanique, mais en dehors de ce domaine, le fait de supposer la matière incapable de modifier spontanément l'action des forces qui lui sont appliquées, est un reste de la vieille notion Métaphysique d'après laquelle tous les états d'activité et de mouvement étaient produits du dehors, — notion en rapport avec la phase de développement mental dans laquelle le mouvement était expliqué par des entités surnaturelles, et conforme aussi à cette théorie mécanique de la matière qui la considère comme « une masse d'argile inerte dans les mains du potier ». C'est parce que je ne puis me la représenter ainsi, que je tiens à apporter plusieurs rectifications importantes à cette manière grossière de la concevoir. Je serais disposé à considérer la matière comme la *manifestation phénoménale de la Force*, et je dirais volontiers que toute matière, animée et inanimée, est partout dans un état d'activité spontanée — de vie, en un mot ; conconception vers laquelle d'ailleurs tend rapidement toute la science moderne. Partant de cette conception, nous conclucrions que les mouvements de la matière *n'obéissent pas aux Lois*, mais représentent les activités spontanées des Forces, et que ce que nous appelons « Lois » représente simplement les voies ou Méthodes le long desquelles se meuvent les Forces.

Je ne doute pas qu'on puisse soulever des objections contre l'emploi du terme Méthode, mais est-il possible de ne point donner prise à des objections ? Je ne suis pas, toutefois, un néologiste assez extravagant pour penser que le vieux terme deviendra hors d'usage, fût-il remplacé par un nouveau à l'abri de toute objection. Mais je pense que cette digression n'aura pas été superflue, si elle sert à fixer l'attention du lecteur sur les conséquences caractéristiques de la conception de Loi, et si elle le sollicite, lorsqu'il rencontrera le terme Loi, à lui substituer mentalement celui de Méthode. Sans prétendre modifier sur-le-champ notre phraséologie scientifique, nous pouvons, dès maintenant, initier nos pensées aux Méthodes de la Nature, et nous familiariser ainsi avec le point de vue positif auquel il convient de se placer pour la considérer.

Nous allons maintenant traiter de la science Mathématique. Mais avant d'entrer dans le vif du sujet, je me permettrai de prier le lecteur qui, en raison de son peu d'intérêt pour les mathématiques, trouverait *aride* le chapitre suivant, de le parcourir néanmoins résolument, en raison des illustrations qu'il apporte au véritable esprit scientifique. J'ajouterai qu'il n'est point nécessaire, d'ailleurs, de posséder une connaissance préliminaire des mathématiques pour comprendre tout ce que Comte aura à dire.

CHAPITRE VI

Considérations philosophiques sur les Sciences mathématiques.

Le but de la science Mathématique est la mesure des grandeurs. La mesure directe, par simple comparaison immédiate d'une grandeur avec une autre, est rarement possible ; d'où la nécessité de la formation d'une science des mesures. Nous décrivons d'abord la relation d'une grandeur, non susceptible de mensuration directe, avec une autre qui est susceptible de cette mesure, puis nous recherchons comment l'une est fonction de l'autre.

Par suite, dans tous les cas donnés, nous pouvons, de la mesure immédiate d'une quantité, arriver indirectement à la mesure de l'autre. Ainsi (pour prendre un exemple familier), la hauteur d'où un corps est tombé, et le temps de sa chute, sont toujours entre eux dans une relation fixe. Les deux grandeurs sont fonction l'une de l'autre. C'est pourquoi, lorsque nous pouvons mesurer le temps de la chute d'un corps dans un précipice, ce temps nous donne la *hauteur*. Et inversement, nous pouvons fixer le temps qu'un corps mettrait à tomber verticalement de la lune sur la terre, du moment que nous connaissons la distance entre la lune et la terre. De même, aussi, sachant les relations fixes entre les côtés et les angles d'un triangle, nous pouvons, dans n'importe quel cas, déduire, de la mesure directe de quelques-unes de ses parties, la mesure du reste. Cependant, la grandeur inconnue peut ne pas être déterminable par la seule connaissance de ses relations avec une seule autre ; il se peut que nous soyons obligés de rechercher quelle est la fonction de la grandeur inconnue par rapport à une seconde, puis la fonction de cette seconde grandeur par rapport à une troisième, celle de cette troisième par rapport à une quatrième et ainsi de suite, en parcourant une longue chaîne, — aucune des séries, sauf la dernière, n'étant susceptible d'une mesure directe. Mais le principe est identique dans tous les cas, qu'ils soient simples ou complexes.

On peut donc définir exactement la science mathématique en lui assignant pour but la mesure *indirecte* des grandeurs et en disant que notre objectif, en la cultivant, est toujours de *déterminer les grandeurs les unes par les autres, d'après les relations précises qui existent entre elles.* Cette manière de définir la Mathématique, au lieu de donner seulement l'idée d'un *art,* comme le font jusqu'ici toutes les définitions, caractérise immédiatement une véritable science, et la montre, sur-le-champ, composée d'une vaste série d'opérations intellectuelles qui pourront évidemment devenir très compliquées, à raison de la chaîne de termes intermédiaires qu'il faudra établir entre les quantités inconnues et celles qui comportent une mesure directe, du nombre des variables co-existantes dans une question donnée, et de la nature des relations que fourniront entre toutes ces diverses grandeurs les phénomènes considérés. D'après cette définition, l'esprit mathématique consiste à regarder toujours comme liées entre elles toutes les quantités que peut présenter un phénomène quelconque, dans la vue de les déduire les unes des autres. Or, il n'y a pas évidemment de phénomène qui ne puisse donner lieu à des considérations de ce genre ; d'où résulte l'étendue naturellement indéfinie et même la rigoureuse universalité logique de la mathématique.

Les explications précédentes justifient entièrement l'emploi du nom servant à désigner la science en question. Cette dénomination, qui a pris aujourd'hui une acception si déterminée, signifie simplement, par elle-même, *la science* en général. Une telle désignation, rigoureusement exacte pour les Grecs, qui n'avaient pas d'autre *science* réelle, n'a pu être conservée par les modernes que pour indiquer la mathématique comme la *science* par excellence. Et, en effet, la définition à laquelle nous venons d'être conduits (si on en écarte la circonstance de la précision des déterminations), n'est autre chose que la définition de toute véritable science quelconque, car chacune n'a-t-elle pas nécessairement pour but de déterminer des phénomènes les uns par les autres, d'après les relations qui existent entre eux. Toute *science* consiste dans la coordination des faits ; si nos différentes observations étaient entièrement isolées, il n'y aurait pas de science. On peut même dire généralement que la *science* est essentiellement *destinée à dispenser*, autant que le comportent les divers phénomènes, *de toute observation directe, en permettant de déduire, du plus petit nombre possible de données immédiates, le plus grand nombre possible de résultats*. C'est en cela que repose l'usage réel, soit dans la spéculation, soit dans l'action, des *lois* que nous avons découvertes parmi les phénomènes naturels. La science mathématique ne fait d'après cela que pousser au plus haut degré possible, tant sous le rapport de la quantité que sous celui de la qualité, sur les sujets véritablement de son ressort, le même genre de recherches que poursuit, à des degrés plus ou moins inférieurs, chaque science exacte, dans sa sphère respective, — avec cette différence que la Mathématique porte ces recherches au plus haut point possible, sous le double rapport de la quantité et de la qualité.

C'est donc par l'étude de la Mathématique, et seulement par elle, que l'on peut se faire une idée juste et approfondie de ce qu'est réellement une *science*. C'est là uniquement qu'on doit chercher à connaître avec précision la méthode générale que l'esprit humain emploie constamment, dans ses recherches positives, parce que, nulle part ailleurs, les questions ne sont résolues d'une manière aussi complète, et les déductions prolongées aussi loin avec une rigoureuse sévérité. C'est là également que notre entendement a donné les plus grandes preuves de sa puissance, parce que les idées qu'il y considère sont du plus haut degré d'abstraction possible dans l'ordre positif. Toute éducation scientifique qui ne commence pas avec cette étude, pèche donc nécessairement par sa base.

Jusqu'ici Comte a envisagé la science mathématique dans son ensemble total. Jetons maintenant un coup d'œil sur ses divisions principales.

Dans l'analyse complète de toute question mathématique, on voit la science se partager spontanément en deux grandes divisions. Nous avons d'abord à déterminer les relations précises existant actuellement entre les quantités à examiner. Ainsi, pour déterminer la hauteur de laquelle un corps est tombé, d'après le temps de sa chute, nous avons à découvrir *l'équation* entre la hauteur et le temps : cela constitue la partie *concrète* de la mathématique.

En second lieu, nous n'avons plus qu'une pure question de nombres devant nous. Possédant *l'équation*, nous avons simplement à déterminer les nombres inconnus d'après les nombres connus. La hauteur étant un multiple connu de la seconde puissance du temps (telle est l'équation dans le cas particulier rapporté), nous avons à accomplir l'opération numérique de trouver l'une par l'autre. Cela est la partie *abstraite* de la mathématique.

Quelquefois la partie concrète du problème est la plus difficile, parfois c'est l'abstraite; en sorte que les deux grandes sections de la science mathématique doivent être considérées comme équivalentes en étendue et en difficulté. Ces deux parties sont essentiellement distinctes par leur objet et par la nature des recherches qu'elles comportent. La mathématique *concrète* dépend du genre des phénomènes qu'on considère, et est essentiellement expérimentale, c'est-à-dire physique. La mathématique *abstraite* est indépendante des objets examinés, à l'exception de leurs relations numériques; elle est purement logique, c'est-à-dire rationnelle.

La Mathématique *concrète* ayant pour objet de découvrir les équations des phénomènes, semblerait *a priori* devoir se composer d'autant de sciences distinctes qu'il y a de catégories de phénomènes. Cependant, pratiquement, les deux seules grandes catégories de phénomènes, dont nous puissions toujours connaître les équations, sont les phénomènes géométriques et les phénomènes mécaniques. Il en résulte que la partie concrète de la mathématique se compose de la géométrie et de la mécanique rationnelle. Elles constituent par elles-mêmes les deux sciences naturelles fondamentales, en ce sens que tous les effets naturels peuvent être conçus comme de simples résultats nécessaires, ou des lois de l'étendue, ou des lois du mouvement.

La Mathématique *abstraite*, de son côté, est composée de ce qu'on appelle, dans la plus grande extension du terme, le *Calcul*, qui embrasse depuis les opérations numériques les plus simples jusqu'aux plus sublimes combinaisons de l'Analyse transcendante. Elle a pour objet la résolution de toutes les questions de nombres, en partant des équations données par la mathématique concrète.

Il est important de noter que la division fondamentale de la Mathématique est seulement une application du principe général de classification établi dans un chapitre précédent, à savoir la hiérarchie des différentes sciences positives. Si nous comparons, en effet, d'une part, le Calcul, et d'autre part la Géométrie et la Mécanique, nous vérifions vraiment, relativement aux idées considérées dans chacune de ces deux sections principales de la Mathématique, les caractères essentiels de notre Méthode Encyclopédique. Les idées analytiques du Calcul sont évidemment plus abstraites et aussi plus générales et plus simples que les idées géométriques et mécaniques. Bien que les conceptions principales de l'Analyse mathématique, envisagées au point de vue historique, se soient formées sous l'influence de considérations géométriques ou mécaniques, au perfectionnement desquels le progrès du calcul a été étroitement lié, l'Analyse n'en est pas moins, sous le point de vue logique, essentiellement indépendante de la géométrie et de la mécanique, tandis que celles-ci sont, au contraire, nécessairement fondées sur la première.

L'Analyse mathématique est donc, d'après les principes établis ci-dessus, la véritable base rationnelle du système entier de nos connaissances positives. Elle est la première et la plus parfaite de toutes les sciences fondamentales. Les idées qui composent son domaine sont les plus universelles, les plus abstraites et les plus simples que nous puissions réellement concevoir.

Ce caractère particulier de l'Analyse mathématique nous permet aisément d'expliquer pourquoi, lorsqu'elle est convenablement employée, elle nous offre un si puissant moyen, non seulement pour donner plus de précision à notre connaissance réelle (ce qui est évident en soi), mais aussi pour établir une coordination infiniment plus parfaite dans l'étude des phénomènes qui comportent cette application. Car les conceptions ayant été généralisées et simplifiées au plus haut degré possible, — de sorte qu'une seule question analytique, résolue abstraitement, renferme la solution implicite d'une foule de questions physiques diverses, — le résultat doit être nécessairement que l'esprit humain aura une plus grande facilité à percevoir des relations entre des phénomènes qui, à première vue, apparaissent entièrement isolés l'un de l'autre, et desquels nous sommes ainsi parvenus à tirer, pour les considérer à part, tout ce qu'ils ont de commun. C'est ainsi qu'en examinant la marche de l'intelligence dans la solution des questions importantes de Géométrie et de Mécanique, nous voyons surgir naturellement, grâce à l'intervention de l'Analyse, les rapprochements les plus fréquents et les plus inattendus entre des problèmes qui, à première vue, ne paraissent présenter aucune connexion, et que, finalement, nous considérons souvent comme identiques. Comment aurions-nous pu, par exemple, sans le secours de l'Analyse, percevoir la moindre analogie entre la détermination de la direction d'une courbe à chacun de ses points et celle de la vitesse acquise par un corps à chaque instant de son mouvement varié ? Questions qui, si différentes qu'elles puissent paraître, n'en font qu'une aux yeux du géomètre !

Et, de la même manière, il est facile de comprendre le haut état de perfection de l'Analyse mathématique, comparée avec les autres sciences, perfection qui est due non pas tant à ses signes qu'à l'extrême simplicité de ses idées.

Comte conclut en mettant en lumière l'étendue réelle du domaine de la science mathématique. Au point de vue purement logique, elle est nécessairement universelle : chaque question pouvant être conçue comme finalement réductible à une question de nombres. Mais son domaine se trouve pratiquement limité aux questions les moins complexes de la Physique Inorganique, pour deux raisons : — premièrement, parce que les diverses quantités qui se présentent dans les questions les plus complexes de la Physique Inorganique, et dans *toutes* les questions Organiques, ne comportent pas de nombres assez fixes pour nous fournir l'équation requise ; la variabilité numérique de leurs phénomènes, étant extrême, reste au-dessus de la puissance de nos facultés d'observation et d'estimation de leur valeur ; — et, secondement, parce que, eussions-nous connaissance de la loi mathématique de chaque facteur, nous demeurerions incapables de résoudre le problème mathématique correspondant, en raison de l'excessive complexité des conditions.

Le manque de place m'empêche de donner tout au long cette partie de l'exposition de Comte ; mais le lecteur ne sera pas en peine de trouver des illustrations de l'un et l'autre cas.

En sautant les six chapitres qui suivent, aussi profonds qu'instructifs, sur la Mathématique abstraite et sur l'Analyse mathématique, nous arrivons au chapitre préliminaire sur la Géométrie.

La Géométrie n'est pas, comme beaucoup l'ont supposé, une science purement rationnelle, indépendante de l'observation ; la base de ses déductions repose, en réalité, sur un certain nombre de phénomènes primitifs établis par l'observation et non par le raisonnement. Elle a une supériorité scientifique sur la Mécanique, et la précède, parce qu'elle est, par rapport à celle-ci, plus universelle, plus simple et plus indépendante. Chaque corps, dans la nature, peut donner matière à des recherches géométriques aussi bien qu'à des recherches mécaniques, et nous n'avons jamais les dernières sans les premières; mais, de plus, nous aurions toujours des questions géométriques à résoudre, lors même que l'univers deviendrait immobile.

La Géométrie *a pour objet la mesure de l'étendue :* telle est sa définition. Toutefois, la mesure directe d'un volume ou d'une surface par la superposition d'un autre volume ou d'une autre surface est, en règle générale, impraticable. Il y a toujours, alors, dans le cas d'un volume ou d'une surface, certaines lignes dont la mesure donnera celle du volume ou de la surface considérés. De la même manière, une ligne courbe peut être mesurée par certaines lignes droites en relation avec elle ; et des lignes droites peuvent elles-mêmes, à leur tour, être mesurées par leur relation avec d'autres lignes droites susceptibles de comparaison immédiate.

Nous pouvons ainsi nous former une idée très précise de la science géométrique, en lui assignant pour destination générale de réduire finalement les comparaisons de toutes les espèces d'étendue (volumes, surfaces ou lignes) à de simples comparaisons de lignes droites, les seules regardées comme pouvant être effectuées immédiatement.

L'*étendue* de la science est nécessairement indéfinie ; car la variété des lignes, des surfaces et des volumes, est indéfinie. Pour mesurer ces diverses formes naturelles, comme elles se présentent, il nous faut être préparés par une étude générale et par un examen spécial de certaines formes hypothétiques et plus simples. Mais nous ne pouvons plus, comme faisaient les anciens géomètres, nous confiner dans l'étude de certaines formes simples fournies directement par la nature, ou de quelques autres déduites d'elles ; nous devons nous préparer à envisager toutes les formes imaginables, par la Géométrie abstraite ou moderne, que nous devons à Descartes, et qui réduit l'invention des formes à celle d'équations de lignes droites. Chaque équation et, par conséquent, chaque forme, peuvent être ainsi spécialement étudiées. Ces équations, étant en nombre infini, nous préparent à l'étude de toutes les formes. Toutefois il est certaines questions géométriques qui, à première vue, ne semblent pas tomber sous la définition de Comte : ce sont celles qui ont trait aux *propriétés* des lignes et des surfaces particulières. Une simple forme peut avoir plusieurs propriétés, et chacune de celles-ci est susceptible de conduire, plus facilement que les autres, à une solution dans tel ou tel cas particulier. A l'aide d'abondantes illustrations, Comte montre comment de pareilles recherches contribuent réellement et essentiellement à faciliter la mesure de l'étendue.

Il procède alors à l'indication des deux Méthodes différentes qui peuvent être suivies pour constituer la science de la Géométrie, et rejette les appellations de *Géométrie synthé-*

tique et analytique, communément employées pour les désigner. Le terme de *Géométrie des anciens* caractériserait mieux la première de ces méthodes, et celui de *Géométrie des modernes*, la seconde. Il préfère toutefois, à ces dénominations historiques, celle de Géométrie *spéciale* pour l'une, et celle de Géométrie *générale* pour l'autre. — La différence radicale entre elles, mais jusqu'ici imparfaitement comprise, semble réellement consister dans la nature même des questions considérées. En effet, la Géométrie, supposée parvenue à une perfection complète, doit, ainsi que nous l'avons vu, d'un côté embrasser toutes les formes imaginables, et de l'autre, découvrir toutes les propriétés de chaque forme. D'après cette double considération, elle est susceptible d'être traitée suivant deux plans essentiellement distincts, soit en groupant ensemble toutes les questions (aussi différentes qu'elles puissent être) qui concernent la même forme, et en traitant séparément celles relatives à des corps différents, quelque analogie qui puisse exister entre elles ; soit, au contraire, en réunissant sous un seul et même point de vue toutes les questions semblables, à quelques formes diverses qu'elles puissent appartenir, et en séparant les questions relatives aux propriétés réellement différentes d'un même corps. En un mot, l'*ensemble* de la Géométrie peut être essentiellement ordonné, ou par rapport aux corps étudiés, ou par rapport aux phénomènes qui sont à considérer. Le premier plan, qui est le plus naturel, a été celui des Anciens ; le second, infiniment plus rationnel, est celui des Modernes depuis l'époque de Descartes. — Tel est, en effet, le caractère principal de la Géométrie ancienne, dont on étudiait, une par une, les diverses lignes et les diverses surfaces, en ne passant jamais à l'examen d'une nouvelle forme que lorsqu'on croyait avoir épuisé tout ce que pouvaient offrir d'intéressant les formes connues. Dans cette manière de procéder, on ne pouvait tirer aucune aide essentielle et directe, lorsqu'on entreprenait l'étude d'une nouvelle courbe, des travaux exécutés sur les courbes précédentes ; le seul profit des travaux antérieurs consistait dans l'entraînement acquis par l'esprit au cours de ces exercices géométriques. En un mot, la Géométrie des Anciens était, suivant l'expression proposée ci-dessus, essentiellement *spéciale*. — Dans le système des Modernes, la Géométrie est, au contraire, essentiellement *générale, c'est-à-dire relative à des formes quelconques*. Il est aisé de comprendre que toutes les questions géométriques de quelque intérêt peuvent être proposées par rapport à toutes les formes imaginables. Les très rares recherches qui sont vraiment particulières à telle ou telle forme sont d'une importance infiniment moindre. Cela posé, la Géométrie Moderne consiste essentiellement à faire abstraction, pour la traiter à part d'une manière entièrement générale, de toute question relative à un même phénomène géométrique dans quelque corps qu'il puisse être considéré. L'application de théories universelles, ainsi construites, à la détermination spéciale du phénomène dont il s'agit, dans chaque corps particulier, n'est plus regardée que comme un travail secondaire, devant être exécuté suivant des règles invariables, et dont le succès est certain d'avance. Mais nous n'attachons d'importance réelle qu'à la conception et à la solution complète d'une nouvelle question appartenant à une forme quelconque. Les opérations de ce genre sont seules regardées comme contribuant au progrès de la science. L'attention des géomètres étant ainsi dispensée de l'examen des propriétés particulières des diverses formes, et dirigée entièrement vers les questions générales, ils ont été mis à même de s'élever à la considération de nouvelles notions géométriques, qui, appliquées alors aux courbes étudiées par les anciens, ont mené à la découverte de propriétés importantes qu'ils n'avaient pas même soupçonnées. Telle est devenue la Géométrie, depuis la révolution radicale opérée par Descartes dans le système général de la science.

Après avoir mis en lumière l'incomparable supériorité pratique de la Méthode des Modernes sur la Méthode des Anciens, Comte conclut en faisant observer que nous ne pouvons pas nous dispenser de l'étude de cette dernière. Historiquement parlant, elle fut nécessaire pour permettre à Descartes de fonder la Méthode Moderne ; et dogmatiquement, elle sert de base préliminaire à la Géométrie générale en tant que fournissant à cette dernière *ces équations concrètes* qui sont le point de départ de ses travaux analytiques.

Les 11e, 12e, 13e et 14e leçons sont consacrées aux questions de géométrie *spéciale* et de géométrie *générale*. Passons à la 15e leçon qui a pour titre : « *Considérations Philosophiques sur les principes fondamentaux de la Mécanique rationnelle* ».

Les phénomènes mécaniques suivent les phénomènes géométriques, dans l'ordre de la simplicité, de la généralité, et de l'indépendance. Le caractère philosophique de la science de la Mécanique, (ou à parler plus convenablement, de la Mécanique *rationnelle*) est influencé à un plus haut degré que la Géométrie par un restant des habitudes Métaphysiques de la pensée. Une complète confusion existe, dans la plupart des esprits, entre les points de vue *concret* et *abstrait* de cette science. La distinction, entre les parties qui sont purement *physiques* et celles qui sont purement *logiques*, n'est pas convenablement établie. Les progrès de cette science, depuis un siècle, ont été tellement sous la dépendance de l'Analyse mathématique qu'on a considéré facilement celle-là comme un simple cas de celle-ci. On a supposé que ses principes fondamentaux étaient de nature à pouvoir être établis *a priori*, sans réfléchir que l'Analyse est seulement un moyen de déduction et que si la Mécanique était fondée exclusivement sur elle, elle ne serait pas réellement applicable à l'étude de la Nature, comme nous la voyons être. Le but de Comte, dans la 15e leçon, est de libérer *la Mécanique* de ces conceptions métaphysiques, et de rendre distincte et évidente la séparation entre sa partie *expérimentale* et sa partie *rationnelle*.

Commençons par indiquer avec précision l'objet général de la science. Nous avons l'habitude de remarquer, et fort justement, que la Mécanique évite de considérer non seulement les causes premières des mouvements, qui sont en dehors de la Philosophie positive, mais même les circonstances de leur production, lesquelles, quoique constituant réellement un sujet intéressant de recherches positives dans les diverses branches de la Physique, ne sont nullement du ressort de la Mécanique. Cette science se limite à la considération du *mouvement* en lui-même, sans s'inquiéter de quelle manière il a été produit. Il en résulte que les forces ne sont autre chose, en Mécanique, que des mouvements produits ou tendant à se produire ; et que deux forces qui impriment à un corps la même vitesse dans la même direction, sont regardées comme identiques, fussent-elles différentes par leur origine.

Mais quoique cette manière d'envisager la question nous soit heureusement devenue, maintenant, tout à fait familière, il reste encore aux géomètres à effectuer une réforme essentielle, sinon dans la conception elle-même, du moins dans notre langage habituel, pour écarter entièrement l'ancienne notion métaphysique des *forces*, et présenter plus exactement qu'on ne le fait encore, le véritable point de vue de la Mécanique. — Nous pouvons, désormais, caractériser, d'une manière très précise, le problème général de la Mécanique rationnelle. Il consiste à *déterminer l'effet produit, sur un corps donné, par différentes forces quelconques agissant simultanément, lorsqu'on connaît le mouvement simple qui résulterait de l'action isolée de chacune d'elles* ; ou, en prenant la question en sens inverse, à *déterminer les mouvements simples dont la combinaison donnerait lieu à un mouvement composé connu.* Cet énoncé montre exactement ce que sont, nécessairement, les termes connus et inconnus de toute question mécanique. Nous voyons que l'étude de l'action d'une force unique n'est jamais, à proprement parler, du domaine de la Mécanique rationnelle, où elle est toujours supposée connue, puisque le second problème général n'est jamais susceptible de résolution, si ce n'est comme étant l'inverse du premier. L'ensemble de la Mécanique, par conséquent, porte essentiellement sur la combinaison des forces, soit que, de leur concours résulte un mouvement dont il est nécessaire d'étudier les diverses circonstances, soit que le corps, par suite de leur mutuelle neutralisation, se trouve dans un état d'équilibre dont les conditions caractéristiques demandent à être déterminées. — Ces deux problèmes généraux, l'un direct, l'autre indirect, dont la solution constitue la science Mécanique, ont une égale importance sous le rapport de leur application ; parfois le mouvement simple peut être étudié par l'observation, tandis que celui qui résulte de leur combinaison peut l'être seulement par la théorie ; *et vice versâ*. Comte donne de cela plusieurs illustrations familières.

Ayant ainsi exposé la distination générale de la Mécanique, Comte passe à l'examen des principes fondamentaux sur lesquels elle repose. A titre préliminaire, il examine tout au long un artifice philosophique important et nécessaire, employé en Mécanique, et sans lequel aucune proposition sur les lois abstraites de l'équilibre ou du mouvement ne pourrait être établie. C'est la supposition que tous les corps sont *inertes* ; non en ce sens qu'ils soient sujets à ce qu'on appelle la *loi d'inertie* (question tout à fait différente), mais, en ce sens qu'ils sont d'eux-mêmes incapables de modifier spontanément l'action des forces qui leur sont appliquées. C'est en réalité une pure supposition, car chaque corps, animé ou inanimé, est, à un degré plus ou moins marqué, dans un état d'activité spontanée ou de mouvement. La croyance contraire est un reste de la vieille notion métaphysique que la matière est, par sa nature, essentiellement inerte, et que tous ses états d'activité et de mouvement lui viennent *du dehors* — notion en harmonie avec ce stage du développement mental dans lequel le mouvement est expliqué par des *entités* ou des *causes* surnaturelles, mais absolument incompatible avec le point de vue positif. Comte montre comment la supposition de l'inertie d'un corps peut être employée en Mécanique sans inconvénient. Les mouvements étant, comme nous l'avons déjà vu, considérés, en mécanique abstraite, sans égard à leur mode de production, il importe peu qu'ils viennent du dedans ou du dehors. Nous pouvons admettre qu'il y a équivalence entre les premiers et les seconds.

Il serait superflu d'en dire plus, pour rendre manifeste l'indispensable nécessité de supposer les corps dans cet état de complète passivité où nous n'avons plus à considérer que les forces extérieures qui leur sont appliquées (comme par exemple, le mouvement d'un corps qui tombe sous l'influence présumée de l'entité *attraction*), afin d'établir les lois abstaites de l'équilibre et du mouvement. Nous pouvons concevoir que s'il fallait tenir compte de la modification quelconque qu'un corps peut imprimer, en vertu de ses forces naturelles, à l'action de ces puissances extérieures, il serait impossible d'établir une seule proposition générale en mécanique rationnelle ; d'autant plus que cette modification est loin, dans la majorité des cas, d'être exactement connue.

Ce n'est donc qu'en commençant par en faire totalement abstraction, pour borner nos pensées à la réaction des forces les unes sur les autres, qu'il devient possible de fonder une science de la Mécanique *abstraite*. En passant ensuite de celle-ci à la Mécanique *concrète*, nous restituons aux corps les propriétés actives qui leur sont naturellement inhérentes, mais que, dans le principe, nous avons tenues comme non existantes. C'est cette restitution qui constitue notre principale difficulté pour passer de l'abstrait au concret en Mécanique, — difficulté qui limite singulièrement, dans la pratique, les applications importantes de cette science, dont le domaine théorique est, de par sa nature, nécessairement indéfini. Pour donner une idée de la portée de cet obstacle fondamental, nous pouvons dire que, dans l'état présent des Mathématiques, il n'y a qu'une propriété naturelle et générale des corps dont nous sachions tenir compte d'une manière convenable : c'est la pesanteur, soit terrestre, soit universelle.

Aussi les grandes applications de la mécanique rationnelle ont-elles été bornées jusqu'ici, aux seuls phénomènes célestes, et même, à ceux de notre système solaire, — où il suffit d'avoir uniquement égard à une force générale de gravitation, dont la loi est simple et bien déterminée, et qui, néanmoins, présente des difficultés que nous ne savons pas encore surmonter complètement, lorsque nous voulons rigoureusement tenir compte de toutes les actions secondaires susceptibles d'effets appréciables. Nous pouvons ainsi concevoir combien les questions peuvent devenir complexes lorsque nous passons à la mécanique terrestre, dont la plupart des phénomènes, même les plus simples, ne permettront jamais, vu la faiblesse de nos moyens, une étude purement rationnelle et pourtant exacte, d'après les lois générales de la mécanique abstraite, quoique la connaissance de ces lois (évidemment indispensable à d'autres points de vue) puisse conduire à d'importantes *indications*.

Quant aux lois physiques fondamentales sur lesquelles repose la Mécanique rationnelle, leur nombre s'élève à trois, d'après Comte. Elles représentent des faits généralisés et résultant de l'observation. Elles servent de point de départ aux déductions scientifiques et ne sauraient elles-mêmes être établies *a priori*, comme le croient les Métaphysiciens. Notre auteur expose l'insuffisance de la théorie *a priori* dans chaque cas, et la confusion des idées qui découle des idées métaphysiques sur le sujet.

La première de ces lois est *la loi d'inertie* de Képler, loi universelle, applicable à tous les corps, animés et inanimés.

La seconde est la loi de *l'action et de la réaction* de Newton.

La troisième est la découverte de Galilée.

« Cette troisième loi fondamentale du mouvement me paraît consister dans ce que je propose d'appeler le principe de l'*indépendance* ou de la *co-existence des mouvements*, qui conduit immédiatement à ce qu'on appelle vulgairement la composition des forces. Galilée est, à proprement parler, le véritable inventeur de cette loi, quoiqu'il ne l'ait point conçue précisément sous la forme que je crois devoir préférer ici. Considérée sous le point de vue le plus simple, elle se réduit à ce fait général, que tout mouvement exactement commun à tous les corps d'un système quelconque n'altère point les mouvements particuliers de ces différents corps les uns à l'égard des autres, mouvements qui continuent à s'exécuter comme si l'ensemble du système était immobile. Pour énoncer cet important principe avec une précision rigoureuse, qui n'exige plus aucune restriction, il faut concevoir que tous les points du système décrivent à la fois des droites parallèles et égales, et considérer que ce mouvement général, avec quelque vitesse et dans quelque direction qu'il puisse avoir lieu, n'affectera nullement les mouvements relatifs. »

Après avoir discuté ces trois lois physiques et fondamentales de la Mécanique rationnelle, Comte donne un exposé des principales divisions de la science.

La première et la plus importante division naturelle de la Mécanique consiste à distinguer deux ordres de questions, selon que le sujet de recherche a trait aux « conditions d'équilibre », ou « aux lois du mouvement » ; d'où la *Statique* et la *Dynamique*. La simple indication de cette division suffit pour en faire comprendre directement la nécessité. Outre la différence réelle qui existe évidemment entre ces deux classes fondamentales de problèmes, il est aisé de concevoir *a priori* que les questions de Statique doivent être, en général, par leur nature, bien plus faciles à traiter que les questions de Dynamique. Car dans les premières, et comme on l'a dit avec raison, nous faisons *abstraction du temps*, c'est-à-dire que le phénomène à étudier étant nécessairement instantané, nous n'avons pas besoin de tenir compte des variations que les forces du système peuvent éprouver dans les divers instants successifs. Cette dernière considération qu'on ne peut, au contraire, se dispenser d'introduire dans toute question dynamique, y constitue un élément fondamental de plus qui en fait la principale difficulté.

Il suit de cette différence radicale que lorsque nous traitons de la Statique comme d'un cas particulier de la Dynamique, l'ensemble de la première correspond seulement à la partie de beaucoup la plus simple de la seconde, à celle nommément qui concerne la théorie des mouvements uniformes.

L'importance de cette division est très clairement vérifiée par l'histoire générale du développement effectif de l'esprit humain. Nous constatons, en effet, que, bien qu'ils fussent loin de posséder une science statique rationnelle vraiment complète, les anciens avaient acquis la connaissance de plusieurs des vérités fondamentales, les plus essentielles, relatives à l'équilibre, soit des solides, soit des liquides, comme on peut le voir spécialement par les belles recherches d'Archimède. Au contraire, ils ignoraient entièrement la Dynamique, même la plus élémentaire : la création de cette science toute moderne étant due à Galilée.

Après cette division fondamentale, la distinction la plus importante à établir en mécanique consiste à séparer, tant dans la Statique que dans la Dynamique, l'étude des solides de celle des liquides. La discussion de cette division que Comte considère comme subordonnée à la précédente, remplit le reste du chapitre préliminaire sur la Mécanique rationnelle. Le XVIe chapitre roule sur la Statique en général, le XVIIe chapitre sur la Dynamique, pendant que le XVIIIe est consacré à l'examen des théorèmes généraux de la Mécanique rationnelle.

Notre analyse ne saurait entrer dans de plus minutieux détails. Et seule, l'extrême importance de la Mathématique, qui se trouve attestée par sa position dans la hiérarchie des Sciences, peut nous justifier de nous être étendu si longuement sur elle.

CHAPITRE VII

Considérations générales sur l'Astronomie.

L'histoire des connaissances astronomiques et de l'évolution graduelle des conceptions relatives aux astres est particulièrement propre à illustrer l'histoire de l'esprit humain. En astronomie, et par suite de sa grande simplicité, nous distinguons en effet, très nettement, les progrès de la Pensée, depuis l'époque où le cours des astres semblait prophétiser la destinée de l'individu, et où leurs capricieux groupements, toujours changeants, semblaient commander les étranges vicissitudes de la vie, jusqu'au jour où la science positive découvrit les principales lois de la mécanique céleste. On peut voir là, illustrées de curieuse façon, la tendance *théologique* d'interpréter tous les phénomènes d'après des analogies humaines, la tendance *métaphysique* à argumenter au lieu d'observer, à remplacer la simple observation des faits par des déductions purement logiques ; et, enfin, la tendance *positive* à limiter les recherches aux relations accessibles, et à rejeter comme vicieuse toute spéculation qui dépasse nos moyens d'investigation.

Comte n'a pas seulement consacré quelques centaines de pages (400) de son second volume à l'exposition des points principaux, dont l'étude philosophique de l'Astronomie suppose la compréhension, il a aussi consacré un ouvrage spécial (*Traité d'Astronomie populaire*) à cette science qu'il considérait justement comme éminemment propre à rendre familières ses vues sur la Méthode positive. Aussi, me bornerai-je, dans les pages qui vont suivre, à faire parler Comte ; mes phrases ne seront que la traduction ou l'analyse du contenu de son ouvrage.

Écoutons-le d'abord, en ce qui concerne l'étendue possible de nos connaissances sidérales.

La vue, dit-il, est le seul de nos sens qui nous permette d'acquérir des notions sur les corps célestes. Il s'ensuit que leurs formes, leurs distances, leurs grandeurs et leurs mouvements sont, parmi leurs propriétés, les seules qui nous soient accessibles ; et l'Astronomie peut dès lors être ainsi définie : *Elle a pour objet la découverte des lois des phénomènes géométriques et mécaniques que nous présentent les corps célestes.*

Et encore, s'en faut-il réellement que les phénomènes de ce genre soient accessibles à l'investigation scientifique pour *tous* les corps *célestes.*

Les esprits philosophiques auxquels l'étude approfondie de l'Astronomie est étrangère, et les astronomes eux-mêmes, n'ont pas suffisamment distingué, jusqu'ici, dans l'*ensemble* de nos recherches célestes, le point de vue que je puis appeler *solaire*, de celui qui mériterait véritablement le nom d'*universel*. Cette distinction, cependant, me paraît indispensable pour marquer précisément la ligne de séparation entre cette partie de la science qui peut être amenée à un état complètement parfait, et celle qui, sans être, à proprement parler, purement conjecturale, doit toujours rester dans l'enfance, du moins lorsqu'on la compare avec la première. Le système solaire, dont nous faisons partie, offre évidemment un sujet d'étude bien circonscrit, susceptible d'une exploration complète, et capable de nous conduire aux conclusions les plus satisfaisantes. Mais l'idée de ce que nous appelons *l'univers* est, au contraire, nécessairement indéfinie, en sorte que, si étendues qu'on veuille supposer, dans l'avenir, nos connaissances réelles en ce genre, nous ne saurions jamais nous élever à la véritable conception de l'universalité des astres. La différence est, certes, très frappante en ce moment ; car, malgré le haut degré de perfection acquis par l'astronomie solaire dans les deux derniers siècles, nous ne possédons pas même encore, en astronomie sidérale, le premier et le plus simple élément d'information positive — la détermination des intervalles stellaires. Sans doute, nous avons raison de présumer (comme je l'expliquerai plus tard) que ces distances pourront être évaluées, du moins entre certaines limites, à l'égard de plusieurs étoiles, et que, conséquemment, nous pourrons connaître divers autres éléments importants, susceptibles d'être aussitôt théoriquement déduits de cette donnée fondamentale, tels leurs masses, etc. Mais l'importante distinction établie ci-dessus n'en sera en aucune façon affectée.

Dans chaque branche de nos recherches, et sous tous leurs principaux aspects, il existe une harmonie constante et nécessaire entre l'étendue de nos besoins intellectuels, et la limite réelle, présente ou future, de notre connaissance. Cette harmonie n'est ni le résultat, ni l'indice d'une cause finale, comme le vulgaire de nos philosophes est tenté de le croire. Elle dérive simplement de cette nécessité évidente : que, d'un côté, nous avons seulement besoin de connaître ce qui peut agir sur nous et nous affecter plus ou moins directement ; que, de l'autre, par cela même qu'une telle influence existe, elle devient pour nous, tôt ou tard, un moyen certain de connaissance. Cette relation se manifeste d'une manière remarquable dans le cas qui nous occupe. L'étude la plus complète possible des lois du système solaire, dont nous faisons partie, est, pour nous, du plus haut intérêt, et nous avons réussi à lui donner une admirable précision. Au contraire, si la notion exacte de l'univers nous est nécessairement interdite, il est évident qu'elle n'offre point, excepté pour notre insatiable curiosité, de réelle importance. L'application journalière de l'astronomie montre que les phénomènes intérieurs de chaque système solaire, les seuls qui puissent affecter ses habitants, sont essentiellement indépendants des phénomènes plus généraux relatifs à l'action mutuelle des soleils, à peu près comme nos phénomènes météorologiques vis-à-vis des phénomènes planétaires. Nos tables des événements célestes, dressées longtemps d'avance, sans tenir compte d'aucun autre monde que le nôtre, dans l'univers, se sont jusqu'ici rigoureusement accordées avec les observations directes, quelque minutieuse précision qu'on ait apportée dans le relevé de celles-ci. Cette indépendance, si palpable, se trouve pleinement expliquée par l'immense disproportion que nous savons certainement exister entre les distances mutuelles des soleils, et les petits intervalles de nos planètes. Si, comme il est hautement probable, les planètes pourvues d'atmosphère, comme Mercure, Vénus, Jupiter, etc., sont réellement habitées, nous pouvons regarder leurs habitants comme étant, en quelque façon, nos concitoyens, puisque, de cette sorte de patrie commune doit résulter inévitablement une certaine communauté de pensées et même d'intérêts ; tandis que les habitants des autres systèmes solaires nous doivent être entièrement étrangers(1). Il est donc nécessaire de séparer, plus profondément qu'on n'a eu coutume de le faire jusqu'ici, le point de vue *solaire* et le point de vue *universel*, l'idée de monde et celle d'univers ; le premier est le plus élevé auquel nous puissions réellement atteindre, et c'est aussi le seul qui nous intéresse véritablement.

Donc, sans renoncer à tout espoir d'obtenir quelque connaissance des étoiles, il faut concevoir l'astronomie positive comme consistant essentiellement dans l'étude géométrique et mécanique du petit nombre de corps célestes qui composent le *Monde* dont nous faisons partie. C'est seulement dans ces limites que l'astronomie, en raison de sa perfection, mérite le rang suprême qu'elle tient actuellement parmi les sciences.

Et ici Comte appelle l'attention sur une très importante loi philosophique qui n'avait jamais été énoncée distinctement avant lui, à savoir : *que plus les phénomènes à étudier deviennent compliqués, plus ils deviennent, en même temps, par leur nature, susceptibles de moyens d'exploration étendus et variés.*

En d'autres termes, la complexité des phénomènes implique une plus grande variété de ressources dans leur investigation. Si l'homme avait un sens de moins, les phénomènes perçus spécialement par ce sens lui échapperaient ; s'il

(1) Il serait fâcheux de laisser passer cette phrase sans commentaire, car toutes sortes de considérations, astronomiques et zoologiques, nous conduisent à la conclusion que ces planètes sont habitées par des êtres tout à fait dissemblables de ceux qui occupent notre Terre. G. H. L.

avait un sens de plus, il percevrait un plus grand nombre de phénomènes. Il n'y a pas, cependant, une compensation exacte entre l'accroissement des difficultés et l'accroissement de nos moyens, en sorte que, malgré cette harmonie, les sciences qui se rapportent aux phénomènes les plus complexes n'en restent pas moins les plus imparfaites, conformément à l'échelle encyclopédique établie au commencement de l'ouvrage de Comte. Par suite, les phénomènes astronomiques, étant les plus simples, doivent être ceux pour lesquels les moyens d'exploration sont les plus bornés.

D'une façon générale, notre art d'observer se compose de trois procédés distincts :

1° *l'observation* proprement dite, c'est-à-dire l'examen direct du phénomène tel qu'il se présente naturellement ;

2° *l'expérience*, c'est-à-dire la contemplation des phénomènes, plus ou moins modifiés par des circonstances artificielles que nous créons dans le but exprès de rendre notre exploration plus parfaite ;

3° *la comparaison*, c'est-à-dire la considération graduelle de séries de cas analogues dans lesquels les phénomènes se simplifient de plus en plus.

La science des corps organisés qui embrasse les phénomènes du plus difficile accès, est, en même temps, la seule qui permette vraiment la réunion de ces trois modes d'observer. L'Astronomie, au contraire, est nécessairement bornée au premier, et encore l'observation y est-elle restreinte à celle d'un seul sens. Tout ce qu'elle fait et tout ce qu'on lui demande est de mesurer des angles, et de compter des temps écoulés. L'observation, bien qu'indispensable, joue donc ici le rôle le moins significatif ; c'est le Raisonnement qui, sans comparaison, constitue la partie la plus importante de la science, et à cette particularité elle doit le premier fondement de sa dignité intellectuelle. C'est notre intelligence qui construit le plus grand nombre des phénomènes astronomiques, quelque réels qu'ils soient. Nous ne *voyons*, par exemple, ni la figure de la terre, ni la courbe décrite par une planète.

La combinaison de ces deux caractères essentiels — extrême simplicité des phénomènes, et grande difficulté de leur observation, — est ce qui fait de l'astronomie une science éminemment mathématique. D'une part, la nécessité constante où nous nous trouvons de déduire d'un petit nombre de mesures directes, soit angulaires, soit horaires, des quantités qui ne sont point, par elles-mêmes, immédiatement observables, rend l'usage continuel de la mathématique abstraite absolument indispensable ; d'une autre part, les questions astronomiques, étant toujours des problèmes de mathématique, tombent naturellement dans le domaine de la mathématique concrète. Enfin, non seulement, sous le rapport des problèmes géométriques, nous avons la parfaite régularité des figures astronomiques, mais de plus, sous le rapport mécanique, nous nous trouvons en présence d'une admirable simplicité de mouvements s'opérant dans un milieu, dont la résistance a pu jusqu'ici être négligée sans erreur, et sous l'influence d'un petit nombre de forces constamment soumises à une loi très simple. Aussi ces circonstances permettent-elles de donner aux méthodes et aux théories mathématiques une extension beaucoup plus grande que dans aucun autre cas. Il n'est peut-être point un seul procédé analytique, une seule doctrine géométrique ou mécanique, qui ne trouvent finalement leur emploi dans les investigations astronomiques, et la plupart même n'ont pas eu jusqu'ici d'autre destination primitive. Aussi est-ce surtout en étudiant spécialement une telle application que nous pouvons acquérir un juste sentiment de l'importance et de la réalité des spéculations mathématiques.

En réfléchissant sur la nature singulièrement simple des recherches astronomiques, et sur la facilité corrélative de leur appliquer, de la manière la plus étendue, l'ensemble de nos ressources mathématiques, nous comprenons pourquoi l'Astronomie est placée maintenant à la tête des sciences naturelles. Elle mérite cette suprématie : 1° par la perfection de son caractère scientifique ; 2° par l'importance prépondérante des lois qu'elle nous révèle.

Après avoir rapporté plusieurs exemples de la haute utilité pratique de l'astronomie, Comte prend cette science à témoin du fait que les plus sublimes spéculations scientifiques conduisent souvent, sans préméditation, aux résultats les plus vulgairement pratiques et utiles, et il dénonce la folie de ceux qui voudraient interdire toutes les spéculations qui n'ont pas pour objet un but pratique immédiat.

Si nous examinons attentivement la condition présente des diverses sciences fondamentales, nous trouverons que l'Astronomie est la seule qui soit réellement et finalement purgée de considérations théologiques et métaphysiques. Tel est, sous le rapport de la Méthode, son premier titre à la suprématie. C'est là que les esprits philosophiques peuvent efficacement étudier en quoi une vraie science consiste réellement ; et c'est sur ce modèle que nous devons nous efforcer, autant que possible, de constituer les diverses autres sciences fondamentales, en ayant toutefois convenablement égard aux différences plus ou moins profondes qui résultent nécessairement de la complication croissante des phénomènes.

Ceux qui font consister la Science dans la simple accumulation de faits observés n'ont qu'à considérer avec attention l'astronomie pour sentir combien leur conception est étroite et superficielle. Dans l'astronomie, les faits sont si simples, et de si petit intérêt, qu'il devient impossible de méconnaître que leur liaison seule et l'exacte connaissance de leurs lois constituent la science. Qu'est-ce, en réalité, qu'un fait astronomique ? Rien autre chose, habituellement, que ceci : une étoile a été vue à tel instant précis, et sous tel angle correctement mesuré ; circonstance, assurément, peu importante en soi. La combinaison continuelle de ces observations et leur élaboration mathématique plus ou moins profonde caractérisent uniquement la science, même dans son état le plus imparfait. En réalité, l'Astronomie n'est point née quand les prêtres de l'Égypte ou de la Chaldée eurent fait, avec plus ou moins d'exactitude, une série d'observations empiriques sur les cieux, mais seulement lorsque les premiers philosophes grecs commencèrent à ramener à quelques lois géométriques le phénomène général du mouvement diurne. Le but véritable et définitif des recherches astronomiques étant toujours de prédire avec certitude l'état effectif du ciel dans un avenir plus ou moins éloigné, l'établissement des lois des phénomènes offre évidemment le seul moyen d'arriver à ce résultat ; car l'accumulation des observations ne peut être, en elle-même, d'aucune utilité pratique, excepté pour fournir à nos spéculations un fondement solide. En un mot, la véritable astronomie n'a pu exister, tant que l'Humanité n'a pas su, par exemple, prévoir, avec un certain degré de précision, au moins par des procédés graphiques, et surtout par quelques calculs trigonométriques, l'instant du lever du soleil ou d'une étoile, pour un jour et pour un lieu donnés. Ce caractère essentiel de la science a toujours été le même depuis son origine. Tous les degrés de sa progression ultérieure ont seulement consisté à donner à ces prédictions une certitude et une précision de plus en plus grandes, en empruntant à l'observation directe le moins de données possible pour la prévoyance la plus lointaine. Aucune partie de la philosophie ne peut manifester avec plus de force la vérité de cet axiome fondamental « *toute science a pour but la prévoyance* », ce qui distingue la science réelle de la simple érudition, bornée à la relation des événements passés, sans aucune vue de l'avenir.

Non seulement le véritable caractère scientifique est plus profondément marqué en astronomie qu'en aucune autre branche des connaissances positives, mais nous pouvons même dire que, depuis le développement de la théorie de la gravitation, l'astronomie a atteint le plus haut degré de perfection philosophique auquel une science puisse jamais prétendre, sous le rapport de la Méthode, en obtenant l'exacte réduction de tous les phénomènes, soit quant à leur nature, soit quant à leur degré, à une loi générale (pourvu que nous limitions toujours cette remarque à l'astronomie solaire). La complication graduelle des phénomènes doit nous faire envisager une telle perfection comme absolument chimérique dans les autres sciences fondamentales. Mais tel est le type général que tous les savants doivent sans cesse avoir en vue, comme étant celui dont ils doivent s'approcher autant que le permettront les phénomènes correspondants. C'est en astronomie que nous percevons dans toute sa pureté ce que c'est que l'*explication* positive d'un phénomène, sans aucune enquête sur sa cause ou première ou finale ; et enfin, c'est là que nous devons apprendre le véritable caractère et les conditions essentielles des *hypothèses* vraiment scientifiques, nulle autre science n'ayant employé ce puissant instrument d'une manière si étendue et, en même temps, si convenable.

CHAPITRE VIII

Astronomie et Religion.

Il est à peine besoin de faire remarquer que maints détails intéressants devront être nécessairement omis dans cette analyse, pour ne pas lui donner une étendue incompatible avec son caractère d'Introduction. Afin de compléter ce qu'il est indispensable de dire au sujet de l'Astronomie, il suffira d'indiquer : 1° la division de la science ; 2° sa position hiérarchique ; et 3°, son illustration de la doctrine des *causes finales.*

En Mathématiques, Comte a établi, comme nous l'avons vu, les deux divisions capitales de la Géométrie et de la Mécanique : l'une s'occupant de l'espace et de la forme des corps qui l'occupent (c'est-à-dire traitant des lignes, des surfaces et des solides, droits ou courbes), l'autre traitant du mouvement et de ses lois. L'Astronomie est, par excellence, une science mathématique, à laquelle on pourrait presque donner le nom de mathématique *appliquée ;* elle établit la liaison entre la Mécanique générale et la Physique terrestre, en ce sens qu'elle est une science de l'étendue, de la forme et du mouvement, descendue des régions de l'abstraction pure dans le domaine de la réalité, par l'intervention d'un agent réel, — la gravitation.

L'Astronomie, conformément à sa constitution mathématique, offre aussi deux divisions capitales : 1° l'*Astronomie géométrique* ou géométrie céleste, qui, pour avoir eu, si longtemps avant l'autre, le caractère scientifique, retient encore le nom d'Astronomie proprement dite ; 2° l'*Astronomie mécanique,* ou mécanique céleste, dont Newton fut l'immortel fondateur, et qui a reçu, au cours du XVIIIe siècle, un si vaste et si admirable développement.

En Astronomie proprement dite, nous avons seulement à déterminer la forme et la grandeur des corps célestes, et à étudier les lois géométriques suivant lesquelles leurs positions varient, sans considérer ces changements de position dans leur relation avec les forces qui les produisent ; ou, en termes plus positifs, quant aux mouvements élémentaires dont ils dépendent. Aussi a-t-elle pu faire et a-t-elle fait réellement les progrès les plus importants avant que la mécanique céleste ait commencé à exister ; et, même depuis lors, ses découvertes les plus remarquables ont été dues à son propre développement spontané, comme on peut le voir dans le bel ouvrage du grand Bradley sur l'*Aberration et la Nutation*. La Mécanique céleste, au contraire, est, de par sa nature, essentiellement dépendante de la géométrie céleste en dehors de laquelle elle ne saurait posséder aucun fondement solide. Son objet est, en effet, d'analyser les mouvements effectifs des astres afin de les ramener, d'après les règles de la mécanique rationnelle, à des mouvements élémentaires régis par une loi mathématique universelle et invariable ; et, en partant de cette loi, de perfectionner à un haut degré la connaissance des mouvements réels, en les déterminant, *a priori*, par des calculs de mécanique générale, empruntant à l'observation directe le moins de données possible, et néanmoins toujours confirmés par elle. C'est par là que s'établit, de la manière la plus naturelle, la liaison fondamentale de l'astronomie avec la physique proprement dite ; liaison devenue telle aujourd'hui que plusieurs grands phénomènes forment, de l'une à l'autre, une transition presque insensible comme nous le voyons surtout par la théorie des marées. Mais il est évident que ce qui donne à la mécanique céleste toute sa réalité, c'est d'avoir pris son point de départ dans l'exacte connaissance des mouvements réels, fournie par la géométrie céleste. C'est précisément faute d'avoir été conçues, conformément à cette relation fondamentale, que toutes les tentatives faites avant Newton pour constituer des systèmes de mécanique céleste, — et entre autres celle de Descartes, — ont été nécessairement illusoires sous le rapport scientifique, quelqu'utiles qu'elles aient pu être passagèrement sous le point de vue philosophique.

La position de l'astronomie dans l'échelle hiérarchique est

si évidemment la position que lui a donnée Comte, que tous les lecteurs considèreront, avec lui, le titre choisi par Newton, pour son grand ouvrage, comme un trait de génie philosophique : *Philosophiæ naturalis principia mathematica.* Newton indiquait ainsi d'une façon concise que les lois générales des phénomènes célestes sont le premier fondement du système entier des connaissances humaines.

D'ailleurs, l'astronomie demeure la première d'entre elles, en vertu de son *indépendance* absolue vis-à-vis de tous les autres phénomènes. Elle se tient en dehors d'eux. Elle n'est, en aucune façon, subordonnée aux phénomènes physiques, chimiques ou physiologiques. Mais, au contraire, il n'est pas douteux que les phénomènes physiques, chimiques, physiologiques et même sociaux, soient essentiellement subordonnés, d'une manière plus ou moins directe, aux phénomènes astronomiques. L'étude des autres sciences fondamentales ne peut donc acquérir un caractère vraiment rationnel, qu'à condition d'avoir pour point de départ une connaissance exacte des lois astronomiques relatives aux phénomènes les plus généraux. Comment l'esprit pourrait-il se représenter aucun phénomène terrestre, d'une manière réellement scientifique, sans considérer d'abord ce qu'est cette terre dans le système dont nous faisons partie; sans voir que sa situation et ses mouvements exercent nécessairement une influence prépondérante sur tout ce qui se trouve à sa surface ? Que seraient nos conceptions physiques, et, par suite, nos conceptions chimiques et physiologiques, sans la notion fondamentale de la gravitation, qui les domine toutes? Pour choisir l'exemple le plus défavorable, où la subordination est la moins apparente, nous devons admettre, quoique de prime abord cela puisse paraître étrange, que même les phénomènes relatifs au développement de la société humaine ne sauraient être conçus rationnellement sans la considération préalable des lois principales de l'astronomie. On pourra le sentir aisément en observant que si les divers facteurs astronomiques de notre planète, comme sa distance du soleil, et, par suite, la durée de l'année, l'obliquité de l'elliptique, etc., venaient à subir quelque changement important — (ce qui, en astronomie, n'aurait guère d'autre effet que de modifier certains coefficients), — notre développement social serait sans doute notablement affecté, pour peu que ces altérations vinssent à dépasser un certain degré. Comte ne craint pas de mériter le reproche d'exagération en soutenant que la physique sociale ne pouvait devenir une science, tant que les géomètres n'avaient pas démontré la réduction des dérangements de notre système solaire à des oscillations graduelles et très limitées autour d'un état moyen nécessairement invariable.

Celui-là n'aurait qu'une idée très imparfaite de la haute importance intellectuelle des théories astronomiques qui se bornerait à envisager leur influence inévitable et spéciale sur les différentes parties de la Philosophie naturelle. Il faut encore avoir égard à l'effet général qu'elles exercent directement sur les dispositions fondamentales de notre intelligence, à la rénovation de laquelle le progrès de l'astronomie a contribué plus puissamment que celui d'aucune autre science.

A considérer seulement l'aspect religieux de l'astronomie, la vérité de la remarque précédente s'impose. Mais ici, et bien qu'adhérant à tout ce que dit Comte de la connexion entre nos connaissances astronomiques et toute la série de nos conceptions sur d'autres sujets, je dois exprimer catégoriquement, et sans équivoque, l'impossibilité où je me trouve d'accepter ses vues sur les rapports de l'Astronomie et de la Religion. Ce qu'il dit des *causes finales* peut être accepté de tout vrai disciple de Bacon, tandis que ce qu'il dit de l'effet dissolvant de l'astronomie sur la religion, ne saurait être accepté de ceux qui savent distinguer entre la Religion et les *théologies* qui, de temps à autre, viennent obscurcir le véritable caractère de cette dernière.

« Pour les esprits étrangers à l'étude des corps célestes, quoique souvent très éclairés, d'ailleurs, sur d'autres parties de la philosophie naturelle, l'astronomie a encore la réputation d'être une science éminemment religieuse, comme si le fameux verset « *Cœli enarrant gloriam Dei* » avait conservé toute sa valeur. Aujourd'hui, pour les esprits familiarisés de bonne heure avec la vraie philosophie astronomique, les cieux ne racontent plus d'autre gloire que celle d'Hipparque, de Képler, de Newton et de tous ceux qui ont concouru à en établir les lois. Il est cependant certain, ainsi que je l'ai établi, que toute science réelle est en opposition radicale et nécessaire avec toute théologie ; et ce caractère est plus prononcé en astronomie que partout ailleurs, précisément parce que l'astronomie est, pour ainsi dire, plus *science* qu'aucune autre, suivant la comparaison indiquée ci-dessus. Aucune n'a porté de plus te ·bles coups à la doctrine des causes finales, généralement .egardée par les modernes comme la base indispensable de tous les systèmes religieux, quoiqu'elle n'en ait été, en réalité, qu'une conséquence. La seule connaissance du mouvement de la terre a dû détruire le premier fondement réel de cette doctrine, l'idée de l'univers subordonné à la terre et par suite à l'homme, comme je l'expliquerai spécialement en traitant de ce mouvement. D'ailleurs, l'exacte exploration de notre système solaire ne pouvait manquer de faire essentiellement disparaître cette admiration aveugle et illimitée qu'inspirait l'ordre général de la nature, en montrant de la manière la plus sensible, et sous un très grand nombre de rapports divers, que les éléments de ce système n'étaient *certainement point disposés de la manière la plus avantageuse* et que la *science permettait de concevoir aisément un meilleur arrangement*. Enfin, sous un dernier point de vue, encore plus capital, par le développement de la vraie mécanique céleste depuis Newton, toute philosophie théologique, même la plus perfectionnée, a été désormais privée de son principal office intellectuel, l'ordre le plus régulier étant dès lors conçu comme nécessairement établi et maintenu dans notre monde et même dans l'univers entier, par la simple pesanteur mutuelle de ses diverses parties. » (in *Ph. pos.*, II, p. 24.)

A propos de cette doctrine des causes finales, Comte rappelle les éloquentes décl..n.r tions auxquelles a donné lieu la grande idée de la stabi..té essentielle de notre système solaire ! bien que, cependant, cette stabilité soit une simple conséquence nécessaire de plusieurs circonstances caractéristiques de ce système : la petitesse extrême des masses planétaires en comparaison de la masse centrale, le léger degré d'excentricité de leurs orbites et la médiocre inclinaison mutuelle de leurs plans. Ne faut-il pas s'attendre, *a priori,* puisque nous existons, à rencontrer *un état de la matière qui permette cette existence,* laquelle serait incompatible avec une absence totale de stabilité. La prétendue cause finale se réduit à cette remarque puérile : qu'il n'y a d'astres habités, dans notre système solaire, que ceux qui sont habitables. On rentre, en un mot, dans le principe des *conditions d'existence,* qui représente la véritable transformation positive de la doctrine des causes finales, et qui lui est si supérieure en portée et en fécondité.

Permettez-moi d'attirer votre attention sur la supposition fondamentale et extrêmement vicieuse, qui est à la base de cette sortie peu philosophique contre la grande et vieille phrase hébraïque, si puissante avec son allure rythmique : « les cieux racontent la gloire de Dieu ». La dite supposition est celle qu'on peut retrouver cachée au fond de toute théologie et de toute métaphysique qui s'aventurent dans l'arène du débat ; et du fait qu'elle est engendrée par l'orgueil intellectuel, il est permis de prévoir qu'elle sera longtemps chère aux intellectuels. Cette supposition est, que ce que nous *pouvons* concevoir comme parfait doit *être* nécessairement la *Perfection*. En d'autres termes, nous retrouvons ici le vieux principe sophistique de « l'Homme, mesure de toutes choses ». Or, je répudie cette prétention de toute mon âme et de toute ma force ; et je ne puis la regarder que comme un raffinement de la tendance anthropomorphique de notre esprit — tendance qui, aux premières époques de l'Humanité, a poussé l'homme à prêter aux dieux ses passions et ses caprices non moins que sa raison. Sans doute, de tout temps, l'homme a fait Dieu à sa propre image ; il a idéalisé et magnifié sa propre nature, et il a adoré le résultat de cette idéalisation. Il a toujours fait ainsi, et peut-être le fera-t-il toujours. Mais pourquoi faut-il que ceux qui, en philosophes pleins de sérénité, sourient avec condescendance de cette fausse conception d'après laquelle nos raisonnements, nos passions, nos infirmités se trouvent attribués au Créateur du monde, ou qui « frémissent » à la pensée d'un tel anthropomorphisme, — pourquoi faut-il que ceux-là tombent aussi dans le piège et qu'après avoir enlevé à Dieu le sentiment dont il avait été investi, ils s'obstinent à substituer à cette attribution celle de l'abstraction dénommée Raison? La supposition est que Dieu est la pure Raison, — l'Intelligence omnipotente; et que, comme l'intelligence est la souveraine maîtresse de cet univers, de même, tout ce qui est considéré par *notre* Intelligence comme parfait ou imparfait, *doit être* réellement parfait ou imparfait!

Cet anthropomorphisme est actif chez presque tous les penseurs. Ce qu'ils cherchent dans l'univers n'est pas tant la vie que « l'évidence d'un plan préconçu »! Croient-ils avoir réussi à démontrer l'existence d'un habile architecte qu'ils s'imaginent avoir fait quelque chose. A toute théorie mécanique de l'univers, ils demandent la preuve de l'existence du grand Mécanicien qui réussit si bien (« le succès » étant une condition de l'omnipotence); et aussitôt qu'ils croient avoir trouvé cette preuve, tout est dit à leurs yeux! Je n'hésite pas à confesser que je préfère les premières conceptions spontanées de la Divinité (qui lui conféraient au moins la grande idéalisation de la *totalité* de notre nature) à cette faible abstraction d'une *partie* de notre nature, — à cette déification de l'Intelligence. Je serais plus disposé à adorer Jupiter que la « Raison » du métaphysicien.

Mais si je m'élève contre cette aberration métaphysique qu'on nomme « Théologie Naturelle » et qui, au lieu de fonder ses prétentions sur une vraie et sincère interprétation de la Nature, les fonde sur son interprétation du « plan » et de « l'intention » que l'intelligence prétend découvrir et louer, à plus forte raison dois-je m'élever contre l'assertion injustifiable, et (étrange accusation!) tout aussi métaphysique, contenue dans cette phrase de Comte : « la science nous permet de concevoir aisément un meilleur arrangement ». La science permet cela! Pourquoi la science seraitelle l'arbitre suprême dans des questions qui sont tout à fait au-delà de sa compétence? Du fait que *nous* pouvons concevoir de plus simples arrangements, s'ensuit-il donc que nos conceptions les plus simples soient les *meilleures?* Qu'est la simplicité, si ce n'est une convenance humaine, et pourquoi serait-elle meilleure *en soi* que la complexité? Il nous semblerait *plus simple* de n'avoir ni serpents, ni lions, ni crocodiles, ni puces; mais que penseraient ces serpents, ces lions, ces crocodiles et ces puces d'une telle simplicité? Il serait plus simple pour l'homme de naître immortel; mais qu'est-ce que la philosophie a à faire avec une telle simplicité?

Je conviens avec Comte que la prétendue beauté du « plan » offert par l'astronomie n'est pas un argument légitime, mais je proteste contre son affirmation que les éléments de notre univers ne sont pas arrangés de la manière la plus avantageuse, et que la science pourrait mieux les disposer. Disons avec La Fontaine :

> C'est dommage Garo, que tu n'es point entré
> Aux conseils de Celui que prêche ton curé :
> Tout en eut été mieux... »

La Science ne sait rien de ces choses (1); revendiquer pour l'homme une telle compétence équivaut à prétendre qu'il est « la mesure de tout » et que l'Intelligence est l'arbitre final de la Vie.

Si l'Astronomie a détruit les théologies, elle doit détruire aussi toute fausse théologie. Elle doit la détruire ne fût-ce que par son énergique condamnation du point de vue principal de tous nos systèmes théologiques, — à savoir, la subordination de l'Univers à l'Homme. A l'époque où l'on regardait le soleil comme une lumière destinée à éclairer le jour, et les étoiles comme d'autres lumières semblables de moindres dimensions, il était naturel que l'homme les supposât uniquement créées pour son usage. Mais une telle conception n'est plus soutenable. Maintenant que l'homme sait que son Monde représente un simple point dans l'univers imposant des mondes, il se sent lui-même plus *insignifiant;* et en harmonie

(1) La métaphysique est la science de ce qui ne peut être vu, de ce qu'on ne peut connaître, ou, comme on l'a dit avec esprit, *l'art d'errer avec méthode;* et la supposition rapportée ci-dessus appartient assurément à ce genre d'exercices futiles.

avec ce sentiment surgit dans son âme une conception plus élevée de l'Univers, du Divin.

Je dis donc que, si l'astronomie doit détruire la théologie, elle ne détruira point et augmentera plutôt la Religion. Car il n'est point d'homme qui, en contemplant le firmament ou en fouillant les cieux avec son télescope, ne se sente pénétré d'une émotion religieuse, et qui, quel que soit le genre de litanies le mieux approprié à son esprit, puisse se retenir d'exprimer, sous une forme ou sous une autre, son adoration lorsqu'il considère cette voûte de la « Cathédrale de l'immensité ». Si divers que soient les esprits des hommes et les dialectes et les formules dans lesquels ils peuvent traduire leur émotion, celle-ci est constante, et le dernier homme levant ses regards vers les astres, dans les profondeurs de son âme révérencieuse, répétera le transport du Psalmiste :

Cœli enarrant gloriam Dei.

CHAPITRE IX

L'objet et le but de la Physique

La Physique, littéralement la science de la Nature, se rapporte à ce que, dans le langage ordinaire, on appelle plus ou moins vaguement la Philosophie Naturelle. En tant que seconde des sciences fondamentales, nous avons maintenant à examiner sa position et ses rapports dans la Philosophie positive. L'Astronomie et la Sociologie demeurent comme l'Alpha et l'Oméga de la science : l'une exposant les lois des corps célestes, l'autre exposant les lois qui règlent les grands mouvements de l'Humanité. Entre elles s'étagent la Physique qui met en lumière ce que nous pouvons saisir du mystère de cette terre, et la Physiologie (ou plus exactement la Biologie), qui expose ce que nous pouvons pénétrer de la vie organique. Dans un cercle intérieur, étroitement, et même inséparablement unie à l'une et à l'autre, se tient la Chimie ou la science de l'action moléculaire. Ainsi se complète le cycle.

Est-il besoin de signaler ce que comportent d'arbitraire de telles divisions ? La nature n'admet pas de lignes distinctes de démarcation. Vous ne pouvez dire : ici finit le monde inorganique, et là commence l'organique. Vous ne pouvez dire : ici cesse le règne végétal, et là commence le domaine animal. Mais vous pouvez dire et vous dites : cette rose est une plante, ce lion est un animal. C'est pourquoi, bien que la Chimie soit inséparable de la Physique, et la Biologie de la Chimie, on doit reconnaître, lorsque l'analyse nous conduit à des principes irréductibles, la nécessité et la convenance de démarcations semblables à celles que nous venons précisément d'indiquer.

La Physique, selon Comte, n'a commencé à se dégager définitivement de la Métaphysique, et à prendre un caractère vraiment positif, que depuis les grandes découvertes de

Galilée sur la chute des corps pesants ; tandis que l'Astronomie était devenue réellement positive, sous le rapport géométrique, depuis l'époque de la fondation de l'École d'Alexandrie. On doit donc s'attendre ici, outre l'influence directe de la plus grande complication des phénomènes, à trouver l'état scientifique de la Physique bien moins satisfaisant que celui de l'Astronomie : soit sous le point de vue spéculatif, quant à la pureté et à la coordination de ses théories ; soit sous le point de vue pratique, quant à l'étendue et à l'exactitude des prévisions qui en résultent. A la vérité, la formation graduelle de cette science, durant les deux derniers siècles, fut due à l'impulsion philosophique des préceptes de Bacon, et aux conceptions de Descartes, qui nécessairement rendirent sa marche générale beaucoup plus rationnelle, en établissant directement les conditions fondamentales de la Méthode Positive universelle. Mais quelque importante qu'ait été réellement cette haute influence pour accélérer le progrès naturel de la philosophie physique, l'empire si prolongé des habitudes métaphysiques primitives était tellement profond, et l'esprit positif — qui n'a pu se développer que par l'exercice — restait si imparfaitement caractérisé que cette science ne pouvait, en aussi peu de temps, acquérir une entière positivité, dont a manqué, jusqu'au milieu de cette période, l'astronomie elle-même, envisagée dans sa partie mécanique.

Aussi, à partir du point où notre examen philosophique est maintenant parvenu, trouverons-nous, dans les diverses sciences fondamentales qui nous restent à considérer, des traces de plus en plus profondes de l'esprit métaphysique, dont l'astronomie est seule, entre toutes les branches de la philosophie naturelle, complètement affranchie. Cette influence anti-scientifique ne se bornera plus à des détails de légère importance. Nous reconnaîtrons qu'elle altère notablement les conceptions fondamentales de la science, qui, même dans le cas de la physique, n'a point encore pris entièrement son caractère philosophique définitif.

Mais il est temps maintenant de passer à la considération de l'étendue du domaine de la science physique.

Comme la Chimie, la Physique a pour but la découverte des lois générales du monde inorganique. L'étude de ces lois est complètement distincte de celle de la science de la vie, comme de celle de l'astronomie qui est confinée à la considération des formes et des mouvements des grands corps naturels. Mais la distinction (réelle et indispensable) entre la Physique et la Chimie ressort avec moins de précision et est encore rendue plus difficile à établir par les découvertes modernes. Il y a cependant trois considérations générales qui, prises ensemble, rendent tout à fait manifeste la division entre les deux sciences.

La première consiste dans le contraste caractéristique entre la *généralité* nécessaire des recherches vraiment physiques et la *spécialité* non moins inhérente aux explorations purement chimiques, — contraste dont les philosophes du XVIIe siècle avaient eu déjà quelque idée. Les diverses conceptions de la physique proprement dite sont plus ou moins applicables à tous les corps quelconques; tandis que, au contraire, toute idée chimique concerne nécessairement une action particulière à certaines substances, quelque similitude que nous parvenions d'ailleurs à saisir entre les différents cas. Cette opposition fondamentale entre les deux catégories de phénomènes est toujours nettement marquée. La pesanteur, par exemple, se manifeste dans tous les corps; il en est de même pour les phénomènes de thermologie, d'acoustique, d'optique, et aussi d'électricité; il existe seulement une inégalité de degré dans leur manifestation. Les compositions et les décompositons de la Chimie, au contraire, offrent des propriétés radicalement *spécifiques* qui varient, non seulement entre les substances élémentaires, mais aussi entre les substances composées. L'exception apparente, qu'offre le Magnétisme, à la généralité des études physiques, a été dissipée par la découverte que ses phénomènes représentent simplement une modification des phénomènes indéniablement généraux de l'électricité.

La seconde considération élémentaire, propre à distinguer la physique de la chimie, offre moins d'importance et même de consistance que la précédente, bien qu'elle soit susceptible d'une utilité véritable. Elle consiste à remarquer *qu'en physique les phénomènes considérés sont toujours relatifs aux masses, et en chimie, aux molécules ;* d'où la dénomination de *physique moléculaire* d'abord attribuée à cette dernière science.

Mais les phénomènes purement physiques sont souvent moléculaires. Le poids d'une masse, par exemple, est le poids total de toutes les molécules particulières dont elle est composée. De même, en chimie, une certaine masse est indispensable à la manifestation de l'activité chimique. Toutefois, il y a néanmoins beaucoup de vérité dans la distinction. Pour produire les phénomènes chimiques, l'un au moins des corps entre lesquels s'opère l'action chimique doit être dans un état d'extrême division, et même, le plus souvent, dans un état de fluidité véritable sans laquelle l'action ne saurait avoir lieu, tandis que cette condition préliminaire n'est, au contraire, jamais indispensable à la production d'aucun phénomène physique proprement dit, et qu'elle constitue même toujours une circonstance défavorable à cette production, quoiqu'elle ne suffise pas constamment à l'empêcher.

Finalement, nous pouvons distinguer ainsi les phénomènes physiques des phénomènes chimiques. Dans les premiers, la constitution des corps, c'est-à-dire le mode d'arrangement de leurs particules, peut changer ; leur nature, c'est-à-dire la composition de leurs molécules, restant constamment inaltérée. Dans les seconds, au contraire, non seulement il y a toujours un changement dans l'état de quelques-uns des corps considérés, mais l'action mutuelle de ces corps altère nécessairement leur nature ; et c'est une modification de ce genre qui constitue essentiellement le phénomène. Le plus grand nombre des agents considérés en physique sont sans doute susceptibles, quand leur influence est très énergique ou très prolongée, d'opérer, à eux seuls, des compositions et des décompositions parfaitement identiques à l'action chimique proprement dite ; et c'est la raison pour laquelle il existe une liaison si naturelle et si directe entre la physique et la chimie. Mais, à ce degré d'action, les phénomènes sortent du domaine de la première science pour entrer dans celui de la seconde.

Les considérations précédentes sont suffisantes pour permettre de définir avec précision l'objet propre de la Physique, dès lors strictement circonscrite dans ses limites naturelles. *La Physique étudie les lois qui régissent les propriétés générales des corps, ordinairement envisagés en masse, et constamment placés dans des circonstances susceptibles de maintenir intacte la composition de leurs molécules, et même, le plus souvent, leur état d'agrégation.* Pour nous conformer au véritable esprit philosophique, nous devons toujours exiger que chaque science, digne de ce nom, ait pour but l'établissement, sur un terrain solide, d'un *ordre correspondant de prévisions.* Il est donc indispensable, pour compléter la définition, d'ajouter que le but final des théories physiques est *de prévoir, le plus exactement possible, tous les phénomènes que présentera un corps placé dans un ensemble quelconque de circonstances données,* en excluant toutefois celles qui pourraient le dénaturer. Il n'est point douteux que ce but se trouve rarement atteint d'une manière complète et parfaitement précise ; mais il en résulte seulement que la science est imparfaite. Son imperfection réelle fût-elle même plus grande, que telle serait encore sa destination nécessaire.

Par cette simple et sommaire exposition de l'objet général des recherches physiques, il est aisé de s'apercevoir qu'elles présentent nécessairement une plus grande complexité que les études astronomiques. Ces dernières se bornent à envisager les deux aspects les plus simples et les plus élémentaires des corps qu'elles considèrent, à savoir leurs *formes* et leurs *mouvements.* En physique, au contraire, les corps sont accessibles à tous nos sens ; par suite, on tient compte de toutes les conditions générales qui caractérisent leur existence réelle, et ils sont étudiés sous un grand nombre de rapports divers et qui se compliquent mutuellement. La physique doit donc inévitablement être moins parfaite que l'astronomie ; et si ce n'était l'extension de ses moyens d'exploration en rapport avec la loi mentionnée dans un chapitre antérieur, son imperfection plus marquée pourrait faire conclure, *a priori,* à l'impossibilité de la rendre scientifique. La méthode comparative n'est guère plus praticable en physique qu'en astronomie, mais il en est autrement de l'expérience : c'est en physique que l'observation (qui n'est plus limitée à celle d'un seul sens) et l'expérience reçoivent leur plus complet développement. Il est effectivement impossible au biologiste de réaliser les conditions requises d'une expérience parfaite. D'autre part, si le libre choix du cas (naturel ou factice), le plus propre à dévoiler les phénomènes, constitue la principale caractéristique de l'art de l'expérience philosophique, ce libre choix est plus assuré en Physique qu'en Chimie. C'est, par suite, au développement de celle-là qu'est due la création de l'art de l'expérimentation.

Après l'usage rationnel des procédés expérimentaux, l'application plus ou moins complète de l'Analyse mathématique forme la base principale du perfectionnement de la Physique. C'est ici que prend fin le domaine véritable de cette Analyse en philosophie naturelle ; et la suite de l'ouvrage de Comte montrera combien il serait chimérique d'espérer que son empire s'étende jamais au-delà, même à la chimie, avec une réelle efficacité. La fixité et la simplicité comparatives des phénomènes physiques doivent naturellement comporter un emploi étendu de la Mathématique, quoiqu'elle s'y adapte beaucoup moins bien qu'aux études astronomiques. Cette application peut se présenter sous deux formes très différentes, l'une directe, l'autre indirecte. La première a lieu quand les phénomènes sont tels qu'ils permettent de trouver immédiatement en eux une *loi numérique fondamentale* qui devient la base d'une série plus ou moins prolongée de déductions analytiques ; comme dans l'éminent exemple de Fourier, lorsqu'il créa sa belle théorie mathématique de la répartition de la chaleur, fondée tout entière sur le principe de l'*action thermologique entre deux corps, proportionnelle à la différence de leur température*. Le plus souvent, au contraire, l'analyse mathématique n'est introduite qu'indirectement, c'est-à-dire après que les phénomènes ont été ramenés à quelque loi géométrique ou mécanique, par une suite d'expériences ; et alors, ce n'est point à la physique, à proprement parler, que l'analyse s'applique, mais à la géométrie ou à la mécanique. Entre autres exemples, nous pouvons citer les théories de la réflexion et de la réfraction, sous le rapport géométrique, et celles de la pesanteur et de l'acoustique, sous le rapport mécanique.

L'application de la mathématique à la physique doit n'être employée qu'avec une extrême circonspection, et seulement lorsqu'on est bien sûr de la réalité des faits physiques qui servent de point de départ aux déductions mathématiques. La négligence de cette règle a été la cause de nombreux travaux analytiques fondés sur de vagues hypothèses ou sur des conceptions chimériques, et a souvent converti les études physiques en de simples exercices mathématiques. Pour éviter ces inconvénients, les physiciens doivent se familiariser avec les mathématiques, de façon à se rendre capables de faire eux-mêmes l'application de la mathématique à la physique, au lieu de la confier à des mathématiciens dépourvus d'idées vraies sur la nature des recherches physiques.

Comte — dont je viens de reproduire, presque mot pour mot, le langage — ajoute que les services rendus par les mathématiques à la physique ont été immenses. Elles lui ont donné cette précision admirable et cette parfaite coordination qui caractérisent toujours leur emploi. Mais, il fait remarquer cependant qu'elles sont moins applicables à la physique qu'à l'astronomie. Pour rendre possible l'usage de l'Analyse en physique, nous sommes obligés de négliger les conditions essentielles des problèmes, au risque d'altérer la nature véritable des phénomènes. Aussi, est-il nécessaire, pour assurer la correction et l'exactitude des études physiques, d'avoir recours simultanément à l'Expérience et à l'Analyse, en se servant de celle-là pour contrôler et assister celle-ci, sans cependant subalterniser l'une par rapport à l'autre.

CHAPITRE X

Sur l'influence et la méthode de la Physique.

La véritable destination de la Philosophie positive étant d'agir sur l'ensemble du système intellectuel qui guide l'homme à travers la vie, l'indication sommaire de Comte sur la part jouée par la Physique dans cette action ne doit pas être omise.

Il faut reconnaître d'abord que son influence est nécessairement moins profonde que celle des sciences extrêmes, l'Astronomie et la Biologie. Celles-ci se trouvant à des extrémités opposées, fixent directement nos idées relativement aux deux sujets universels et corrélatifs de toutes nos conceptions, le monde et l'homme ; et de là, par leur nature même, elles doivent agir spontanément sur la pensée humaine d'une manière plus radicale que ne peuvent le faire les sciences intermédiaires, la physique et la chimie, quelque indispensable que soit leur intervention. Toutefois, l'influence de la physique et de la chimie sur le développement général et l'émancipation définitive de l'intelligence humaine n'en est pas moins décisive. En nous bornant à la physique seule, il est évident que le caractère fondamental d'oppositon absolue entre la philosophie positive et la théologie ou la métaphysique, s'y fait très fortement sentir quoiqu'il y soit moins complet que dans le cas de l'Astronomie, en raison de l'infériorité de la physique sous le rapport de la perfection scientifique. Cette infériorité relative, peu sensible aux esprits vulgaires, doit être, sans doute, à cet égard, pleinement compensée par la variété beaucoup plus grande des phénomènes qu'embrasse la physique. En fait, l'histoire intellectuelle des derniers siècles établit que cette science a été le principal terrain de la lutte générale et décisive de l'esprit positif contre l'esprit métaphysique, — la discussion ayant été moins marquée en astronomie où le positivisme triompha presque spontanément, si ce n'est au sujet du mouvement de la terre.

Un autre fait important est d'ailleurs à noter. C'est qu'en physique les *phénomènes naturels commencent à être réellement modifiables par l'intervention humaine.* Ce pouvoir de modification est impossible en astronomie ; mais nous le verrons se manifester de plus en plus dans toutes les autres sciences de la série encyclopédique. Si l'extrême simplicité des phénomènes astronomiques ne nous avait pas nécessairement permis de pousser, à leur égard, la prévision scientifique au plus haut degré d'exactitude, il n'est pas douteux que l'impossibilité d'intervenir en aucune manière dans leur accomplissement eût rendu difficile leur affranchissement radical de toute suprématie théologique et métaphysique. Mais leur parfaite prévision a été pour cela autrement efficace que la petite action effective de l'homme sur tous les autres phénomènes naturels. En ce qui concerne ces derniers, au contraire, cette action, si limitée qu'elle soit, obtient, par compensation, une haute importance philosophique, à cause de notre impuissance à porter leur prévision rationnelle au-delà d'un léger degré de perfection. Le caractère fondamental de toute philosophie théologique est de *concevoir les phénomènes comme assujettis à des volontés surnaturelles*, et par suite, comme éminemment et *irrégulièrement variables*. Actuellement, le vulgaire ne saurait entrer dans aucune discussion spéculative approfondie, relative à la supériorité des différents points de vue philosophiques, et les conceptions thélogiques ne peuvent être finalement renversées que par ces deux moyens généraux, dont le succès populaire est infaillible à la longue :

1° *la prévoyance exacte et rationnelle des phénomènes ;*

2° *la possibilité de les modifier* d'une façon avantageuse à nos projets et à nos intérêts.

Le premier écarte immédiatement toute idée d'une « volonté directrice », et le second conduit au même résultat sous un autre point de vue, en nous faisant regarder sa puissance comme subordonnée à la nôtre. Le premier procédé est le plus philosophique, et entraîne plus aisément la conviction du public, quand il est complètement applicable, ce qui n'a guère été le cas jusqu'ici, excepté à l'égard des phénomènes célestes ; mais le second, lorsque sa réalité est très évidente, détermine non moins nécessairement l'assentiment général.

Les illustrations surgissent en foule dans toute mémoire bien ornée. Je citerai, comme exemple évident et frappant, la destruction de la théorie théologique du tonnerre par la découverte de Franklin : du moment que l'homme pouvait ainsi tenir l'éclair en main et diriger, à sa guise, son cours, il devenait difficile de croire longtemps à la colère tonitruante d'une divinité !

Passant de ce sujet à celui de la Méthode propre à la physique envisagée dans sa position hiérarchique, Comte nous invite à nous souvenir que la perfection spéculative d'une science doit être mesurée essentiellement par ces deux propriétés distinctes mais corrélatives : la *coordination* et la *puissance de prévision*, cette dernière constituant le plus décisif critérium et le principal but de chaque science.

En premier lieu, quels que puissent être les progrès futurs de la Physique, ils doivent évidemment continuer, par suite de la variété et de la complexité de ses phénomènes, à être très inférieurs, sous ces deux points de vue, à ceux de l'Astronomie. Au lieu de cette unité et de cette parfaite harmonie mathématique que nous avons admirée dans la science des corps célestes, la Physique se présente à nous avec de nombreuses branches presque complètement isolées les unes des autres, et n'offrant fréquemment entre leurs principaux phénomènes qu'une faible et équivoque liaison. Aussi, en place de la prévision rationnelle et précise des évènements célestes à une époque quelconque, obtenue d'après un très petit nombre d'observations directes, notre prévision est-elle ici tout à fait limitée dans sa portée et, pour ne pas être incertaine, ne permet presque jamais de perdre de vue les circonstances particulières d'actualité.

Pour des raisons semblables, la supériorité spéculative de la Physique sur tout le reste de la Philosophie naturelle est également incontestable. Nous devons aussi observer que l'étude philosophique de la Physique, envisagée comme moyen général d'éducation intellectuelle, possède une utilité spéciale, qu'on ne trouve nulle part ailleurs, au même degré ; elle nous met en mesure de saisir complètement l'art fondamental de l'expérimentation, qui est particulièrement approprié à la physique. C'est là que les vrais philosophes, quelque soit l'objet propre de leurs recherches habituelles, doivent toujours apprendre en quoi consiste le véritable esprit expérimental ; quelles sont les conditions caractéristiques exigibles dans les expériences propres à dévoiler sans équivoque les lois véritables des phénomènes ; et finalement, comment on acquiert une juste conception des ingénieuses précautions requises pour écarter toute cause d'erreur dans les résultats d'un procédé aussi délicat. Chacune des sciences fondamentales présente les caractères essentiels de la Méthode positive, qui s'y manifestent nécessairement à un degré plus ou moins prononcé ; mais en outre, chacune d'elles présente naturellement quelques indications philosophiques qui lui appartiennent particulièrement, comme nous l'avons déjà remarqué dans le cas de l'astronomie ; et c'est toujours à leur source que de telles notions de logique universelle doivent être examinées.

C'est à la Mathématique seule que nous sommes redevables de notre connaissance des conditions élémentaires de la positivité. L'Astronomie caractérise avec précision la véritable étude de la nature ; la Physique nous offre spécialement la théorie de l'expérimentation. C'est à la Chimie que nous devons emprunter l'art général de la nomenclature ; et enfin la Science des corps organisés peut seule nous dévoiler la vraie théorie des classifications.

L'assertion de Newton « *Hypotheses non fingo* » — je ne fais point d'hypothèses — a été trop souvent répétée par des hommes qui s'imaginent être des penseurs baconiens quand ils restreignent leur incompétence à ce qu'ils appellent des « faits ». Il n'est pas besoin de faire remarquer à aucun lecteur de ces pages que de telles conceptions de la science sont profondément irrationnelles. Newton lui-même ne leur apporte aucune justification, car sa grande découverte fut d'abord une hypothèse, et ne devint une théorie qu'après vérification. Képler fit dix-neuf hypothèses relativement à la forme des orbites planétaires, et les abandonna l'une après l'autre, jusqu'à ce qu'il se fût arrêté à celle de la forme elliptique, qui, reconnue correcte après vérification, cessa *alors* d'être une hypothèse.

Quiconque s'est livré à des recherches scientifiques originales ne peut manquer d'avoir un sentiment profond de l'utilité indispensable de l'Hypothèse, en tant qu'auxiliaire artificiel, et aussi de la nécessité de concevoir distinctement son but et ses limites; et, à ce point de vue, j'engage fortement le lecteur à étudier ce que Comte et J. St. Mill (*Log.*, livre III, ch. XIV) ont écrit à ce sujet. La *Logique* de Mill est entre les mains ou à la portée de tout lecteur anglais. Voici ce qu'enseigne Comte : l'Induction ou la Déduction sont seules capables de nous faire découvrir les lois naturelles ; la plupart du temps, cependant, aucune de ces méthodes ne serait suffisante si nous ne commencions d'abord par faire des suppositions provisoires sur quelques-uns des faits à la recherche desquels nous sommes.

Cet indispensable mode de procéder a été très fructueux dans ses résultats, mais par suite de la méconnaissance de la condition sur laquelle doit être fondé son emploi rationnel, il a parfois entravé les progrès de la vraie science. Cette condition, jusqu'ici vaguement analysée, consiste à ne jamais imaginer que des hypothèses qui soient, *par leur nature, susceptibles d'une vérification positive*, plus ou moins éloignée, et qui possèdent exactement le degré de précision que comporte l'étude des phénomènes correspondants. En d'autres termes, les hypothèses vraiment philosophiques doivent toujours présenter le caractère de *simples anticipations sur ce que l'expérience et le raisonnement sont capables de découvrir immédiatement,* lorsque les circonstances du problème sont plus favorables.

Mais si nous prétendions atteindre par le moyen de l'hypothèse ce qui, de sa nature, est inaccessible à la fois à l'observation et au raisonnement, nous méconnaîtrions la condition fondamentale de toutes les hypothèses, et celles que nous forgerions ainsi, dépassant la sphère réelle de la science, deviendraient trompeuses et dangereuses.

Elles deviendraient dangereuses parce que, de l'aveu de tout esprit positif, nos recherches scientifiques doivent se limiter à l'analyse des phénomènes pour découvrir leurs *lois*, sans essayer de pénétrer leurs *causes* premières ou finales. Comment d'ailleurs, une pure supposition, telle qu'une hypothèse, serait-elle capable de jouer le rôle d'une ligne de fond apte à sonder l'insondable? En réalité, toute hypothèse qui franchit les limites de la science positive ne peut conduire qu'à d'interminables discussions, sans jamais permettre d'accord durable.

Les diverses hypothèses employées aujourd'hui par les physiciens peuvent clairement se diviser en deux classes: les unes, jusqu'ici peu multipliées, simplement relatives aux lois des phénomènes; les autres, qui jouent un rôle beaucoup plus étendu, concernant la détermination des agents généraux auxquels on rapporte les différentes sortes de phénomènes. Or, d'après la règle posée ci-dessus, les hypothèses de la première classe sont seules admissibles; celles de la seconde classe, de nature essentiellement chimérique, présentent un caractère antiscientifique et ne peuvent désormais qu'entraver les progrès réels de la physique. En astronomie, le premier ordre d'hypothèses est seul usité, l'usage du second étant depuis longtemps discrédité. Depuis longtemps, en effet, nous avons cessé d'invoquer l'existence de *fluides* chimériques pour expliquer les mouvements des corps célestes. Pourquoi, dès lors, continuerions-nous à user en physique d'hypothèses ne remplissant point les conditions requises et à imaginer, pour expliquer les phénomènes de la chaleur, de la lumière, de l'électricité, du magnétisme, des fluides et des éthers, invisibles, intangibles, impondérables, et inséparables des substances auxquelles ils sont supposés communiquer leurs vertus? Le seul fait que l'existence de ces prétendus fluides, de par leur nature, échappe à toute vérification négative ou positive, indique qu'ils dépassent la portée du contrôle scientifique. On pourrait aussi bien admettre l'existence des esprits élémentaires de Paracelse, des anges et des génies. L'emploi de ces entités, dans le domaine scientifique, loin d'aider à *expliquer* les phénomènes, produit l'effet tout à fait contraire en augmentant le nombre des choses qui réclament des explications. Car d'où viennent les propriétés de ces fluides? De quoi dépendent-ils? Il est évident qu'*ils* ont autant besoin d'explication que les phénomènes qu'ils sont appelés à expliquer; ils représentent le dos de la tortue sur lequel les Hindous supposent que le monde repose. Newton ne pouvait concevoir l'attraction sans un éther intermédiaire. Personne ne croit plus maintenant à l'existence d'un milieu attractif, et cependant il est des hommes de science, spécialement en Angleterre, qui se révolteraient à la supposition hérétique que la lumière, la chaleur ou l'électricité, puissent être débarrassés de leurs mystérieux fluides! Aussi, en raison du caractère hérétique des propositions de Comte, invoquerai-je à leur appui le passage suivant de John Stuart Mill :

« Je ne peux m'empêcher, dit-il, de trouver, avec M. Comte, que l'hypothèse régnante d'un éther lumineux offre le même vice. Elle ne peut être soumise au contrôle de l'observation, puisque, par définition, l'éther est privé de toutes les propriétés par l'intermédiaire desquelles nos sens prennent connaissance des phénomènes extérieurs. Il ne peut être vu, ni entendu, ni goûté, ni touché. La possibilité de déduire, de ses lois supposées, un nombre considérable des phénomènes de la lumière, est le seul témoignage de son existence que nous puissions jamais espérer acquérir, et ce témoignage n'a aucune valeur, puisque, en pareil cas, nous ne saurions avoir la certitude que, si l'hypothèse était fausse, elle conduirait à des résultats en contradiction avec les faits réels.

« C'est pourquoi la plupart des penseurs, doués de quelque circonspection, reconnaissent qu'une hypothèse de ce genre ne doit pas être jugée probable par cela seulement qu'elle rend compte de tous les phénomènes connus ; car c'est là souvent une condition également bien remplie par deux hypothèses contraires ; et si nous nous accordons la licence d'inventer les causes elles-mêmes aussi bien que leurs lois, une personne d'imagination fertile pourrait trouver cent manières d'expliquer un fait donné, alors qu'il y en a vraisemblablement plus de mille autres qui sont également possibles, mais que, faute d'analogie avec notre expérience, notre esprit reste incapable de concevoir. Cependant, on semble croire qu'une hypothèse de la sorte mérite un accueil plus favorable si, tout en rendant compte de l'ensemble des faits déjà connus, elle a conduit à l'anticipation et à la prédiction d'autres faits que l'expérience a ensuite vérifiés, comme cela est arrivé à la théorie ondulatoire de la lumière, qui a conduit à la prévision, vérifiée ensuite expérimentalement, que deux rayons lumineux peuvent, en se rencontrant d'une certaine façon, engendrer l'obscurité. De telles prévisions et leur accomplissement sont assurément bien faits pour impressionner un public ignorant dont la foi en la science repose uniquement sur des coïncidences analogues entre les prédictions et l'évènement. Mais il est étrange que des hommes de science attachent tant d'importance à de pareilles coïncidences. Si les lois de la propagation de la lumière s'accordent avec celles des vibrations d'un fluide élastique en assez de points pour que l'hypothèse paraisse l'expression exacte de tous les phénomènes connus ou du plus grand nombre, il n'y a rien d'étonnant à ce qu'elles concordent encore sur ce point-là. Quand même de telles coïncidences se produiraient vingt fois, elles ne prouveraient pas la réalité d'un éther ondulatoire ; il ne s'ensuivrait pas que les phénomènes lumineux soient les résultats des lois des fluides élastiques, mais tout au plus qu'ils sont régis par des lois, dans une certaine mesure, analogues ; ce qui, remarquons-le, est déjà certain, par le fait que l'hypothèse en question est soutenable un moment. Beaucoup d'harmonies semblables se rencontrent dans les lois de phénomènes radicalement distincts sous d'autres rapports. Tel est le cas de la ressemblance frappante qu'on remarque entre les lois de la lumière et quelques-unes de celles de la chaleur (les autres étant tout à fait différentes). Tel est encore le cas de l'extraordinaire similitude qu'on rencontre dans les propriétés, considérées à un point de vue général, de certaines substances comme le chlore, l'iode, et le brome, ou le soufre et le phosphore : similitude poussée à ce point que lorsque les chimistes découvrent une propriété nouvelle chez l'une, ils n'éprouvent aucune surprise, mais s'attendent à trouver une propriété analogue chez les autres. Et, cependant, l'hypothèse que le chlore, l'iode, le brome ou que le soufre et le phosphore sont les mêmes substances, paraîtrait tout à fait inadmissible !

« Je ne condamne pas entièrement, comme M. Comte, ceux qui s'appliquent à fouiller en détail ces sortes d'hypothèses. Il n'est point inutile de rechercher quels sont les phénomènes connus dont les lois présentent plus ou moins d'analogie avec celles des phénomènes qu'on étudie, puisqu'une telle investigation peut (comme c'est le cas pour l'éther lumineux) suggérer des expériences propres à déterminer si l'analogie, déjà reconnue sur tant de points, ne s'étend pas encore plus loin. Mais s'imaginer sérieusement qu'on peut, en faisant cela, parvenir à décider si les hypothèses d'un éther, d'un fluide électrique ou d'autre chose semblable, sont vraies ; se figurer pouvoir acquérir ainsi la certitude que les phénomènes sont produits de cette manière et non d'une autre, me paraît (comme à M. Comte), je l'avoue, indigne du progrès actuel des conceptions et des méthodes de la physique. Et au risque d'être accusé de manquer de modestie, je ne peux m'empêcher d'exprimer mon étonnement qu'un philosophe du mérite hors ligne de M. Whewell ait écrit un traité spécial sur la philosophie de l'induction, dans lequel il ne reconnaît absolument pas d'autre mode d'induction que celui qui consiste à imaginer hypothèse sur hypothèse jusqu'à ce qu'on en trouve une qui s'accorde avec les phénomènes, laquelle, une fois trouvée, doit être réputée vraie, sous la seule réserve que si, après un nouvel examen, elle paraissait supposer plus qu'il n'est besoin pour expliquer les phénomènes, le surplus des suppositions serait retranché. Il n'est pas exagéré de dire que le procédé que nous venons de décrire dans ces quelques mots, représente le commencement, le milieu et la fin de la philosophie de l'induction comme la conçoit M. Whewel. Et cela sans la moindre distinction entre les cas où l'on peut savoir d'avance que deux hypothèses différentes ne sauraient conduire au même résultat, et ceux, où, autant qu'il nous sera jamais possible de savoir, le nombre des suppositions, également conformes aux phénomènes, peut être infini. »

Comte explique clairement comment cette conception des Éthers n'est qu'un vestige du stage ontologique ; il fait remarquer que l'origine métaphysique de cette fausse manière de procéder peut être facilement présumée par tout investigateur impartial qui considérera les *fluides* comme ayant pris la place des *entités*, dont la transformation a simplement consisté *à se matérialiser*. Qu'est-ce, en réalité (de quelque façon qu'on l'interprète) que la chaleur, conçue comme existant à part du corps chaud ; la lumière, indépendante du corps lumineux ; l'électricité séparée du corps électrique? Ce ne sont évidemment que de pures entités — au même titre que la pensée envisagée comme un être indépendant du corps pensant, ou la digestion, isolée de l'organe digérant! La seule différence qui les distingue des anciennes entités scolastiques est que ces pures abstractions ont été remplacées par des fluides imaginaires, dont la corporéité est fort équivoque, puisque, de par leur définition fondamentale, nous les dépouillons de toutes les qualités propres à caractériser une matière quelconque. A vrai dire, nous n'avons même pas la ressource de les envisager comme la limite idéale d'un gaz indéfiniment raréfié.

Il sera peut-être utile, pour éclairer quelques-unes des confusions qui obscurcissent ce sujet, que je fasse allusion à une distinction qu'on doit nécessairement établir lorsqu'on traite de l'hypothèse de l'éther lumineux. L'hypothèse ondulatoire, en tant que *procédé*, — c'est-à-dire comme méthode ou comme voie le long de laquelle voyagent les phénomènes, — n'est pas seulement admissible, elle est admirable ; mais en disant cela, nous n'admettons nullement l'hypothèse de l'*existence* d'un éther dont les ondulations produiraient la lumière. Les phénomènes de la lumière peuvent être dus à des ondulations, mais on ne saurait prouver que ces ondulations soient celles d'un Éther, tant qu'il sera impossible de prouver l'existence de l'Éther lui-même, laquelle est *indé-*

montrable si nous nous en rapportons aux termes de sa définition.

Le caractère fondamental des conceptions métaphysiques est d'envisager les phénomènes indépendamment des corps qui les manifestent et d'attribuer aux propriétés de chaque substance une existence distincte de la sienne. Qu'importe alors que, de ces abstractions personnifiées, nous fassions des esprits ou des fluides ? Leur origine est toujours la même. Elle se rattache constamment à cette enquête de la nature intime des choses qui caractérise, en tout genre, l'enfance de l'esprit humain et qui inspira primitivement la conception des dieux, devenus ultérieurement des esprits et des entités, et finalement transformés en fluides imaginaires.

Conformément à loi positive du développement, la Physique devait traverser ce stage transitoire de la métaphysique. Il en avait été de même de l'Astronomie. Les suppositions métaphysiques de Descartes en astronomie, bien qu'elles eussent été aussi habilement soutenues que n'importe laquelle des suppositions analogues en physique, furent abandonnées lorsque la nature véritable de l'astronomie positive fut établie par les découvertes de Newton. De la même manière, les notions métaphysiques ont été éliminées des parties les plus avancées de la physique. Depuis les découvertes de Galilée, il ne s'est trouvé aucun homme de valeur pour proposer une hypothèse explicative de la chute des corps. Toutefois les parties les moins avancées de la science, telles que la Lumière et l'Électricité, souffrent encore de l'influence ontologique. Elles en souffrent pour les mêmes causes qui affectèrent jadis l'évolution des parties plus avancées, mais, à leur exemple, elles s'émanciperont graduellement.

Comte s'occupe ensuite de diviser la Physique en ses principales branches. Cette division est, naturellement, basée sur le degré *de généralité* des phénomènes correspondants, — sur leur complication plus ou moins grande, sur leurs états relatifs de perfection spéculative, — et aussi sur leur dépendance mutuelle. Conséquemment, la science des phénomènes de la pesanteur (qu'il appelle *Barologie*) vient la première, du consentement universel, alors que la science des *phénomènes électriques* se place la dernière. Celle-là est plus étroitement liée à l'astronomie; celle-ci forme la transition naturelle avec la Chimie. Elles sont aux deux extrémités de la Physique, non seulement sous le rapport de la généralité et des autres attributs déjà mentionnés, mais aussi sous le rapport de leur état présent de positivité. Entre ces deux termes extrêmes nous rencontrons d'abord la Thermologie, puis l'Acoustique, enfin l'Optique.

Après avoir ainsi indiqué les principaux points des considérations générales de Comte sur la Physique, je passerai sous silence toute la partie du sujet, qui, en raison de sa nature abstraite, offrirait moins d'intérêt que les chapitres suivants aux esprits insuffisamment versés dans ces questions spéciales.

CHAPITRE XI

Considérations générales sur la Chimie.

Avec la Chimie nous abordons une science caractérisée par l'énorme accroissement de complexité des phénomènes qui lui sont propres et dont la nature est si nettement tranchée qu'elle semble le résultat de forces essentiellement *différentes*, bien que, à regarder de près, la seule différence provienne de la *variété de direction* des forces.

Alors que la physique considère des masses dont l'action s'exerce à des distances appréciables, la chimie traite de molécules dont les actions et les réactions se produisent à des distances insensibles. Le télescope et le microscope ne sont pas plus opposés, en apparence, ni plus identiques au fond. Aussi cette conception du philosophe allemand qui, par une sorte d'exagération microscopique, fait de l'atome chimique l'analogue d'une planète, a-t-elle un sens profond en soi. Quand il compare les *atomes* aux corps célestes, force nous est de convenir que ceux-ci ne sont, en effet, que des atomes dans l'espace infini. Les innombrables soleils, avec leurs planètes et leurs satellites, se meuvent à des distances déterminées, tout comme les atomes des masses terrestres. La science essaie de découvrir suivant quelles voies se meuvent ces diverses masses, mais tandis qu'en astronomie nous parlons de Mouvement, nous parlons de Combinaison en chimie. Il n'en est pas moins vrai que Mouvement et Combinaison sont les résultats de Forces inconnues et inconnaissables dont la direction variée détermine la variété de tous les phénomènes.

Je ne fais ici qu'une simple allusion à une conception qui, par la suite, trouvera son application ; et j'y fais allusion afin que le lecteur puisse suivre cette longue chaîne de l'évolution scientifique avec le sentiment de sa continuité et avec celui de la grande unité de la Nature. Cela dit, nous pouvons ouvrir le troisième volume de Comte, dont la première moitié est consacrée à la Chimie.

L'auteur commence par remarquer combien la science chimique est inférieure, sous le rapport de sa progression et sous celui de la positivité, aux autres parties du domaine inorganique, — ce qui est dû à sa plus grande complexité, et au fait que plus des phénomènes sont intenses en activité, plus aussi ils présentent de ressemblance frappante avec ceux de la vie, auxquels précisément le véritable esprit de la philosophie théologique et métaphysique tend à assimiler tous les autres. La chimie a, de plus, à lutter contre ce désavantage que la connaissance de ses plus importants phénomènes est exclusivement justiciable d'une procédure artificielle, puisque les seuls d'entre eux qui se présentent spontanément à l'observation (tels les processus de fermentation) sont les plus complexes et les derniers à pouvoir être analysés.

Et maintenant, occupons-nous en premier lieu de définir la Chimie. Le caractère général de ses phénomènes la sépare très nettement de la Physique et de la Biologie entre lesquelles elle se place. Il suffit de comparer ces trois sciences pour rendre très apparente la nature réelle de la Chimie. Leur ensemble peut, en effet, être conçu comme ayant pour objet l'étude de l'activité moléculaire de la matière, dans tous les divers modes dont elle est susceptible. Or, sous ce point de vue, chacune d'elles correspond à l'un des trois principaux degrés successifs d'activité, qui se distinguent entre eux par les différences les plus profondes et les plus naturelles. Dans l'action chimique nous avons évidemment quelque chose de plus que dans la simple action *physique*, et quelque chose de moins que dans l'action *vitale*, malgré les vagues rapprochements que des considérations purement hypothétiques peuvent conduire à établir entre ces trois ordres de phénomènes. Les seules perturbations moléculaires, que puisse produire dans les corps l'activité physique proprement dite, sont des modifications dans l'arrangement des particules ; et ces modifications, qui ne sont généralement pas très étendues, sont le plus souvent passagères : en aucun cas, la substance n'est altérée.

L'activité chimique, au contraire, outre ces modifications dans la structure et dans l'état d'agrégation, détermine toujours un changement profond et durable dans la composition même des particules; les substances originellement présentes sont devenues méconnaissables, tant l'ensemble de leurs propriétés a été troublé. Enfin, les phénomènes physiologiques nous montrent l'activité matérielle dans un degré d'énergie encore plus grand; car aussitôt que la combinaison chimique est effectuée, les corps redeviennent complètement inertes, tandis que l'état vital est caractérisé, non seulement par les phénomènes physiques et chimiques qu'il détermine constamment, mais aussi par un double mouvement, plus ou moins rapide, toujours nécessairement continu, de composition et de décomposition, propre à maintenir, entre certaines limites de variation, et pendant un temps plus ou moins considérable, l'organisation du corps, tout en renouvelant entièrement sa substance. On conçoit ainsi la gradation fondamentale de ces trois modes essentiels d'activité moléculaire, qu'aucune saine philosophie ne saurait confondre.

Il y a lieu aussi d'indiquer les deux considérations secondaires qui suivent, relativement aux phénomènes chimiques.

Premièrement, — toute substance est susceptible d'une activité chimique, et c'est la raison pour laquelle les phénomènes chimiques ont été justement classés parmi les phénomènes *généraux;* ils se distinguent en cela des phénomènes physiologiques qui, eux, sont spéciaux à certaines substances organisées. Néanmoins, dans chaque cas de phénomènes chimiques il existe une différence *spécifique*, tandis que les propriétés physiques présentent seulement des distinctions de degré.

Secondement, — pour qu'il se produise des phénomènes chimiques, il est indispensable que les particules antagonistes soient amenées en contact immédiat. Lorsque la structure de la substance ne permet pas ce contact, il est indispensable de l'obtenir artificiellement par la liquéfaction.

L'ensemble des considérations précédentes peut être résumé en définissant la chimie comme ayant pour but général *l'étude des lois des phénomènes de composition et de décomposition qui résultent de l'action moléculaire et spécifique des diverses substances, naturelles ou artificielles, les unes sur les autres.*

Il y a lieu de craindre, étant donnée l'extrême imperfection de cette science, qu'elle ne puisse recevoir d'ici longtemps une définition plus rigoureuse et plus précise, de nature à caractériser nettement quelles sont, en général, les données indispensables et les inconnues finales de tout problème chimique. Mais l'idée de *science* étant toujours liée, en saine philosophie, à celle de *prévision,* le but final de la chimie doit, d'après cela, être ainsi conçu : — *étant données les propriétés chimiques de certaines substances simples ou composées, placées en relation chimique dans des circonstances bien définies, déterminer exactement en quoi consistera leur action, et quelles seront les principales propriétés des nouveaux produits.*

On peut concevoir aisément que si de telles solutions étaient effectivement obtenues, les trois grandes applications fondamentales de la science chimique — soit à l'étude des phénomènes vitaux, soit à l'histoire naturelle du globe terrestre, soit aux opérations industrielles — seraient par cela même rationnellement organisées, au lieu d'être, comme à présent, le résultat presque accidentel et irrégulier du développement spontané de la science ; puisque, dans chacun de ces trois cas généraux, la question rentre immédiatement dans notre formule abstraite, dont les données sont directement fournies par les circonstances particulières à chaque application.

En examinant plus profondément cette définition rationnelle de la science chimique et en développant son principe, on la jugera susceptible d'une importante transformation; puisque toutes les données fondamentales de la chimie pourraient être ainsi ramenées à la connaissance des propriétés essentielles des seuls corps simples, qui conduirait à celle des divers principes immédiats, et, par suite, aux combinaisons les plus complexes et les plus éloignées. Il nous resterait à faire de chaque corps simple l'objet direct d'une étude expérimentale propre. Car, s'il se peut qu'il y ait une certaine harmonie générale et nécessaire entre les propriétés chimiques et les propriétés physiques de chaque substance chimique, rien ne nous autorise à croire que cette harmonie puisse jamais nous dispenser d'un examen distinct et indépendant de chacune de ces substances. Mais une fois notre connaissance des qualités chimiques de chaque substance simple obtenue par l'observation et l'expérience, tous les autres problèmes chimiques, malgré leur immense variété, devraient être susceptibles de solutions purement déductives, d'après un petit nombre de lois invariables établies par le vrai génie chimique pour les différentes classes de combinaisons.

Sous ce rapport, les combinaisons présentent naturellement deux modes généraux de classification, qui réclament l'un et l'autre une attention marquée.

Premièrement, la simplicité ou le degré de composition plus ou moins élevé des principes immédiats.

Secondement, le nombre des éléments combinés.

Or, l'observation a montré que plus l'ordre de composition des diverses substances s'élève, plus devient difficile l'action chimique entre elles : la majorité des atomes composés appartient aux deux premiers ordres, et au-delà du troisième ordre, leur combinaison semble presque impossible ; de même, sous le second point de vue, les combinaisons perdent rapidement leur stabilité à mesure que le nombre des éléments se multiplie. Le plus souvent il n'y a qu'un simple dualisme, et presque aucun corps qui soit plus que quaternaire. Aussi le nombre des classes chimiques générales, auxquelles peut donner lieu cette double distinction nécessaire, ne saurait être bien étendu. A chacune d'elle devrait correspondre une loi fondamentale de combinaison dont l'application, à chaque cas particulier, ferait déductivement connaître le résultat d'après les données élémentaires. C'est à notre faiblesse radicale, et en partie à la direction vicieuse de notre intelligence, beaucoup plus qu'à la nature particulière du sujet, que nous devons spécialement attribuer l'éloignement où nous sommes d'une telle méthode de philosopher.

Quelque difficile qu'elle puisse paraître actuellement, nous ne devons pas oublier que nous la trouvons réalisée à un certain degré dans une catégorie importante, quoique secondaire, de recherches chimiques, l'étude des proportions. A l'aide d'un coefficient chimique, empiriquement évalué pour chaque corps simple, nous pouvons, en beaucoup de cas, et avec une exactitude suffisante, déterminer déductivement, d'après un petit nombre de lois générales, la proportion suivant laquelle s'unissent les principes préalablement connus de chaque produit. Pourquoi toutes les autres branches de l'étude chimique ne comporteraient-elles point, dans la suite, une perfection analogue?

Nous pouvons résumer ces observations en définissant ainsi l'objet final de la chimie : *étant données les propriétés de tous les corps simples, trouver celles de tous les composés qu'ils peuvent former.*

La Chimie, si on la compare aux sciences antécédentes, apporte une importante vérification à la loi d'après laquelle la complexité des phénomènes et nos moyens de les explorer augmentent parallèlement.

C'est dans cette science que le premier et le plus général des trois modes essentiels d'investigation que nous avons distingués, dans la Philosophie naturelle, commence à recevoir son développement intégral. Jusque-là, en effet, l'*observation* reste, de fait, toujours plus ou moins partielle. En astronomie, elle est nécessairement limitée à l'emploi exclusif d'un seul de nos sens ; en physique, l'ouïe et surtout le toucher, viennent au secours de la vue, mais le goût et l'odorat restent encore essentiellement inactifs. En chimie, au contraire, tous les sens concourent simultanément à l'analyse des phénomènes. Nous pouvons nous former une juste idée de l'accroissement des moyens qui résulte de cette convergence, en essayant de nous représenter ce que deviendrait la chimie, s'il était nécessaire de renoncer à l'usage de l'odorat et du goût, — ceux-ci nous fournissant très souvent les seuls caractères qui nous permettent de reconnaître et de distinguer les divers effets produits. Mais ce que l'esprit philosophique doit spécialement observer à ce propos, c'est que, dans cette correspondance, il n'y a rien d'accidentel ni même d'empirique. Car la saine théorie physiologique des sensations montre clairement que les appareils du goût et de l'odorat, contrairement aux autres sens, agissent d'une manière éminemment chimique, et que, par conséquent, la nature de ces deux sens les adapte particulièrement à la perception des phénomènes de composition et de décomposition (1).

Quant à l'*expérimentation*, Comte, sans prétendre diminuer le rôle qu'elle joue réellement en chimie, et dont l'importance ira croissant à mesure que la science sera cultivée d'une manière plus philosophique, estime cependant que ce rôle a été très surfait; car les effets chimiques dépendent ordinairement d'un trop grand concours d'influences diverses pour qu'il soit facile d'éclairer leur production par de véritables expériences. On se heurte à la difficulté d'instituer deux cas parallèles, exactement identiques dans toutes leurs circonstances caractéristiques, sauf dans celle dont la valeur est à apprécier; ce qui est la condition fondamentale de toute expérimentation irrécusable. Aussi, sans méconnaître que la nature des recherches biologiques est celle qui offre un obstacle caractéristique à la méthode purement expérimentale, et qui rend son usage généralement illusoire, on ne peut nier qu'on ne rencontre déjà un obstacle analogue (quoique à un degré infiniment moindre) en chimie, par suite de la complication de ses phénomènes.

Enfin, relativement au troisième mode fondamental de l'exploration rationnelle, la *comparaison* proprement dite, le moins général de tous, il importe de considérer présentement que si ce procédé est essentiellement destiné aux études physiologiques, son usage commence à acquérir une efficacité réelle dans les recherches chimiques. La condition essentielle de cette précieuse méthode consiste dans l'existence de séries suffisamment étendues de cas analogues,

(1) En passant, je me hasarde à mettre en doute cette remarque de Comte relative à ces particularités du goût et de l'odorat, car les phénomènes de vision paraissent dépendre également d'une action chimique. G. H. L.

mais distincts, où un phénomène, commun à tous, se modifie de plus en plus, soit par des simplifications, soit par un décroissement successif et presque continu dans le degré de ses manifestations. Évidemment, les phénomènes physiologiques sont les seuls qui puissent se prêter à l'usage intégral d'une pareille méthode. Néanmoins, l'existence reconnue de familles naturelles en chimie, autorise à présumer que les progrès futurs de cette science naissante permettront l'établissement d'une classification semblable et l'usage subséquent de la méthode comparative, l'une et l'autre étant fondées sur la considération commune de l'uniformité de certains phénomènes prépondérants, manifestés dans une longue série de corps différents.

Les recherches chimiques offrent l'avantage de la possibilité d'une vérification par le double procédé de l'*analyse* et de la *synthèse*. A vrai dire, le procédé synthétique, quoique utile, peut être négligé lorsque le but de l'expérimentation est de découvrir les simples *éléments* d'un corps donné ; au contraire, lorsque l'expérimentation a pour but de trouver quels sont les vrais principes *immédiats* qui forment ce corps, elle ne peut les obtenir qu'en apparence seulement, car, dans la réalité, elle n'obtient que des composés dus à des combinaisons nouvellement formées au cours de l'analyse. Dans ce dernier cas, la synthèse est alors généralement indispensable pour procurer la certitude. Et du fait que plus la stabilité d'un composé décroît, plus la facilité de sa recomposition augmente, il résulte que c'est précisément là où nous avons davantage besoin de la méthode synthétique que nous pouvons le plus facilement y recourir.

CHAPITRE XII

Position et Méthode de la Chimie.

Il nous reste à envisager les considérations générales qui forment les prolégomènes de la Chimie et particulièrement sa position dans la hiérarchie des sciences et sa méthode.

Dès l'abord nous pouvons établir cette distinction capitale entre la Physique et la Chimie : qu'en Physique (céleste ou terrestre) l'on étudie les lois du mouvement *communiqué*, tandis qu'en Chimie (inorganique ou organique) l'on étudie celles du mouvement *engendré*. Dans les phénomènes purement physiques nous considérons une force communiquée d'un corps à un autre, tandis que dans les phénomènes chimiques nous nous trouvons en présence d'une force qui se combine avec une autre force pour produire un changement dans les phénomènes primitifs de ces deux forces, la résultante différant de ce qu'elles étaient l'une et l'autre.

Mais je me borne à indiquer cette distinction, et je reviens à Comte pour expliquer plus clairement la situation de la chimie dans la hiérarchie scientifique. La position qu'il lui assigne lui semble fournir l'évidente démonstration que sa classification ne repose point sur des vues arbitraires, mais qu'elle est vraiment le fidèle *résumé* des points d'harmonie inhérents aux sciences et naturellement manifestés par leur développement commun. Il n'est, en effet, aucun échelon de l'échelle encyclopédique qui paraisse aussi naturellement et aussi bien occupé que celui qu'occupe la Chimie, entre la Physique et la Biologie. Car qui pourrait méconnaître aujourd'hui que, dans plusieurs de ses parties essentielles et surtout dans les séries importantes des phénomènes électrochimiques, la chimie touche immédiatement à l'ensemble de la physique, dont elle constitue, en apparence, un simple prolongement ; et que, de même, à son autre extrémité, elle adhère en quelque sorte, par l'étude non moins fondamentale des combinaisons organiques, à la biologie générale, dont elle établit, pour ainsi dire, les premiers fondements ? Ces relations sont tellement intimes, que, dans plus d'un cas particulier, les chimistes qui n'ont pas approfondi la vraie philosophie des sciences n'osent s'aventurer à décider si tel sujet est de leur ressort ou s'il relève, soit de la Physique, soit de la Biologie.

Les phénomènes chimiques sont plus complexes que les phénomènes physiques et moins généraux. Nous avons des effets physiques sans effets chimiques, tandis que nous n'avons jamais d'effets chimiques sans accompagnement de phénomènes physiques coexistants. De là résulte une subordination indirecte de la chimie à l'Astronomie, et même à la Mathématique. Sous le rapport de la doctrine, la liaison est sans doute faible, car les questions chimiques ne sauraient rentrer dans le domaine des doctrines mathématiques (1) et, au point de vue *abstrait*, la chimie ne comporte que peu de références à l'astronomie. En chimie *concrète*, c'est-à-dire dans l'application des connaissances chimiques à l'histoire naturelle du globe, la relation entre l'astronomie et la chimie est, il est vrai, beaucoup plus apparente. — Eu égard à la méthode, la Mathématique et l'Astronomie ont exercé une grande influence sur la culture de la Chimie. L'étude des phénomènes mathémathiques a donné aux chimistes des habitudes de rationalité, de précision et de liaison. Et, bien que la mathématique soit moins utile au chimiste qu'au physicien, les mauvais résultats du manque de ces habitudes (imputable à une éducation mathématique défectueuse) se laissent facilement discerner dans beaucoup de spéculations chimiques. Quant à l'astronomie, le fait qu'elle réalise le principal type de la perfection scientifique, explique que son influence soit celle dont la chimie a le plus besoin, en raison de l'accroissement de complexité de ses phénomènes. Car,

(1) Cela était vrai à l'époque où Comte écrivait (1838); mais aujourd'hui les questions chimiques commencent à devenir susceptibles de traitements purement mathématiques. G. H. L. (1853).

beaucoup plus que la physique, l'astronomie est propre à montrer aux chimistes l'inanité radicale de toutes les explications métaphysiques, et à rendre manifeste le caractère réel de leur science. De même Comte montre ici, mais moins complètement que dans le chapitre sur la Biologie, comment cette dernière science doit se baser sur la chimie et marcher sur ses traces. Puis il passe à l'appréciation du degré de perfection générale de la science chimique, au point de vue de la méthode et de la doctrine.

En ce qui concerne la Méthode, la philosophie physique s'est rapprochée, beaucoup plus que la philosophie chimique, de l'état complet de positivité. Si la première présente encore, relativement à la théorie des hypothèses, un caractère *quasi* métaphysique, il n'est nullement exagéré de dire que la seconde est jusqu'ici, à quelques égards, essentiellement métaphysique, par suite de son développement plus difficile et plus tardif. La doctrine des *affinités* (dont, il est vrai, l'influence baisse rapidement) est même plus ontologique que celle des *fluides* et des *éthers* imaginaires. Si le fluide électrique et l'éther lumineux ne sont que des entités matérialisées, les affinités ne sont-elles pas de pures entités, aussi vagues et indéterminées que celles qui florissaient sous la philosophie scolastique du moyen-âge? Les prétendues solutions qu'on a coutume d'en déduire, possèdent évidemment ce caractère essentiel des explications métaphysiques d'être *la simple et naïve reproduction, en termes abstraits, de l'énoncé même du phénomène*. Le développement accéléré des observations chimiques, depuis un demi-siècle, qui, sans doute, discréditera bientôt, à tout jamais, cette pauvre philosophie, n'a fait jusqu'ici que la modifier, de manière à dévoiler, avec une irrésistible évidence, sa nullité radicale. Quand les affinités étaient regardées comme absolues et invariables, leur emploi pour l'explication des phénomènes, quoique nécessairement toujours illusoire, offrait, du moins, une apparence plus imposante. Mais, depuis que les faits nous ont forcés de concevoir, au contraire, les affinités comme éminemment *variables* et dépendantes d'une multitude de circonstances différentes, leur usage n'a pu se prolonger plus longtemps, sans devenir aussitôt, par ce seul changement, plus nettement futile et presque puéril. Ainsi, par exemple, on sait, depuis longtemps, qu'à une certaine température le fer décompose l'eau ou protoxyde d'hydrogène ; et néanmoins on a reconnu ensuite que, sous la simple influence d'une plus haute température, l'hydrogène à son tour décompose l'oxyde de fer. Que peut, dès lors, signifier l'ordre d'affinité que nous pourrions croire avoir établi entre le fer et l'hydrogène envers l'oxygène ?

L'influence de l'éducation de l'époque explique comment des hommes de génie, comme Berthollet, pouvaient admettre des notions telles que celle des affinités *électives*. C'est à ces habitudes métaphysiques que nous devons la doctrine de l'affinité *prédisposante,* acceptée par un homme de la valeur du grand Berzélius. Lorsque, par exemple, l'action de l'acide sulfurique détermine, à la température ordinaire, la décomposition de l'eau par le fer, de façon à dégager l'hydrogène, l'explication métaphysique du phénomène est que l'acide sulfurique a une affinité pour l'oxyde de fer qui *tend* à se former. Or, il est à noter que l'oxyde de fer n'existe pas encore et qu'il apparaît seulement *après* que la décomposition s'est produite, de sorte que, d'après cette doctrine de l'affinité, nous aurions l'action sympathique d'une substance sur une autre qui n'existe pas encore, mais qui est appelée à l'existence par cette action sympathique ! Liebig, lui-même, qui repousse la notion de l'affinité en tant qu'elle implique la moindre idée de *parenté*, n'a pu se dégager suffisamment de l'état métaphysique pour renoncer à la notion d'une *tendance* inhérente.

Comme autre exemple de chimie métaphysique, nous n'avons qu'à rappeler la notion en vogue d'une *force catalytique*, — notion qui se trouve appréciée d'une manière conforme à mes vues, et avec toute l'autorité désirable, par Gregory, dans le passage suivant de son admirable *Manuel de Chimie organique :*

« L'opinion adoptée par Berzélius, d'après laquelle la fermentation, et tous les autres phénomènes d'altération chimique produits par le contact, sont le résultat d'une force particulière inconnue, la force catalytique (qui entrerait en jeu lorsque certains corps sont amenés en contact), paraît doublement antiphilosophique : premièrement, en invoquant l'existence d'une nouvelle force, là où les forces connues suffiraient à rendre compte des faits ; secondement, en n'apportant aucune explication réelle, et en se bornant à reconnaître indirectement notre impuissance à en fournir une. Lorsque nous attribuons un phénomène à la catalyse, nous avouons simplement, en termes différents, que nous ne pouvons l'expliquer ; la catalyse n'est donc qu'un terme commode pour désigner ce que nous ne comprenons point. Et quant à l'usage du mot dans ce sens, c'est-à-dire comme un nom appliqué à l'agent inconnu qui produit certains effets, il ne soulèverait point d'objection, si l'expression de catalyse n'avait été employée pour expliquer des phénomènes, non seulement différents les uns des autres, mais réellement opposés. Par exemple, on dit que le platine agit catalytiquement lorsqu'il détermine *la combinaison* de l'oxygène et de l'hydrogène, et on se sert encore du même terme pour caractériser l'action de l'oxyde de manganèse, ou de l'oxyde d'argent, sur la décomposition du péroxyde d'hydrogène par *la séparation* de l'oxygène de l'hydrogène. Cet exemple démontre le peu de soin avec lequel on s'est servi du mot et le vague des vues qui ont présidé à son introduction ».

Conformément à la position de la chimie dans la hiérarchie scientifique, le plan général d'une éducation rationnelle, pour les chimistes, réclame donc l'étude préliminaire de la philosophie mathématique, puis de la philosophie astronomique et enfin de la philosophie physique. Car, en scrutant philosophiquement le sujet, nous ne saurions méconnaître que la doctrine des affinités représente uniquement un essai (nécessairement vain) pour concevoir *la nature intime* des phénomènes chimiques, aussi radicalement inaccessible que les essences analogues qui furent autrefois recherchées dans les cas des phénomènes les plus simples, et par des procédés semblables. Or, comment le chimiste pourrait-il purger sa science de ces idées métaphysiques, s'il ne possède d'abord à fond les sciences les plus simples et aussi les plus positives?

Comment pourrait-il être positif en chimie, s'il demeure à moitié métaphysicien dans les sciences précédentes ? L'individu ne doit-il pas, dans son développement graduel, et à l'instar de l'espèce, tirer d'abord ses conceptions positives des sciences plus simples ?

En ce qui concerne la Doctrine, la chimie est également inférieure à la physique. Les faits chimiques sont encore essentiellement incohérents, ou du moins, faiblement coordonnés par un petit nombre de relations, partielles et insuffisantes, au lieu de ces lois aussi certaines qu'étendues et uniformes, qui sont, à juste titre, la gloire de la Physique. Quant à la *prévision*, véritable mesure de la perfection de chaque science naturelle, il est trop évident que, si déjà elle est bien plus bornée, plus incertaine et moins précise en physique qu'en astronomie, le cas est encore pire en chimie. Le plus souvent, l'issue de chaque réaction chimique ne peut être connue qu'en consultant, d'une manière spéciale, l'expérience immédiate, et, pour ainsi dire, quand l'évènement est accompli.

Jetons maintenant un coup d'œil sur les propriétés philosophique les plus élevées de la Chimie, dans leur rapport avec leur influence directe sur l'éducation fondamentale de l'Humanité.

A cet égard, et d'abord quant à la Méthode, Comte insiste sur la haute utilité philosophique de l'expérimentation et de l'observation, telles qu'elles sont pratiquées en chimie. Mais, de plus, il existe dans le système de la méthode positive une partie fort importante, trop peu appréciée jusqu'ici, et que la chimie avait pour fonction spéciale de porter au plus haut degré de perfection. Comte ne parle pas ici de la théorie des classifications (assez mal entendue par les chimistes) mais de l'art général des nomenclatures rationnelles, qui en est tout à fait indépendant, et dont la chimie, par la nature même de son sujet, doit présenter de plus parfaits modèles qu'aucune autre science fondamentale.

Des tentatives ont été faites souvent, depuis la réforme du langage chimique, et l'on en fait encore chaque jour, pour instituer une nomenclature systématique en anatomie, en pathologie et spécialement en zoologie. Mais, quelque puisse être l'utilité réelle de ces estimables efforts, ils n'ont pas et ne sauraient jamais avoir un succès comparable à celui des illustres fondateurs de la nomenclature chimique, même quand ils seraient mieux conçus et plus rationnellement dirigés qu'il ne l'ont été jusqu'ici, car la nature des phénomènes s'y oppose sensiblement. Ce n'est point accidentellement que la nomenclature chimique est si parfaite, comparée à toutes les autres. A mesure que les phénomènes se compliquent, les objets sont caractérisés par des points de comparaison à la fois plus variés et moins circonscrits. Il devient, par conséquent, de plus en plus difficile de les assujettir, d'une manière suffisamment expressive, à un système uniforme de dénominations rationnelles et pourtant abrégées, et d'obtenir un système réellement propre à faciliter la combinaison habituelle des idées. Si les organes et les tissus des corps vivants ne différaient entre eux que sous un seul et capital point de vue, si les maladies étaient suffisamment définies par leur siège, si les genres zoologiques, ou tout au moins les familles, pouvaient être toujours formés d'après un principe entièrement homogène, nous pourrions alors concevoir que les sciences correspondantes comporteraient immédiatement des nomenclatures systématiques aussi rationnelles et aussi efficaces que celle de la chimie. Mais, en réalité, la profonde diversité des aspects multiples sous lesquels ils se présentent, et qui ne sont presque jamais susceptibles d'être cordonnés sous un chef unique, rend évidemment l'atteinte d'une pareille perfection à la fois très difficile et peu avantageuse.

Parmi les sciences où l'immense multitude des sujets donne spontanément naissance à la formation de nomenclatures spéciales, la chimie est la seule où, par leur nature, les phénomènes soient assez simples et uniformes, et, en même temps, suffisamment déterminés, pour permettre à une nomenclature d'être à la fois claire, rapide et complète, et capable, dès lors, de contribuer au progrès général de la science. La notion directe et dominante en chimie est incontestablement celle de la *composition*, et le but propre de la science est de réduire toutes les questions chimiques à une question de composition. Ainsi, le nom systématique de chaque corps, en faisant directement connaître sa composition, peut aisément nous fournir un aperçu général et cependant correct de l'ensemble de son histoire chimique, nous servir même de résumé fidèle quoique concis de cet ensemble ; et par la nature même de la science, plus elle avancera vers sa destination finale, plus cette double propriété de sa nomenclature devra inévitablement se développer.

La Chimie doit donc être envisagée comme éminemment propre à développer, de la manière la plus spéciale, l'un de ces moyens fondamentaux (si peu nombreux) d'acquérir et d'utiliser le savoir, dont l'ensemble constitue le pouvoir général de l'esprit humain. Comte s'est efforcé de montrer très clairement les causes principales de cette supériorité évidente qui résulte de la nature même de la science chimique. Mais, quoiqu'il se soit attaché à faire ressortir cela, il ne conteste pas que la formation de systèmes de nomenclatures rationnelles, dans les sciences plus complexes, présente un intérêt réel et puissant, bien qu'ils soient plus difficiles à établir et d'un emploi moins efficace. Il veut seulement mettre hors de doute l'indispensable nécessité, pour chaque classe de philosophes positifs, de recourir exclusivement à la chimie pour lui emprunter les vrais principes et l'esprit général de l'art des nomenclatures scientifiques. Cela est, d'ailleurs, conforme à cette règle fondamentale, déjà mise en pratique à tant d'autres égards, dans le *Cours de Philosophie positive,* que chaque artifice logique doit être directement étudié dans la partie de la philosophie naturelle qui en offre le développement le plus spontané et le plus complet, afin d'être appliqué, avec des modifications convenables, au perfectionnement des autres sciences.

Les hautes propriétés philosophiques de la Chimie sont encore plus remarquables sous le point de vue de la Doctrine que sous celui de la Méthode. Son développement a beaucoup contribué à émanciper la raison humaine des doctrines théologiques et métaphysiques. Si la Chimie, par suite de l'accroissement de sa complexité, est insuffisamment pourvue sous le rapport de l'un des deux attributs qui tendent à cette émancipation, c'est-à-dire sous le rapport de la *prévision des phénomènes*, elle est (par une conséquence nécessaire et compensatrice du même fait) remarquablement pourvue sous le rapport de l'autre, c'est-à-dire, *quant au pouvoir de les modifier à notre gré*. Or, ni le pouvoir de prévoir, ni le pouvoir de modifier ne sauraient se concilier avec l'idée d'un gouvernement providentiel.

De plus, la Chimie a contribué à l'émancipation de l'esprit humain en rectifiant les notions primitives sur l'économie générale de la nature terrestre. Quoique, depuis Aristote, les philosophes aient toujours pensé que les mêmes substances élémentaires se reproduisaient essentiellement dans toutes les grandes opérations naturelles, en dépit de leur indépendance apparente, cependant, il résultait nécessairement de la complète impossibilité de vérifier ce vague aperçu métaphysique de la vérité, que l'empire universel du dogme théologique de la *destruction* et de la *création* absolues subsista jusqu'à la grande époque de cet admirable développement du génie chimique qui forme le principal caractère scientifique du dernier quart du XVIIIe siècle. En effet, tant que nous ne pouvions tenir compte des gaz (comme éléments ou comme produits de l'action chimique), un grand nombre de phénomènes remarquables devaient inévitablement fortifier la croyance à l'anéantissement ou à la production réelle de matière dans le système général de la nature. Pour établir, au-dessus de toute contestation, le principe fondamental de la perpétuité nécessairement indéfinie de la matière, il fallait le concours de certaines découvertes comme la décomposition de l'air et de l'eau, l'analyse élémentaire des substances végétales et animales et, peut-être aussi, ultérieurement, à titre de complément, l'analyse des alcalis proprement dits, et des terres. La tendance de ces découvertes fut de substituer irrévocablement, dans tous les esprits, les notions positives de *décomposition* et de *recomposition* aux notions théologiques de *destruction* et de *création*. Une nouvelle lumière fut, par cela même, projetée sur les phénomènes vitaux. On se rendit compte que la matière organique et la matière inorganique ne sont point radicalement différentes, et que les transformations vitales sont, comme toutes les autres, subordonnées à des phénomènes chimiques.

Comte termine le chapitre par quelques remarques relatives à la division de la Chimie. Cette science, fait-il remarquer, est encore beaucoup trop rapprochée de son berceau et trop imparfaite, pour que la division qui lui convient puisse se manifester spontanément. *L'homogénéité* de ses phénomènes, si exceptionnelle lorsqu'on les compare à ceux des autres sciences, rend peu marquée leur division naturelle. Il est clair, par exemple, que la division de la chimie en chimie inorganique et chimie organique doit être regardée comme irrationnelle. Les combinaisons ne peuvent pas être classées, en chimie abstraite, d'après leur origine, comme il est possible de le faire en histoire naturelle. Chimie inorganique et chimie organique se trouvent empiéter constamment et réciproquement l'une sur l'autre. En réalité, ce qu'on appelle chimie organique est moitié chimique, moitié biologique.

Toute division rationnelle doit être fondée sur le principe qu'implique la vraie définition de la science, — celle de composition et de décomposition. C'est pourquoi, en appliquant ici la règle de suivre toujours la complication graduelle des phénomènes, nous voyons que la division de la chimie en ses branches principales, doit se baser uniquement sur ces deux considérations : — 1° l'augmentation du nombre des principes constituants (médiats ou immédiats), selon que les combinaisons formées par eux sont ou binaires ou ternaires, etc.; — 2° le degré de composition (plus ou moins élevé) des principes immédiats, dont chacun, pour prendre comme exemple le cas d'un dualisme continuel, peut être décomposable, un plus ou moins grand nombre de fois consécutives, en deux autres.

On peut se demander lequel de ces deux points de vue doit prévaloir. Pour Comte, la considération principale revient au degré de composition, comme étant de plus d'importance scientifique que la multiplicité des principes constituants.

Après en avoir fini avec les considérations générales, il emploie les leçons suivantes à traiter de la chimie inorganique en général, de la doctrine des proportions définies, de la théorie électro-chimique en particulier. Dans ces leçons, le lecteur pourra naturellement remarquer quelques détails qui, dans une science à développement aussi rapide que la chimie, ont changé d'aspect depuis 1838, date à laquelle furent publiées les leçons de Comte, — mais il y trouvera la *Philosophie* de la Chimie instituée dans ses grandes lignes générales.

CHAPITRE XIII

Chimie organique.

On peut considérer comme un symptôme évident des vues erronées qui ont cours parmi les savants sur la véritable nature des sciences, dans leur rapport avec la Classification, le fait qu'un corps distinct de doctrines ait pu se former et revendiquer une existence autonome sous le nom de Chimie organique.

Comte s'élève avec force contre cette prétendue science, et la considère comme une source de confusion inévitable et comme une conséquence du manque d'une Philosophie des sciences analogue à celle qu'il a pris à cœur d'élaborer.

Si nous ouvrons l'admirable *Manuel de Chimie organique* du Dr Gregory, le dernier publié, nous trouvons cette définition : « La Chimie organique est ainsi appelée parce qu'elle traite des substances qui entrent dans la composition des êtres organisés (animaux et végétaux) et de leurs produits ». Or, bien qu'à mon sens, il soit impossible actuellement de tracer une ligne de démarcation entre le monde inorganique et le monde organique, — bien que les différences qu'ils nous présentent soient purement *phénoménales* et non *essentielles,* — les philosophes positifs qui se bornent à l'étude des phénomènes, reconnaissent cependant, entre ceux des corps organisés et ceux des corps inorganiques, une différence assez marquée pour nécessiter une différence correspondante dans leur classification ; et comme les manifestations phénoménales de la matière organisée sont régies par des lois spéciales inapplicables à la matière inorganique, nous devons les séparer des phénomènes de celle-ci. C'est donc avec raison que Comte se refuse à traiter les phénomènes physiologiques comme de simples phénomènes chimiques, et qu'il reproche aux chimistes de prétendre résoudre des problèmes qui requièrent la coopération de la physiologie, et de vouloir traiter des questions physiologiques en se dispensant de suivre la méthode physiologique. Le nom seul de chimie des corps *organisés*, implique l'intervention d'un élément qui n'est pas de la compétence de la chimie, à moins de donner à ce mot une extension abusive. La chimie ne se confond point avec les phénomènes de la vie, bien que les corps *organisés* ne puissent vivre sans phénomènes chimiques.

Les protestations de Comte contre la prétention de constituer la chimie organique en une science distincte ne doivent pas laisser supposer qu'il ait l'intention de déprécier l'importance des recherches dont la chimie des corps organisés est l'objet. Son idée est seulement qu'il n'y a pas plus de raisons pour instituer une Science de Chimie organique avec les divers phénomènes chimiques perceptibles dans les corps organisés, que pour constituer une Science de Mécanique animale avec les phénomènes mécaniques présentés par les animaux.

La Biologie est subordonnée à la Chimie, et la complexité plus grande de ses phénomènes fait qu'elle comprend, en plus des lois chimiques, d'autres lois qui lui sont propres. Il résulte de la nature même de la Physiologie que le biologiste ne saurait édifier sa science sans le secours de la chimie, tandis que le chimiste peut et doit créer la Chimie sans le secours du biologiste. C'est pourquoi la Philosophie positive insiste sur l'obligation de diviser la prétendue Chimie organique en deux parties différentes : 1° celle qui a trait à la Chimie proprement dite ; 2° celle qui se rapporte à la Biologie. Il n'est aucun esprit familier avec l'importance de la méthode qui puisse méconnaître la nécessité d'une telle division.

Le principe général sur lequel elle doit reposer, déclare Comte, consiste « dans la séparation essentielle entre l'état de mort et l'état de vie, ou, ce qui revient à peu près au même, sous le point de vue actuel, entre la stabilité et l'instabilité des combinaisons proposées, soumises à l'influence des agents ordinaires. Parmi les divers composés indistinctement réunis aujourd'hui sous la vague dénomination d'organiques, les uns ne doivent leur existence qu'au mouvement vital, ils sont assujettis à des variations continuelles, et constituent presque toujours de simples mélanges : ceux-là ne sauraient appartenir à la chimie, et ils rentrent dans le domaine de la biologie, soit statique, soit dynamique, suivant qu'on étudie ou leur état fixe, ou la succession vitale de leurs changements réguliers ; tels sont, par exemple, le sang, la lymphe, la graisse, etc. Les autres, au contraire, qui forment les principes les plus immédiats des premiers, sont des substances essentiellement mortes, susceptibles d'une permanence remarquable, et présentant tous les caractères de véritables combinaisons, indépendantes de la vie : ceux-ci ont évidemment leur place naturelle dans le système général de la science chimique, entre les substances d'origine inorganique, dont ils ne diffèrent réellement sous aucun rapport important ; les acides organiques, l'alcool, l'albumine, l'urée, etc., en offrent des exemples incontestables. »

Mais comment, dès lors, le chimiste distinguera-t-il entre ce qui est de son domaine et ce qui appartient au domaine de la biologie ? En suivant une règle très simple : il aura seulement à examiner *si le problème proposé peut être résolu par le seul emploi des principes chimiques, sans l'aide d'aucune considération d'action physiologique quelconque*. Aussitôt qu'apparaît le plus petit phénomène vital, il est averti de la présence de facteurs supérieurs en complexité à ceux qui sont envisagés par la philosophie chimique.

Il est bien connu que si nous pouvons créer certains composés organiques, c'est seulement par la dégradation de substances organiques déjà existantes. En vain analysons-nous les matières organiques et reconnaissons-nous leurs éléments ! nous sommes incapables de recombiner ces éléments ensemble, comme nous le faisons avec les substances inorganiques. Il existe là un mystère de synthèse qui sera effleuré plus tard.

Et cela me conduit à quelques considérations qui ne sont peut-être pas hors de propos, à titre d'introduction au prochain chapitre.

Existe-t-il, autrement que comme artifice scientifique, une différence entre les corps inorganiques et les corps organiques ? Non. Les mêmes éléments sont communs aux deux ; et les différences phénoménales ne sont dues qu'à des particularités dans *l'arrangement* de ces éléments, analogues à celles qui donnent une physionomie spéciale et impriment des propriétés différentes à l'amidon, au bois, au sucre, malgré la similitude de leur composition élémentaire.

Que nous supposions *multiples* les forces inconnues qui se manifestent dans les phénomènes, ou que nous les ramenions à une *seule force suivant plusieurs directions,* — que nous considérions les atomes, dits élémentaires, comme des éléments distincts, ou comme un seul, — la même conclusion s'impose, à savoir que, entre les corps inorganiques et les corps organiques, il existe une distinction capitale, provenant de l'augmentation de complexité des combinaisons qui caractérisent ces derniers. Ainsi, une particule de sel est composée d'un groupe de deux atomes, tandis qu'une particule d'huile d'olive est composée de plusieurs centaines d'atomes. Du bas au haut de la vie organique, nous rencontrons une complexité ascendante, due principalement, je crois, *aux multiples plus élevés des équivalents élémentaires.* Par exemple, si une particule de sel contient seulement deux atomes, ces deux atomes s'attirent uniquement dans une seule direction ; tandis que, dans une particule de sucre qui se compose de trente-six atomes, l'attraction s'exerce en trente-six directions différentes. « Sans ajouter », dit Liebig « ou retrancher aucun élément, nous pouvons concevoir que les trente-six atomes simples, dont est composé le sucre, sont susceptibles d'être groupés de mille manières différentes, et cependant il suffit d'un seul changement dans la position d'un seul de ces atomes parmi les trente-six, pour que la molécule composée cesse d'être une molécule de sucre, puisque les propriétés qui la caractérisent se modifient avec chaque modification dans l'arrangement des atomes constituants ». (*Lettres sur la Chimie.*)

Les quatre éléments nommés *organogènes*, l'oxygène, l'hydrogène, le carbone et l'azote, sont susceptibles d'un nombre infini de modes de combinaison. Le plomb et l'oxygène se combinent en deux proportions seulement, pour donner le protoxyde PbO, et le peroxyde PbO^2, et ceux-ci, en s'unissant, fournissent une troisième combinaison, le minium. Mais les combinaisons des organogènes sont innombrables, et diffèrent en quantités, non seulement relatives, mais aussi absolues (Mulder : *Physiologische Chemie*). Et c'est précisément de l'infinie variété de ces combinaisons (ou directions de forces) que dérive la variété des phénomènes organiques.

Prenons un exemple pour rendre intelligible l'effet de ces arrangements différents : lorsque le fer se présente sous forme de bloc, il n'a qu'une légère tendance à s'oxyder ; mais que la même masse de fer soit divisée en *particules minimes,* et elle ne pourra rester au contact de l'air atmosphérique, même à une basse température, sans devenir d'un rouge ardent et sans se transformer en oxyde. Le cobalt, le nickel, et l'uranium, présentent les mêmes propriétés (Mulder). Quelle est l'explication de ce fait curieux qui, soit dit en passant, pourrait être invoqué comme argument, par les homéopathes, en faveur de la division des médicaments ? Ce ne peut être que les particules de fer *acquièrent une nouvelle force* par la division ; mais, plutôt, que ces molécules sont empêchées, par suite de leur accumulation en masse, d'agir dans *cette* direction et que leur force reste ce que nous appelons « latente ».

Nous arrivons, alors, à la conclusion que, entre l'inorganique et l'organique, il y a surtout une différence de combinaison, *une complexité croissante dans les lignes de direction de la force.* C'est là, la pierre de fondation de la théorie dynamique. Que l'on suppose seulement la création d'une nouvelle force, et la théorie mécanique se trouvera venir à l'appui des prétentions de la métaphysique ; le *développement* fera place à une *création* incessante, et les entités métaphysiques, connues sous le nom de principes vitaux, règneront d'une façon souveraine. Car, il est à remarquer que la différence *phénoménale,* qui s'observe entre la matière organisée et la matière inorganique, frappe naturellement les hommes comme si elle provenait de différences *essentielles.* « Il fut un temps où les hommes ne pouvaient comprendre l'origine du carbonate de chaux, des os, celle de l'acide phosphorique contenu dans leur substance et dans celle du cerveau, la présence du fer dans le sang et du carbonate de potasse dans les plantes ; et, cependant, il nous paraît maintenant inconcevable que cette ignorance ait pu être regardée comme une preuve de la possession, par l'organisme animal ou végétal, du *pouvoir de créer le fer, le phosphore, la chaux, et la potasse, à l'aide de ses forces vitales inhérentes,* indépendamment de toute nourriture contenant ces substances. Cette explication commode fut naturellement un obstacle à la recherche de leur origine réelle et entrava l'investigation directe » (Liebig).

A moins d'accepter une telle explication métaphysique, comment pourrions-nous comprendre — si l'inorganique et l'organique sont *essentiellement* différents — les processus ordinaires de la nutrition et de la croissance ? Une plante emprunte à la terre et à l'air, de l'eau et certains gaz qu'elle convertit en tissu cellulaire, puis en un tissu ligneux, et ainsi de suite, — c'est-à-dire, qu'avec de la matière inorganique elle *crée* de la matière organique ; elle jouerait le rôle d'un Dieu en vertu de ses « forces vitales inhérentes ». Tandis que, d'après la théorie dynamique, et bien que le mystère de la vie reste aussi inaccessible que jamais, les méthodes de la nature sont au moins conçues comme conséquentes et homogènes.

Certains préjugés seront choqués de cette identification de l'organique avec l'inorganique ; mais la vérité est toujours conséquente avec elle-même, et aucune autre conception ne saurait expliquer, d'une façon rationnelle, l'ensemble des phénomènes. Cette négation d'aucune distinction *essentielle* entre l'organique et l'inorganique est confirmée par Mulder, le plus grand chimiste philosophe de cette époque ; et je renvoie le lecteur aux 95 premières pages de sa *Chimie Physiologique*. Certes, l'une des plus incontestables vérités que l'étude de la Nature fasse ressortir est, à coup sûr, l'impossibilité de tracer des lignes définies de démarcation. Chacun sait combien les règnes animal et végétal sont entrelacés d'une manière inextricable sur leurs frontières ; et quand les investigateurs trouvent les articulations du *Gallio-*

nella ferruginea — un des infusoires découverts par Ehrenberg — composés presque entièrement d'oxyde de fer, ils sont bien *embarrassés* d'indiquer la ligne de démarcation entre le minéral et l'animal. Müller, il est vrai, insiste sur une distinction essentielle entre l'action moléculaire et l'action vitale. « Nous savons » dit-il, « que les « composés chimiques sont déterminés par les propriétés intrinsèques et les affinités électives des substances unies pour les former ; tandis qu'au contraire, dans les corps organiques, le pouvoir de produire et de maintenir la combinaison de leurs éléments, *au lieu de résider dans les propriétés intrinsèques de ces éléments*, représente quelque chose d'autre, qui, non seulement contrarie ces affinités, mais effectue des combinaisons en opposition directe avec elles, et conformément à la loi de ses propres processus ».

Cette phrase est une exposition abrégée de la proposition presque universellement adoptée, que la force vitale gouverne l'action chimique, — que le corps organisé, par exemple, résiste à la décomposition tant qu'il a de la vie, mais qu'aussitôt après la disparition de celle-ci, l'action chimique reprend son efficacité ordinaire, et décompose les substances autrefois protégées par la force vitale. Telle est l'explication presque universellement admise d'un fait évident. J'espère cependant que sa nature purement *métaphysique* a déjà sauté aux yeux du lecteur. La force vitale n'est qu'une entité parmi les entités métaphysiques. Et ma conviction est qu'une connaissance plus intime des phénomènes chimiques et biologiques prouvera l'entière erreur de l'explication. Comme l'avoue sincèrement Liebig, « loin de venir à l'appui de l'opinion que la force chimique est subordonnée au pouvoir vital, au point de devenir sans effet et imperceptible pour nous, les effets chimiques de l'oxygène dans l'opération de la respiration, par exemple, nous apparaissent en pleine activité durant chaque seconde de la vie ». Il aurait pu multiplier indéfiniment les cas de ce genre. Toutes les fois que nous croyons voir la force chimique *sans effet*, c'est simplement que cette force agit dans une *autre direction*. Les mêmes phénomènes se présentent d'ailleurs dans des combinaisons purement chimiques. Par exemple, le soufre a une affinité pour le plomb, c'est-à-dire que — lorsque la direction de sa force n'est pas contrariée par quelque autre direction, quand son cours n'est pas interrompu par quelque autre courant, — il se combinera avec le plomb. Mais si nous fondons ensemble, dans un creuset, une mixture de fer et de plomb avec du soufre, le fer se sépare du plomb et se combine avec le soufre ; et tant qu'il reste une partie de fer qui n'est pas combinée avec le soufre, l'affinité du soufre pour le plomb demeure sans effet. Lorsque tout le fer est combiné, *alors* le soufre qui reste libre se combine avec le plomb. Qu'est-ce cela, sinon l'analogie du processus qui empêche la décomposition d'un corps vivant sous l'action de l'air atmosphérique, et permet la décomposition du corps mort ? Ou, encore, lorsque l'eau versée dans un creuset chauffé au rouge est convertie en *glace,* s'il y a présent de l'acide sulfurique liquide, pouvons-nous supposer que la force chimique soit sans effet, parce que les effets ordinaires de la chaleur sur l'eau sont ainsi modifiés ?

Qu'une grande différence existe entre les phénomènes chimiques et les phénomènes vitaux, je l'ai admis déjà, et sur cette différence repose la nécessité de séparer la Chimie de la Biologie, et conséquemment la disparition de toute science distincte de Chimie organique. Toutefois, cette différence n'est pas essentielle. Elle ne provient pas de la présence d'une force *nouvelle*, mais d'une complication des phénomènes due aux *variétés de direction* d'une force inconnue. C'est une nouvelle évolution, et non une nouvelle création.

Un œuf est organisé, mais il n'est pas vivant. Autrement dit, ses molécules constituantes sont arrangées de manière que l'application d'une force donnée (chaleur) imprimera à ses molécules une direction déterminée qui aura pour résultat le phénomène de la vie. Les graines qui furent trouvées dans les tombeaux égyptiens, où elles reposaient depuis des milliers d'années, n'étaient pas *en vie ;* elles ne manifestaient aucun des phénomènes de la vie ; elles auraient pu subsister une éternité dans cet état ; et cependant il a suffi de les placer dans des conditions appropriées pour les voir germer et vivre. Le fait est présentement susceptible des trois explications suivantes :

1° la graine possède en elle un « principe vital », apte à se manifester dans des conditions convenables ;

2° la graine reçoit la vie de la chaleur, qui est un « principe vital » ;

3° la graine offre un arrangement tel de molécules organiques, que lorsqu'une direction déterminée est donnée à ses forces, elle manifeste certains phénomènes collectivement désignés sous le nom de vie.

Les deux premières interprétations sont de pures suppositions métaphysiques, la dernière est un exposé précis de ce que l'observation révèle.

« Si », dit Mulder « nous analysons les phénomènes de la vie dus à une modification de substance, il convient de nous reporter à la formation originelle des organes, — à la croissance de l'individu depuis le germe. Nous ne distinguons pas plus de traces du chêne dans le gland, que du poulet dans l'embryon de l'œuf. Dirons-nous que le gland est gouverné par une force formant le chêne, l'embryon par une force formant le poulet ? Bien que, incontestablement, nous ne puissions trouver dans l'embryon aucun *rudiment* des futurs organes du poulet, il n'en est pas moins vrai que nous trouvons les tissus qui formeront les premiers rudiments d'organes, c'est-à-dire les rudiments des rudiments. Les forces moléculaires, qui sont inséparables de la matière, sont évidemment présentes en même temps que les matières premières. Si ces molécules ne possèdent pas la capacité de devenir des organes (c'est-à-dire si les *directions* ne sont pas finalement de nature à aboutir à la production d'organes) et si, dans le germe des organes, la capacité de devenir définitivement des organes n'existe point, il ne se produira aucun poulet. Or, cette capacité, cette prédisposition (c'est-à-dire cette direction possible) doivent être présentes dans les molécules, ou autrement la chaleur nécessaire à l'éclosion resterait insuffisante pour produire d'abord les germes des organes, et ensuite les organes eux-mêmes (en d'autres termes, si la direction était différente, le résultat serait différent). Telle est là seule raison pour laquelle l'embryon de l'œuf ne donnera point naissance à un chêne, pas plus qu'un gland ne donnera naissance à un poulet! »

A cela on pourrait répondre que la cause de la prédisposition à la formation des organes est le « principe vital » latent ou la force de formation du poulet. Mais demanderai-je : — pourquoi supposer la présence de cette mystérieuse entité? — Que devient ce principe vital lorsque l'œuf est stérile et qu'aucun organe n'apparaît?

Quel *témoignage* avez-vous de l'existence d'une entité mystérieuse comme celle que vous appelez principe vital? Est-ce le fait que les poulets et les chênes résultent nécessairement de certaines combinaisons de matières dans certaines conditions? Mais dans ce processus, il n'y a rien de plus que ce que nous voyons dans les phénomènes analogues du monde inorganique, dans les cristaux par exemple : une solution est devant moi, n'ayant aucune des apparences ou des propriétés des cristaux, et cependant il suffit du contact d'une plume pour que la masse entière se cristallise sous forme de cristaux aussi nettement caractérisés, sous le rapport de leur figuration et de leurs propriétés, que le poulet et le chêne. Invoquerez-vous une force de formation du cristal, un principe latent de cristallisation dans cette solution? De même, faites évaporer une solution aqueuse de sulfate de soude et vous aurez des prismes. Supposerez-vous que le sulfate de soude existe en prismes infiniment petits dans la solution, ou que le principe du prisme s'y trouve à l'état latent?

CHAPITRE XIV

Le passage de l'Inorganique à l'Organique.

Le *processus* mystérieux par lequel la nature passe de l'Inorganique à l'Organique a, de tout temps, sollicité l'ardente méditation des philosophes ; et en exposant devant le lecteur une brève esquisse d'une nouvelle théorie sur ce sujet, je tiens, tout en retenant son attention, à lui faire clairement comprendre qu'il ne s'agit nullement d'une tentative pour pénétrer des mystères inaccessibles ou pour dépasser les limites de la Philosophie positive. Un grand nombre de ceux qui ont spéculé sur ce sujet ont été trop hantés par le vieux fantôme de l'absolu ; dans leur soif de la connaissance défendue, ils ont visé à être des « Frankensteins » au lieu de se résigner à la condition de « spectateurs et d'interprètes de la Nature ».

Une semblable ambition ne saurait trouver place dans un ouvrage sur la Philosophie positive, et c'est pourquoi je tiens à mettre un avertissement en tête de ce chapitre. Il ne sera question ici que des stages de *l'évolution* et non de ses causes réelles ; de même qu'en *Embryologie* nous enregistrons certains processus, certains stages d'évolution, certaines conditions et conséquences nécessaires, sans prétendre savoir *comment* l'embryon devient un embryon, — *pourquoi* certaines substances sont assimilées, — *pourquoi* certaines formes se produisent invariablement dans un ordre invariable ; de même dans cette embryologie primitive — on peut l'appeler ainsi — je ne prétends point enregistrer autre chose que les conditions indispensables et les phénomènes constants du passage du simple au complexe, de l'Inorganique à l'Organique.

Les différences dynamiques entre l'organique et l'inorganique sont assez évidentes par elles-mêmes, et ont été souvent énumérées ; mais bien que les différences dynamiques résultent de différences statiques — que toute *fonction* implique une *structure*, — les caractères statiques des corps organiques n'ont jamais été convenablement énumérés.

En quoi l'Organique diffère-t-il statiquement de l'Inorganique ? Les métaphysiciens résolvent le problème d'une manière aussi facile que futile ! Ils déclarent que la matière organique diffère de la matière inorganique, en ce qu'elle est pourvue d'une force vitale ou d'un principe vital, — réponse, de tous points, comparable à celle du médecin de Molière, déclarant que l'opium fait dormir parce qu'il a une vertu dormitive ; — c'est dire, en effet, que « la vitalité est due à un principe vital ». Si l'explication satisfait complètement l'esprit métaphysique, elle satisfait moins l'esprit positif. Assez de métaphysique ! Retournons-nous du côté des hommes de science et demandons-leur quelle réponse ils peuvent donner. Beaucoup de nos contemporains se sont déclarés satisfaits de l'explication suggérée par Berzelius, Fourcroy, De Blainville, Müller, et d'autres, — à savoir, que les corps inorganiques sont formés par des combinaisons *binaires*, et les corps organiques par des combinaisons *ternaires* ou *quaternaires*.

« Dans les substances minérales », dit Müller, « les éléments sont toujours combinés d'une façon binaire ; par exemple deux substances élémentaires s'unissent ensemble, et ce composé binaire s'unit de nouveau avec une autre substance simple ou avec un autre composé binaire. Ainsi le carbonate d'ammoniaque est composé de carbone, d'oxygène, d'hydrogène, d'azote, combinés comme il suit :

Carbone Oxygène	Unis pour former l'acide carbonique.	lesquels, en se réunissant, forment le carbonate d'ammoniaque.
Hydrogène Azote	Unis pour former l'ammoniaque.	

On ne voit jamais, dans les minéraux, les substances élémentaires se combiner trois ou quatre ensemble, de façon à former un composé dans lequel chaque élément soit uni également à tous les autres. Cela, au contraire, est universellement la règle dans les corps organiques. L'oxygène, l'hydrogène, le carbone et l'azote, c'est-à-dire les mêmes éléments qui, par leurs combinaisons binaires, forment les substances inorganiques, s'unissent ensemble, chacun avec tous les autres, pour former les principes particuliers immédiats des êtres organisés. Ces composés sont appelés ternaires ou quaternaires, selon le nombre d'éléments qui les composent. Le mucus végétal, l'amidon et la matière adipeuse, sont des composés ternaires d'oxygène, de carbone et d'hydrogène : la gomme, l'albumine, la fibrine, le mucus animal et la résine, sont des composés quaternaires, leur quatrième élément étant représenté par l'azote. Un doute s'est récemment élevé sur cette théorie de la composition des substances organiques, spécialement à l'égard de quelques produits spéciaux, tels que l'alcool ; mais il persiste, en sa faveur, une grande probabilité, surtout quand on envisage des composés organiques plus élevés, tels que l'albumine, la fibrine, etc. » (1)

J'ai cité entièrement le passage de Müller, parce qu'il exprime succinctement une conception très générale ; mais cette conception, comme le déclare énergiquement Mulder, est *durchaus unchemisch* « tout à fait anti-chimique », et a été entièrement renversée par la découverte des *radicaux*. L'éther, par exemple, ne peut pas être formulé par $C^4 H^5 O$, mais par $C^4 H^5 + O$, ce qui veut dire que les quatre équivalents de carbone, les cinq d'hydrogène, et celui d'oxygène, ne forment pas un composé ternaire, chacun se combinant avec les deux autres ; mais que le carbone et l'hydrogène, combinés ensemble, forment d'abord un radical composé, nommé Ethyl, qui doit se combiner avec l'oxygène pour donner l'éther. L'oxygène introduit en dernier peut être séparé du groupe et remplacé par du soufre, du brome ou du chlore. Ainsi donc, que nous admettions la théorie de l'existence des radicaux composés, soutenue par beaucoup de chimistes, ou que nous nous rangions du côté de ceux qui la mettent en doute

(1) *Physiologie* de Müller.

(voir, par exemple, Robin et Verdeil : *Traité de Chimie anatomique*), les faits sur lesquels la théorie est construite n'en renversent pas moins la vieille hypothèse des combinaisons ternaires. A vrai dire, la Philosophie chimique fait chaque jour un nouveau pas vers la reconnaissance du *dualisme* nécessaire de toutes les combinaisons chimiques.

Cette hypothèse de composés binaires et ternaires offre l'image imparfaite d'une part de vérité, en indiquant que les combinaisons nécessaires pour la production des substances organiques sont supérieures en complexité à celles qui président à la formation des substances inorganiques, ou (comme Mulder le suppose) « que si l'on doit admettre une distinction, elle résiderait uniquement dans l'existence de *radicaux composés* pour les premières, et de *radicaux simples* pour les dernières ». Le point sur lequel les chimistes sont d'accord, est celui qui a été mentionné dans le précédent chapitre (p. 136), à savoir que les substances organiques diffèrent des substances inorganiques par la possession de *multiples plus élevés d'équivalents*, ou, en d'autres termes, que la molécule organique possède un multiple de forces supérieur à celui de la molécule inorganique.

Le premier pas dans notre enquête est atteint. Nous sommes arrivés à saisir une distinction capitale entre les substances organiques et inorganiques, et nous sommes en mesure de formuler cette première Loi statique :

Ire Loi. *Les éléments qui composent les substances organiques sont les mêmes que ceux qui composent les substances inorganiques ; mais, dans les substances organiques, ils se présentent comme des multiples plus élevés.*

A un point de vue général et complet, toutes les substances organiques doivent être considérées :

1° quant à leurs *Éléments ;*

2° quant à la *Synthèse* de ces éléments, c'est-à-dire quant à leur mode de combinaison ;

3° quant à leur *Forme*.

Ayant noté la différence de composition élémentaire, je passerai maintenant à la différence de Synthèse. De même que les lettres de l'alphabet acquièrent de nouvelles significations si l'on vient à modifier leur groupement, et bien que chaque lettre garde entièrement sa valeur intégrale, de même tout changement dans le groupement des éléments chimiques modifie leurs propriétés. Les lettres P o t peuvent former le mot Pot, et le mot Top ; de même le carbone, l'hydrogène et l'oxygène, tout en gardant exactement les mêmes proportions, peuvent former de l'amidon ou de la gomme. Cependant, c'est la faute des chimistes qui n'apprécient pas distinctement la différence entre *l'analyse élémentaire* et *l'analyse immédiate* (ou, en renversant le problème, la *synthèse élémentaire* et la *synthèse immédiate)*, si tant de confusion règne dans cette partie de la science. Entre autres points, je relèverai celui de la prétendue impossibilité de former des substances organiques par des moyens artificiels, — impossibilité qui est due actuellement à notre ignorance des principes immédiats et de leur synthèse. Voici, à ce propos, la note que nous trouvons dans la *Physiologie* de Müller :

« Bérard, Proust, Dobereiner et Hatchett prétendent avoir réussi à produire des composés organiques à l'aide de procédés artificiels ; mais leurs résultats n'ont pas été suffisamment confirmés. Seules, les expériences de Woehler apportent des arguments valables en faveur de la formation artificielle de ces substances. Woehler a découvert qu'une solution aqueuse d'ammoniaque renferme, après avoir été saturée de cyanogène, une quantité considérable d'acide oxalique. De même, lorsqu'on prépare du potassium avec du charbon et du carbonate de potasse, on voit surnager au-dessus du métal une masse noire qui, traitée par l'eau, donne une forte proportion d'acide oxalique. L'acide oxalique, cependant, n'est pas regardé comme un composé binaire de carbone et d'oxygène ; le fait qu'il se décompose, lorsqu'on enlève son eau de cristallisation, n'est pas une preuve du contraire, car l'acide nitrique est décomposé par l'extraction de la dernière portion de son eau. (Voir la *Chimie* de Mitscherlich, p. 416.) Woehler a trouvé aussi que l'on obtient de l'urée en place de cyanure d'ammoniaque, lorsqu'on verse une solution de chlorure d'ammoniaque sur du cyanure d'argent fraîchement précipité, du chlorure d'argent se formant en même temps. L'urée apparaît aussi dans la décomposition du cyanure de plomb par la solution d'ammoniaque. La solution contient d'abord du cyanure d'ammoniaque, mais, par évaporation du liquide, ce sel est converti en urée. De même aussi, lorsqu'on mélange de l'acide cyanique avec de l'eau ou de l'ammoniaque liquide, on obtient d'abord du cyanure d'ammoniaque et puis de l'urée » (1).

La question est digne de considération. Si vous décomposez une substance organique en ses parties élémentaires, vous ne pouvez ensuite la reconstituer avec ces mêmes éléments. Cela est vrai. Mais la raison en est que vous avez fait une analyse *élémentaire* alors que la synthèse nécessaire pour la reconstitution doit être immédiate et non élémentaire. La substance qui a subi la décomposition n'était *pas* formée des quatre organogènes et de quelques éléments minéraux, — elle n'était pas formée directement des éléments dans lesquels elle a été décomposée, — elle était formée de principes immédiats, et ce sont ces principes immédiats qui étaient formés des éléments mis en liberté par l'analyse. Dans les substances inorganiques nous rencontrons d'ailleurs la même difficulté. Nous pouvons décomposer le salpêtre en ses éléments — oxygène, nitrogène et potassium. Mais nous ne pouvons pas plus le recomposer par la combinaison *directe* de ces éléments que nous ne pouvons recomposer de la même manière les substances organiques; et cela, parce que le salpêtre est formé par une synthèse d'acide nitrique et de potasse et non directement. Aussi, comme le remarque Comte, dans son chapitre sur la chimie, Wölher n'aurait jamais réussi à produire l'urée s'il s'était borné à essayer de combiner les éléments qui la composent; s'il a réussi, c'est parce qu'il a combiné les principes immédiats de cette substance (2).

Ayons recours à une illustration : — il est un jeu favori qui

(1) *Chimie* de Gmelin, III, p. 6; *Thierchemie* de Berzélius, p. 356.

(2) Le cyanogène et l'ammoniaque sont des principes organiques immédiats et, cependant, ils ont été formés artificiellement; il s'ensuit que la possibilité de former des composés organiques est prouvée.

consiste à mêler ensemble, pêle-mêle, les lettres d'un mot à deviner. Ces lettres peuvent nous servir à représenter les atomes élémentaires. Selon l'ordre dans lequel elles sont disposées, elles forment le mot proposé ou quelque *autre* mot. Celles de mon propre nom, par exemple, sont susceptibles de donner Lewes, Sewel, Elwes, Wesel, Weesl, Leews. Eh bien, c'est d'une manière analogue que les organogènes forment les corps *isomériques*. Tout dépend de l'arrangement, de l'ordre, de la synthèse.

De plus, il est à remarquer que, parmi les principes immédiats des substances organiques, il en est quelques-uns (dont la participation est accessoire, mais indispensable) qui peuvent être dits d'origine minérale, et l'expérience justifie *à priori* cette déduction que plus les substances organiques contiennent un large pourcentage de ces principes, plus elles se rapprochent des substances qui peuvent être formées artificiellement, *et vice versâ*. L'urine, par exemple, est formée d'une plus grande proportion d'eau et de sels que d'autres principes, et contient plus de ces substances que les autres produits organiques.

Ainsi donc, nous voyons que l'analyse *élémentaire* ne peut nous renseigner que peu ou point sur les substances organiques formées de principes immédiats. La valeur de ces éléments varie avec leurs divers groupements.

Comme l'écrit Mulder, cette synthèse est de toute importance : « Si nous passons en revue les substances du règne organique, nous découvrons une série indéfinie de combinaisons, formées de deux, trois ou quatre éléments seulement. Cela suffit pour montrer qu'il existe une capacité indéfinie de modification dans les forces primaires qui agissent sur les éléments. L'influence de l'un sur l'autre est, de cette manière, illimitée aussi. Une légère différence dans l'état d'un élément est suffisante pour lui donner l'apparence d'un nouvel élément, d'une substance entièrement particulière, si on la compare avec les autres éléments. Prenons, par exemple, l'amidon, la gomme, le sucre, l'acide acétique, l'acide glycique, l'inuline. Toutes ces substances sont constituées par les mêmes éléments, représentés dans les mêmes proportions.

Ainsi tous se composent en équivalents de :

	Carbone	Hydrogène	Oxygène	Eau
Amidon.	12	9	9 +	H O
Gomme.	12	9	9 +	H O
Sucre.	12	9	9	
Acide acétique 1/3 ×	12	9	9	
« glycique 2/3 ×	12	9	9 —	1 1/2 H O
Inuline. . . . 2 ×	12	9	9 +	2 H O

« Le carbone de chacune de ces substances est, sans aucun doute, égal au carbone de chacune des autres, puisque, séparé de ses combinaisons, il montre les mêmes propriétés. Mais il serait incorrect de supposer que le carbone, l'hydrogène et l'oxygène se présentent, dans le sucre, d'une façon identique à ce que sont ces mêmes éléments dans l'acide acétique, car il y a une grande différence entre le sucre et l'acide acétique ; et nous ne pouvons pas attribuer cette différence à autre chose qu'à la différence des forces qui agissent sur la même substance, de telle sorte que le carbone, l'hydrogène ou l'oxygène ne se montrent point avec les mêmes propriétés dans chacune de ces deux substances. Ils affectent dans chaque substance une forme particulière. La manière générale de comprendre le carbone, l'hydrogène ou l'oxygène dans le sucre et dans l'acide acétique doit, par conséquent, être modifiée, en raison du fait que les forces particulières à la matière doivent être nécessairement modifiées, puisque la matière est elle-même inaltérable.

« Cela apparaîtra clairement en considérant les combinaisons du carbone avec l'hydrogène. Si nous admettions que le carbone et l'hydrogène soient identiques dans $C^5 H^4$, $C^{10} H^8$, $C^{15} H^{12}$, $C^{20} H^{16}$, nous serions obligés d'admettre l'identité de ces substances et l'impossibilité d'établir aucune distinction entre elles. Parmi les éléments, nous en connaissons un nombre considérable qui, sans entrer dans aucune combinaison, présentent un aspect entièrement différent, du seul fait qu'ils se trouvent dans des circonstances légèrement différentes. Par exemple, le phosphore devient noir lorsqu'il est chauffé et ensuite subitement refroidi ; de même, sous l'action de la chaleur rouge, la silice est modifiée, de telle sorte que si nous tenions compte seulement de ses propriétés, elle nous apparaîtrait comme une substance différente. Les expériences intéressantes, récemment poursuivies par Berzélius, quant au caractère allotropique du phosphore, ont ouvert une nouvelle voie aux investigations scientifiques. Si les substances *simples* peuvent revêtir l'aspect permanent de corps dissemblables sans former aucune combinaison, à plus forte raison, la chose est-elle possible pour leurs composés. Et cette supposition d'une différence réelle dans les éléments constituants eux-mêmes est la seule qu'on puisse invoquer dans tous les cas où on ne peut expliquer, d'une autre manière, la diversité des composés ».

Notre précédente illustration des lettres de l'alphabet pourrait nous conduire à une interprétation erronée de *l'isomérisme* en le supposant à tort dépendre d'une simple différence dans le *groupement* des atomes élémentaires, sans tenir compte, en même temps, d'une différence de synthèse. C'est ainsi que, dans l'ouvrage de Stöckhardt sur la Chimie nous voyons des diagrammes isomériques, dans lesquels les atomes sont diversement arrangés, pour expliquer toutes les différences des phénomènes, comme si une simple différence d'aspect visuel pouvait représenter toutes les autres différences !

Les corps isomériques, à proprement parler, sont des corps ayant une composition élémentairement semblable, avec une synthèse immédiate dissemblable, et la preuve de cela est que, non seulement ils donnent des composés *différents* lorsqu'ils se combinent avec des substances *semblables*, bases ou acides, mais aussi qu'ils donnent des *produits différents* (comme on le reconnait maintenant) quand on les analyse avec des précautions suffisantes (1). De plus, il est à noter que tous ces corps isomériques sont des corps ayant une origine organique ; plusieurs d'entre eux étant même réellement organiques, c'est-à-dire formés de plusieurs principes immédiats.

(1) Robin et Verdeil : *Traité de Chimie anatomique*, I, p. 473.

Il est une autre différence de composition qui sépare la Chimie de l'Anatomie avec une précision suffisante pour permettre de refuser à la Chimie organique le caractère d'une science autonome. C'est la suivante : les substances inorganiques ont une composition *définie*. L'eau, par exemple, qu'elle soit à l'état d'eau, de vapeur ou de glace, est uniformément composée de 12 onces 1/2 d'hydrogène et 100 onces d'oxygène. La chaux vive, quel que soit son mode de préparation — avec du marbre, du liais, de la craie ou des écailles d'huîtres, — contient uniformément 250 onces de calcium et 100 onces d'oxygène. Et c'est sur ce fait que repose la brillante théorie atomique des proportions définies.

Il n'en est pas ainsi des substances organiques. Celles qui sont spécialement organiques, — c'est-à-dire celles qui ne sont pas cristallisables — présentent une composition uniformément *indéfinie ou indéterminée*. Cela rentre dans leur définition. Aucune formule chimique, précise dans ses équivalents, ne sera capable de caractériser, d'une façon absolue, une substance organique.

Non seulement la composition élémentaire des substances organiques est très complexe, mais il en est de même de leur composition immédiate. Cette composition immédiate n'est pas représentée par des proportions fixes, déterminées, invariables, définies comme c'est le cas pour les substances inorganiques. La substance organique, sans perdre ses caractères distinctifs de coagulation, etc., peut posséder un peu plus ou un peu moins des éléments de l'eau, par exemple. Les analyses élémentaires ne fournissent pas toujours un résultat constant, comme celui qu'elles donnent dans la réduction des substances inorganiques; ce qui montre bien que la composition n'est pas définie.

C'est parce que la composition des substances organiques oscille entre certaines limites (limites, il est vrai, peu étendues), que nous sommes incapables de prédire avec une certitude absolue quels sont les actes moléculaires de combinaison ou de double décomposition, susceptibles de se produire dans un cas donné, comme nous le pouvons avec l'urée, par exemple. L'instabilité qui accompagne cette complexité de composition nous empêche d'être certains, après avoir combiné une substance organique avec un acide, de la retrouver absolument telle qu'elle était auparavant, lorsque nous enlevons l'acide au moyen d'une base, comme nous le faisons avec l'urée et l'acide nitrique. La composition étant indéterminée, il est toujours possible que la substance ait perdu quelques-uns de ses éléments, et que sa composition moléculaire immédiate ait été modifiée.

Dans quelle mesure beaucoup de ces substances indéterminées peuvent-elles être de simples *mixtures?* c'est là une question que je ne prétends point résoudre. Le *fait* distinctif est tout ce qu'il m'importe de retenir pour mon sujet. Les particularités qui résultent d'une différence de composition immédiate peuvent s'observer dans l'albumine et la fibrine, deux substances ayant exactement la même composition élémentaire et, pourtant, si différentes que personne ne pourrait les confondre. Cependant, à l'aide de certains réactifs, ou par la chaleur, nous pouvons rendre l'albumine solide et la fibrine liquide, de sorte que les deux ne puissent plus être distinguées l'une de l'autre ; et cela sans altérer leur composition élémentaire. En effet, pour employer le langage du chimiste dont je suis le texte : « Ces éléments varient constamment de quantité, entre certaines limites, pour une même espèce anatomiquement identique, mais prise chez des individus différents, pour une substance dont pourtant tous les autres caractères sont les mêmes. C'est ce qui fait dire que leur composition chimique n'est *pas définie,* n'est *pas déterminée,* parce que leur analyse élémentaire ne donne pas un poids de ces différents éléments, fixe et constamment le même, comme le sont les sulfates, l'urée, le sucre », etc. (1). Par exemple, le tissu nerveux contient du phosphore comme élément constituant, mais la quantité de ce phosphore varie, et cependant le tissu reste tissu nerveux, bien que le phosphore soit en plus ou moins grande quantité ; de même tout autre tissu peut perdre une partie de son eau sans perdre ses propriétés.

(1) Robin et Verdeil : *Traité de Chimie anatomique,* III, p. 147.

En réunissant ces aperçus variés dans une formule, nous pouvons rédiger ainsi la seconde loi statique des substances organisées :

IIe Loi. *La présence de plus grands multiples est accompagnée d'une composition indéfinie au lieu d'une composition définie, et d'une synthèse caractéristique immédiate des éléments.*

Avant de passer au troisième et dernier point, il est utile de remplacer la classification ordinaire de la matière « organique et inorganique » par une que je propose, avec l'espoir autorisé qu'elle sera trouvée suggestive, celle-ci : — La matière peut être envisagée sous trois aspects : 1o non organisée ; 2o organisable ou partiellement organisée ; 3o organisée. Et je propose d'appliquer à ces trois conditions de la matière les noms de *Anorganique, Mérorganique* et *Téléorganique.*

1o La matière *Anorganique* est celle qu'on désigne usuellement sous le nom d'inorganique — l'eau, les sels, les minéraux, etc.

2o La matière *Mérorganique* est celle qui se trouve dans cet état intermédiaire, où elle a besoin, soit d'acquérir quelque chose pour devenir organisée, soit de perdre (comme dans le cas des produits organiques) quelques-uns des éléments qu'elle possédait lorsqu'elle était organisée. Ainsi le *blastème,* aux dépens duquel se forment les cellules, est la plus haute condition de la matière mérorganique, à la veille de devenir vitale. De même les cellules qui ont perdu leur vitalité, dans l'accomplissement de leur fonction, sont aussi mérorganiques.

3o La matière *Téléorganique* est la matière dans la condition où la cellule, pleinement équipée, peut et doit remplir sa fonction.

Il ressort de cette classification que le passage de *l'inorganique à l'organique* n'a pas lieu *directement ;* mais que l'anorganique passe au mérorganique, et que le mérorganique passe à l'organique. Quelle est la condition indispensable de ce passage final ? Qu'est-ce qui fait que la matière mérorganique devient substance vitale ?

Nous avons déjà considéré les substances organiques sous

leurs deux aspects préliminaires de *composition élémentaire* et de *synthèse* (Lois I et II) ; et, si j'ai pleinement réussi mon exposition, il ne sera plus difficile maintenant d'aboutir à une conception claire et ferme du troisième et final processus — c'est-à-dire, de la *Forme*. Car la matière organique se différencie de la matière inorganique, autant par sa Forme que par sa structure élémentaire.

Avant d'exposer ma propre manière de voir, il sera bon de jeter un coup d'œil du côté de l'évidence fournie par la cristallisation.

Celle-ci a toujours été considérée comme recélant les premiers commencements de la phase dite Organique, en raison de ces faits que, dans les cristaux, nous trouvons des *formes définies constituantes*, c'est-à-dire la forme, comme condition nécessaire et inséparable de leur existence, *en tant que* cristaux. La matière inorganique peut, nous le savons, prendre indifféremment une forme quelconque sans cependant perdre ses propriétés. Mais, dans un cristal, la forme est *essentielle :* — la solution qui va se cristalliser, sous une perturbation aussi légère que le contact d'une plume, n'est pas encore du cristal ; elle ne devient cristal que lorsque ses molécules revêtent une forme déterminée.

Il y a toutefois, entre le cristal le plus élevé et le type le plus inférieur de la vie organique, plusieurs caractères distinctifs évidents, dont quelques-uns fondamentaux, qui nous empêchent de considérer la cristallisation comme la phase de transition entre l'inorganique et l'organique. Parmi ces caractères distinctifs, il suffit de citer le plus frappant, c'est-à-dire le fait que la cellule organique subit une série de transformations et se reproduit, tandis que le cristal ne subit aucune de ces transformations et ne se reproduit jamais.

Il est vrai qu'un chimiste français, M. Brame, a tout récemment fait une découverte étonnante, qui — si elle était prouvée — établirait qu'*avan* le se cristalliser certains corps prennent la condition d'une cellule embryonnaire, dont le produit et la conséquence sont un cristal ; et, ce qu'il y a encore de plus remarquable dans cet embryon de cellule, c'est que non seulement ladite cellule microscopique possède une membrane d'enveloppe, à l'intérieur de laquelle se trouve une matière molle demi-transparente, contenant de la vapeur dont la condensation entraîne la production d'un cristal — offrant ainsi, à la fois, une membrane cellulaire et un contenu cellulaire, — mais encore que ces cellules adoptent un mode de groupement très analogue à celui des tissus organiques ! Reconnaissons cependant que, même en acceptant ce qu'affirme M. Brame, sa découverte ne révèle rien du passage de l'inorganique à l'organique, et nous renseigne seulement sur la formation des cristaux. Au lieu de nous montrer le cristal comme un commencement d'organisation, elle nous le montre comme une *conséquence* et comme le produit d'un commencement d'organisation. Nous pourrions, de la sorte, considérer les cristaux comme représentant de la *vie arrêtée.*

Quoiqu'il en soit, les résultats de toutes les recherches, dont a été l'objet la chimie des corps organisés, montrent que les principes immédiats de l'organisme sont susceptibles d'être partagés en trois classes :

1° Les principes d'origine minérale qui sont cristallisables, et qui sortent de l'organisme tels qu'ils y sont entrés ;

2° Les principes cristallisables, formés dans l'organisme, et qui le quittent généralement sous la forme de produits excrémentitiels, tels qu'ils étaient à leur formation ;

3° Les principes coagulables, mais *non* cristallisables, formés dans l'organisme, à l'aide de matériaux pour lesquels la première classe sert de véhicule, et qui se décomposent au lieu de leur formation, en fournissant ainsi des matériaux pour les principes de la deuxième classe (1).

Ces derniers constituent seuls les véritables principes organiques, et sont précisément distincts des principes cristallisables. Nous ne pouvons, par conséquent, nous arrêter plus longtemps à la considération des cristaux pour l'élément de forme que nous recherchons maintenant, simplement parceque les cristaux n'atteignent jamais la condition téléorganique.

(1) Robin et Verdeil.

Nous limitant, comme nous l'avons fait jusqu'ici, aux enseignements obtenus par l'observation et l'induction, nous avons à nous poser cette question : *Quelle est la forme qui, étant universelle, peut être supposée indispensable à la vie organique ?* La prospérité de la Philosophie, ne l'oublions pas, repose en partie sur la capacité de poser des questions définies ! Interrogez la Nature, et elle répondra. Dans notre cas particulier, elle répond emphatiquement — celle d'*une cellule*. La cellule, ou sphère, n'est pas seulement la forme typique de l'être organique, celle par laquelle débute tout être vivant, depuis le plus inférieur jusqu'au plus élevé, — elle est l'indispensable condition de l'existence de l'être.

Une cellule représente l'ensemble de l'un des plus simples végétaux, le *Protococcus*, et il existe de grandes plantes qui ne sont rien de plus que l'*association de myriades de ces cellules simples*. Le type le plus inférieur est, de la sorte, une cellule ; le second degré de progression est une association de cellules ; le troisième, une transformation de ces cellules en tissu ; mais, dans le premier cas comme dans les autres, le point de départ de la vie organique est l'affirmation de la forme cellulaire ou sphérique.

Sur ce point, écoutons Mulder : « La cellule est un globule à convexité externe. Ce globule est un individu ; il l'est en ce sens que, dans la forme la plus simple sous laquelle il soit possible d'exister (chez les espèces les plus inférieures), il possède tous les pouvoirs des molécules réunies en un tout, et ainsi ramenées à un état d'équilibre. Cet état ne dépend pas seulement de la nature des substances et de leurs éléments, carbone, hydrogène et oxygène, ou carbone, hydrogène, oxygène et azote ; il dépend aussi de leur forme. Il s'ensuit que l'état d'équilibre ne saurait exister en dehors de cette forme globulaire à concavité interne. Cependant, ce globule creux possède l'ensemble de ces forces dans un état de mutuelle combinaison et de coopération, en vue d'une fin ; c'est là une particularité qui, apparemment, dépend aussi de la forme sphérique. Puisque ces deux notions sont fondées sur la pure observation, nous pouvons fermement leur accorder notre adhésion et, par conséquent, déduire correctement que la nature inorganique, en outre de toutes les particularités existant dans le carbone, l'hydrogène, l'oxygène et l'azote, et, peut-on supposer, comme conséquence principale de ces particularités, possède une tendance à former de petits corps membraneux, creux et sphériques, dans lesquels, à cause de cette forme, se manifestent de nouvelles propriétés particulières, qui ne sauraient être produites par d'autres formes. Ainsi, tout ce que nous observons dans la nature est, en grande partie, déterminé par la matière et la forme ou par la forme et la matière. Cette conclusion générale est tirée des phénomènes innombrables que nous percevons dans le monde organique, — phénomènes qui varient quand les matériaux sont les mêmes et les formes diverses, ou quand, les formes restant identiques, ce sont les substances qui diffèrent.

« Si, par conséquent, le règne végétal consistait en une substance cellulaire commune, se différenciant seulement quant *à la forme*, — soit dans les diverses tribus ou les divers genres, soit dans les diverses espèces, parties, ou les divers organes des plantes, — les manifestations phénoménales du même corps chimique, de la même substance cellulaire, devraient nécessairement varier avec chaque forme différente. Or, cela a été précisément trouvé exact. Ces microscopiques individualités, ces petites cellules, bien que toutes, à peu près composées des mêmes substances, deviennent, en se développant, des individualités différentes lorsque leur forme diffère ou lorsqu'elles se groupent différemment. La plus petite modification, dans la nature de leurs substances constituantes ou de celles avec lesquelles elles entrent en contact, peut influencer considérablement cette différence de forme ; il en résulte que les produits matériels des formes différentes sont aussi innombrables et aussi fréquemment modifiés que le sont les différentes formes dues aux différences de composition. Finalement, si la forme et la substance restent constantes, les produits des cellules doivent aussi être constants, tandis que, si la forme ou la composition des cellules diffèrent, ces produits doivent être différents.

« Il serait donc convenable que ceux qui étudient la doctrine de la vie attachent la plus grande importance à la connaissance des formes, et ne se bornent pas à rechercher le pourcentage des parties constituantes ou à examiner la série des substances chimiques qui apparaissent dans l'analyse d'un corps organique, alors même qu'il serait possible de connaître les produits *naturels* par la seule analyse *artificielle.* »

Il y a dans ces lignes plus de choses que Mulder n'a cru en mettre ; mais ses remarques, combinées avec ce qui a été précédemment exposé, suffiront au lecteur pour apprécier cette dernière loi statique :

IIIe Loi. *Les substances inorganiques deviennent téléorganiques en revêtant une forme sphérique.*

Le blastème, ou fluide *nutritif*, contient les plus hauts multiples et des principes immédiats d'une composition indéfinie, mais il est *mérorganique* et non *téléorganique ;* il est organisable, il n'est pas vital ; et l'unique condition décisive, la seule actuellement connue, qui peut transformer ce blastème en une substance vitale, est simplement le *revêtement d'une forme sphérique.*

En disant que le passage de l'inorganique à l'organique est effectué par le revêtement de la forme sphérique (ce qui peut être considéré comme un exposé *général* de ma théorie, déjà caractérisée par ce qui a été dit relativement aux multiples et aux synthèses), je n'ajoute vraiment rien à ce que révèlent les faits. La nouveauté de mes propositions peut effrayer, mais elle n'a rien de plus effrayant que l'explication minéralogique de la cristallisation. De même qu'une solution ne devient un cristal qu'après l'arrangement de ses molécules sous une forme déterminée, de même le blastème ne devient vital que quand ses molécules se disposent sous une forme déterminée.

Non seulement ce revêtement d'une forme sphérique est le *dernier* degré du processus qui conduit à la vie, mais la perte, par la cellule, de cette forme, entraîne la disparition du caractère vital qui lui est propre, c'est-à-dire de son pouvoir reproductif. Je ne saurais reproduire ici la masse d'évidences que je tiens en réserve pour prouver cette proposition, et je me contenterai d'une simple affirmation, convaincu que la biologie démontrera la liaison entre la vivification de la substance organique et le revêtement par elle de la forme sphérique, entre la perte de son caractère vital, c'est-à-dire de son pouvoir reproducteur (avec conservation de sa matière organique), et la perte de cette forme. « Il semble résulter », déclare le Dr Carpenter, « de la comparaison des travaux de divers investigateurs, que chez les animaux comme chez les plantes, *les cellules soient les seules parties de l'organisme au sein desquelles s'accomplissent les phénomènes essentiels de la vie,* et qui puissent être considérées comme les agents réels des opérations biologiques, les tissus ambiants ne paraissant avoir d'autre destination que de satisfaire aux conditions physiques requises » (1).

Au cas où la découverte de M. Brame viendrait à être confirmée, elle contribuerait à fournir un surplus d'illustration à cette activité essentielle de la cellule. En tout cas, il me paraît établi d'une façon suffisamment évidente que la forme sphérique est un élément *constituant* de la vie organique, et j'ai essayé de démontrer que cette forme représente le dernier pas caractéristique dans le passage à la vitalité.

On m'a demandé et on me demandera encore : « Pourquoi cette forme sphérique ? *Quelle* est la cause qui détermine les plus hauts multiples à prendre la forme sphérique ?

A cela, je réponds et je répondrai : *je ne sais pas.* La question est une de celles qu'aucun philosophe positif ne posera, convaincu, comme il doit l'être, de l'impossibilité de jamais connaître les *causes.* Il s'efforce de mettre en lumière les « relations de coexistence et de succession », et il se tient pour satisfait lorsqu'il y est parvenu. Dans les pages précédentes, j'ai essayé de préciser les conditions statiques qui caractérisent les substances organiques. En supposant qu'elles soient correctement exposées, vous n'avez pas plus le droit de me demander pour *quelles causes* la matière protéique tend à prendre la forme sphérique, que vous n'avez

(1) *Principles of Physiology,* 3e éd., p. 87. — Le Dr Carpenter revendique cette remarque comme sienne. Elle est des plus importantes.

le droit de me demander pour quelle cause telle solution saline prend la forme rhomboïdale en se solidifiant et en devenant cristalline. Ce sont là des faits élémentaires; aucun prêtre n'est tenu de déchiffrer les hiéroglyphes!

Ce que je viens de dire n'implique nullement, d'ailleurs, l'impossibilité de pénétrer plus avant dans l'intimité du processus et de surprendre quelque partie nouvelle de son secret. Il me semble, au contraire, voir s'ouvrir des horizons nouveaux et variés. Et il ne me paraît guère douteux que, quand les principes immédiats des corps organisés seront plus exactement connus, nous n'arrivions à la découverte de certaines *propriétés* qui seront classées parmi les faits préliminaires, et qui suppléeront aux détails dont la connaissance nous manque présentement.

J'invoquerai, à l'appui de ce que j'avance, la découverte bien connue d'Ascherson (1), en avertissant cependant le lecteur qu'à partir de ce moment, nous nous aventurons dans la vaste région des hypothèses, guidés seulement par des lumières très faibles, et en le priant, par conséquent, de considérer ces hypothèses comme un supplément à ma théorie plutôt que comme une de ses parties constituantes :

Ascherson a remarqué que des globules de graisse ou d'huile, plongés dans une solution albumineuse, se recouvrent d'une pellicule d'albumine coagulée et offrent ainsi, à son sens, un type de cellule en formation. Maintenant, que le fait de se revêtir d'une pellicule albumineuse soit considéré comme un phénomène chimique, avec Ascherson et Wittich, ou qu'il soit considéré avec Harting, Melsens et Panum, comme un phénomène purement mécanique, il ne peut être nié, et il reste indiscutable que le globule de graisse, placé dans les conditions ci-dessus énoncées, s'enveloppe d'une couche d'albumine et offre ainsi, pour le moins, l'analogue du noyau d'une cellule, si nous prenons garde que la graisse est précisément un *constituant invariable du noyau des cellules animales et végétales*. Nous voyons donc, d'un côté, qu'un globule de graisse possède la *propriété* de s'envelopper d'une couche

(1) Kölliker : *Handbuch der Gewebelehre ;* et Mulder : *Chimie physiologique.*

albumineuse, laquelle se coagule par l'addition d'un peu d'eau, et forme ainsi une pellicule membraneuse pour le globule ; de l'autre, que les noyaux de toutes les cellules sont composés de globules de graisse.

Autre indication : le chyle nutritif est blanc et opaque, du fait de la présence d'innombrables particules de matières grasses, d'un volume excessivement réduit tout en étant uniforme, et qui constituent *la base moléculaire* du chyle. Leur nature graisseuse est hors de doute, et la cause qui les empêche de s'unir pour former de plus larges gouttes, comme le feraient des particules d'huile pure, est attribuée, par la plupart des physiologistes, à *l'existence autour de chaque molécule d'un revêtement d'albumine*. Notons cependant, qu'à l'exception de ces molécules de matière grasse, le chyle ne contient aucune autre substance solide ou organisée. Le liquide dans lequel elles flottent est albumineux. A mesure que le chyle progresse dans le canal thoracique, la quantité de molécules et de particules huileuses diminue graduellement et on y voit apparaître des cellules auxquelles on a donné le nom de corpuscules du chyle.

Le processus peut donc être ainsi conçu : un globule graisseux s'enveloppe d'une pellicule albumineuse de façon à constituer un *noyau*, lequel, à son tour, s'enveloppe d'une nouvelle paroi cellulaire. Or, cet emboîtement d'une sphère dans une autre sphère est nécessaire à la réalisation de la condition organique, et montre bien, sous le rapport de la forme et sous le rapport de l'élément, combien les complexités de fonction suivent de près les complexités de structure. La cellule *reproductrice* n'est donc qu'une vésicule. Elle est une vésicule contenant une autre vésicule, qui contient elle-même, — je ne dirai pas une *vésicule*, car cela n'est pas prouvé, — mais, en tout cas, une *sphérule ;* et dans la cellule, son noyau et son nucléole, nous avons une triple sphéricité de substances présentant une différenciation physico-chimique. Toutefois ce n'est pas la forme sphérique seule, ni les principes immédiats seuls qui constituent la vitalité, — c'est l'union des deux.

Point n'est besoin d'approfondir davantage cette question, et il est préférable d'attendre que nous ayons acquis des connaissances plus exactes avant d'essayer de déterminer quels sont les détails du processus ; mon but est atteint si j'ai rendu clair à l'esprit du lecteur que : — *le passage de l'inorganique à l'organique est un triple processus de différenciation : 1° d'éléments ; 2° de synthèse ; 3° de forme ; — et que l'union des « plus hauts multiples » (nommés « principes immédiats » dans certaines conditions déterminées) avec la « forme sphérique », est l'acte final qui détermine la vitalité.*

Les différences, importantes ou minimes, que nous observons dans les myriades de phénomènes de la vie organique, dépendent de différences minimes ou importantes dans la Synthèse des Éléments et dans la Forme ; chaque nouvelle addition apporte avec elle une nouvelle complexité, car chaque différence statique entraîne avec elle une différence dynamique ; et ainsi, dans les séries ascendantes de l'évolution, — du simple au complexe, de l'anorganique au mérorganique, du mérorganique au téléorganique, des plus simples stages du téléorganique aux manifestations infiniment complexes qu'offrent les plus belles organisations, — nous apprenons à envisager les phénomènes de l'univers dans un Tout majestueux, et nous nous rendons compte que les diverses lignes de démarcation sont uniquement subjectives. En un mot, nous apprenons que la vie est une évolution, et non une création séparée, et qu'elle est, par conséquent, essentiellement liée à la grande vie de l'Univers.

Aucun homme réfléchi ne s'imaginera que nous ayons vraiment *expliqué* quelque chose par ce qui précède. Le grand mystère de la Vie et de l'Existence reste aussi inaccessible que jamais. Mais une plus large conception de la nature, envisagée comme un Tout, et une attitude plus philosophique de l'esprit, vis-à-vis des variétés de ce Tout, résulteront de ce retour à l'homogénéité de la Nature, lorsque nous apprendrons avec Gœthe, Schelling et Coleridge, à voir partout la vie et nulle part la mort.

Quoiqu'on puisse penser de cela, je considère, comme indispensable à la véritable compréhension de la Biologie, que nous nous familiarisions avec cette vérité, qu'il n'y a pas de différence absolue, *essentielle*, entre l'inorganique et l'organique, mais seulement une importante différence phénoménale, provenant de la complexité des lignes de direction de la Force ; et, aussi, que nous comprenions la nécessité de diviser — à titre d'artifice scientifique — la chimie organique proprement dite en Chimie et en Biologie.

CHAPITRE XV

La Science de la Vie.

Nous allons maintenant pénétrer dans la grande et si intéressante science de la vie, qui porte le nom impropre de Physiologie, — nom qu'elle doit continuer à porter quelque temps, parce que certains charlatans, avec leur ignorance habituelle, ont vulgarisé et altéré le terme de Biologie en l'appliquant, au mépris du grec et de la science, à leurs opérations mesmériques.

Son objet est la matière douée d'une propriété particulière que nous avons dénommée « force vitale » (1); ayant la faculté de se *nourrir*, de se *reproduire*, et, dans ses degrés de complexité les plus élevés, de *sentir;* se nourrissant par un procédé qui est identique dans toutes les séries d'êtres organisés, c'est-à-dire par formation cellulaire ; se reproduisant également par un processus identique de division cellulaire; possédant, dans les séries animales, la sensibilité et la locomotion, en vertu de deux tissus spéciaux, le nerveux et le musculaire ; offrant une merveilleuse progression de combinaisons, depuis la cellule sans structure des végétaux les plus inférieurs jusqu'à la structure complexe des animaux les plus élevés ; opérant, en stricte conformité avec certaines lois chimiques et vitales, et produisant ainsi toute la variété des êtres organisés; devenant de plus en plus hétérogène, au point de vue organes et au point de vue fonctions, à mesure qu'elle gravit l'échelle; passant par des stades déterminés de germination, de croissance, de maturité, de déclin, et de mort; partout indissolublement unie à la grande Vie de l'Ensemble, et parlant, en mystérieux hiéroglyphes, de ce pouvoir « enve-

(1) Il n'est peut-être pas inutile de répéter que toutes les fois que j'emploie l'expression de « force vitale », c'est à titre de terme commode et populaire, pour désigner la propriété *spéciale* d'une forme de la matière et non pour désigner une entité.

loppant tout et soutenant tout », fardeau et mystère dont nos âmes resteront toujours oppressées. Toutes les autres sciences lui servent de flambeaux, et elle est, elle-même, le flambeau à l'aide duquel nous pouvons explorer la science finale, la Sociologie.

L'étude de l'homme et l'étude du monde extérieur constituent le double et éternel problème de la philosophie. Comme le dit Comte, chacun de ces deux ordres généraux de spéculations peut servir de point de départ à l'autre. De là, deux modes de philosopher radicalement opposés : — l'un, considérant le monde d'après nos conceptions *subjectives,* c'est-à-dire expliquant les phénomènes cosmiques d'après leur analogie avec nos sentiments et nos affections ; — l'autre, considérant l'homme comme subordonné aux lois du monde extérieur, et comme explicable seulement par l'explication des propriétés de la matière reconnue en activité dans le monde extérieur. Le premier de ces modes de philosopher est essentiellement métaphysique et théologique ; il repose sur la vieille supposition que l'esprit de l'homme est la mesure normale de toutes choses ; il fait de la *loi* le corrélatif de l'*idée ;* il subordonne l'univers à l'homme. Le second représente la philosophie scientifique ou positive.

Que la méthode métaphysique ait continué à prédominer dans l'étude de la vie, longtemps après sa disparition de la physique et sa retraite dans quelques recoins perdus de la chimie, chacun peut le comprendre. Aussi, sauf dans l'étude de la Morale, nous ne pouvons voir, nulle part, cette méthode aussi fortement illustrée qu'en biologie avec son « principe vital », sa « nature médicatrice », et sa fameuse conception de l'indépendance des corps organisés vis-à-vis de l'action chimique. Non seulement les moindres phénomènes de la vie sont plus complexes que les phénomènes chimiques ou physiques, et par suite, moins aisément réductibles à de simples lois — d'où il suit que nos conceptions métaphysiques prennent un plus libre essor en rapport avec la moindre perfection de nos connaissances scientifiques, — mais le seul fait que l'étude de la vie nous conduit directement à la source de toute méthode ontologique, explique nos habitudes métaphysiques dans l'étude de cet ordre de questions. Les mêmes hommes qui riraient de toute tentative faite pour découvrir le « principe de l'attraction », ou la « nature de l'électricité », ou la « cause de l'affinité », satisfaits qu'ils sont d'avoir trouvé les lois (*méthodes*) qui régissent les phénomènes correspondants, recherchent naïvement le « principe vital », la « nature de l'âme », la « cause de la sensation ». C'est seulement dans ces dernières années, et parmi les plus éminents physiologistes que l'étude de la vie a acquis, d'une manière décisive, un caractère positif.

A chaque Science correspond un Art, puisque, dans la vie, toutes nos pensées doivent tendre à l'action, sous peine de rester stériles et de tourner au fantasque. Mais, bien que l'Art ait joué un rôle utile en fournissant à la Science sa première impulsion et en lui fixant un but utile, il est néanmoins indispensable qu'arrivée à un certain point de son développement, la culture de la Science soit soigneusement séparée de celle de l'Art correspondant. Comme le dit Comte, leurs domaines respectifs sont distincts, quoique liés ; à l'une il appartient de connaître, avec la prévision comme résultat ; à l'autre de pourvoir et, par suite, d'agir. Aussitôt que la Science se trouve nettement constituée, elle doit poursuivre son propre développement sans considérer d'autre but que celui de la connaissance. Le grand Archimède en avait un profond sentiment, lorsqu'il s'excusait naïvement envers la postérité d'avoir momentanément appliqué son génie à des inventions pratiques. C'est, par contre, d'une entière méconnaissance de la nature de la Science que témoigne notre brillant essayiste Macaulay, dans son article célèbre sur Bacon, dont le but est exclusivement de montrer que la science doit être restreinte à ses applications immédiates. La culture de la moindre science aurait suffi à familiariser son esprit avec la conception contraire, et lui aurait appris que, nonobstant les avantages dont les Sciences sont redevables aux Arts qui les ont stimulées dans le sens de l'utilité, la plupart des grands développements de chaque Science sont dus néanmoins au caractère purement spéculatif qu'elle a pris. L'homme ne vit pas seulement de pain, Dieu merci !

et s'il est vrai que l'intervention des impulsions les plus inférieures, et aussi les plus énergiques, soit nécessaire pour imprimer le premier élan à ses plus hautes facultés, il est non moins certain qu'une fois éveillées, ces facultés se suffisent à elles-mêmes.

Le but de ces remarques est de montrer la nécessité de séparer la Biologie de la Médecine, et, par conséquent, de cesser de confier plus longtemps la culture de la Science à ceux qui pratiquement l'appliquent, c'est-à-dire aux Médecins. Un éclat de rire homérique accueillerait seul la proposition de confier exclusivement aux navigateurs la culture de l'Astronomie ; et cependant, ceux qui riraient d'une telle proposition ne voient rien d'irrationnel à confier la culture de la Biologie aux loisirs limités de la profession médicale. En vain, ferions-nous observer que Schwann, Kölliker, Henlé, Owen, — et probablement la plupart des plus grands physiologistes ne sont pas membres de la profession médicale ou ne le sont guère que de nom, — le préjugé commun est que la Biologie ne saurait être étudiée avec succès, que par les « professionnels » de la Médecine. C'est là un mal destiné à disparaître spontanément devant le progrès de la Science, surtout lorsqu'on comprendra plus distinctement que la Biologie doit nécessairement embrasser l'ensemble des phénomènes des êtres organisés, — non seulement les phénomènes de la Physiologie *humaine*, mais tous ceux de la Physiologie animale et végétale, dont l'animal humain représente simplement la section la plus élevée et la plus intéressante. Soutiendra-t-on que l'expérience clinique est indispensable à la compréhension correcte du monde végétal !

La Biologie est la Science de la Vie. Analysons donc la notion de Vie. Bichat, inconsciemment dominé par l'antique préjugé que la nature vivante était indépendante de la nature morte et se trouvait en antagonisme avec elle (erreur réfutée dans un chapitre précédent), donna, de la vie, cette définition célèbre : *la Vie est l'ensemble des fonctions qui résistent à la mort.* Coleridge n'a pas eu de peine à faire remarquer qu'une telle définition ne comporte d'autre signification que celle-ci : la vie est l'aptitude des êtres vivants à vivre. Si seulement Bichat avait considéré avec attention la *coopération* du milieu (ou des circonstances environnantes dans lesquelles chaque organisme est placé) *avec* l'organisation elle-même, s'il avait considéré que le plus léger changement dans les conditions extérieures suffit parfois à faire *revenir à la vie* un animal mourant, ou *à déterminer la mort* d'un animal vivant, il se fût abstenu de proposer une pareille définition, car il se serait rendu compte que, loin d'être indépendants des circonstances extérieures, les corps organisées en deviennent de plus en plus dépendants, à mesure que leur organisation s'élève, de telle sorte que *organisme* et *milieu* représentent les deux idées corrélatives de la vie ; tandis que, inversement, l'indépendance vis-à-vis du milieu extérieur se prononce à mesure que nous *descendons* l'échelle de complication des phénomènes, pour atteindre ceux de la gravitation, les plus universels de tous. Le moindre changement de température, la moindre combinaison chimique est susceptible d'affecter l'organisme vivant, tandis qu'ils ne peuvent influencer en rien la gravitation. L'existence de simples atomes est suffisante pour la manifestation des phénomènes de l'attraction, tandis que les phénomènes de la vie ont besoin, pour se manifester, du *concours* de toute la nature et sont modifiés par les moindres variations du milieu. Si j'insiste sur cette dépendance de l'*organisme* vis-à-vis du *milieu*, c'est que les hommes me semblent s'attacher surtout, dans leurs raisonnements, au point de vue subjectif, en oubliant le point de vue objectif, — et se préoccupent surtout de la force vitale, en oubliant l'influence des conditions extérieures sur les déterminations de cette force.

Une autre définition qui a reçu beaucoup d'adhésions est celle-ci : « *La Vie est le résultat de l'organisation* ». Définition métaphysique, par excellence ! Car, pourquoi supposer que la vie est le résultat de l'organisation, plutôt que l'organisation le résultat de la force vitale, quelle qu'elle soit ?

Dans ce très intéressant Essai posthume de Coleridge, *Aperçus sur la formation d'une théorie plus compréhensible de la Vie* — pourquoi faut-il que le plaisir de sa lecture ait été gâté par la constatation du honteux plagiat dont son auteur s'est rendu coupable, même au simple point de vue de la terminologie, vis-à-vis de Schelling (*Erster Entwurf*), — je trouve la définition suivante qui, sans être complètement irréprochable, introduit un point de vue dont l'importance sera sentie par quiconque l'approfondira : « *la Vie est le principe d'individuation* », ou ce pouvoir de différenciation qui multiplie les propriétés d'un être sans nuire à son individualité. Mais la compréhension d'une telle formule exige des commentaires.

Or, je ne connais pas de commentaire plus intelligible et plus compréhensif, dans sa brièveté, que les remarques suivantes de Herbert Spencer sur la définition en question : « Pour rendre cette définition intelligible », dit-il, « il est nécessaire de spécifier quelques-uns des faits qu'elle vise à exprimer, — faits mettant en relief le contraste entre les types inférieurs et supérieurs, au point de vue de la structure et de la vitalité. Restreignant notre illustration au règne animal, et commençant là où les attributs vitaux sont les plus obscurs, nous trouvons, par exemple, dans le genre *Porifera* des êtres dont la constitution est celle d'une gelée amorphe semi-fluide, soutenue par des fibres cornues (éponges). Cette gelée ne possède point de sensibilité, n'a point d'organes, extrait sa nourriture de l'eau qui pénètre sa masse, et, si on la sectionne, se divise en deux parties dont la vie se poursuit comme auparavant. De sorte que cette *couche gélatineuse*, comme elle a été appelée, ne montre guère plus d'individualité qu'une masse informe de matière innommée ; elle ne présente pas davantage de distinction entre ses parties qui, séparées par section, continuent à présenter les mêmes propriétés que le tout. Dans le polype composé, par lequel Coleridge commence, et qui représente un degré supérieur de complexité, le progrès vers l'individualisation devient manifeste avec l'existence de parties distinctes. A la masse gélatineuse, originellement uniforme et creusée de canaux, se surajoute, dans les Alcyonides, un certain nombre de sacs digestifs, qui accompagnent les orifices buccaux et les tentacules. Nous nous trouvons, évidemment, en face d'une division partielle en individualités, d'une progression vers la séparation. La nutrition reste toujours commune, mais chaque polype possède un certain degré de sensibilité et de contractilité indépendantes (1). — A partir du point où l'on observe la séparation complète des organismes, on voit la même loi présider aux améliorations successives de structure, et c'est par une individualisation croissante des parties, par une spécialisation croissante de leur nature et de leurs fonctions, que les êtres qui possèdent la plus haute vitalité se distinguent des êtres inférieurs. Ces *Hydres* dont nous venons de parler, et qui sont de simples sacs avec des tentacules autour de l'ouverture, peuvent impunément se retourner de telle sorte que l'estomac devienne la peau et la peau l'estomac. On ne peut évidemment, dans ce cas, parler de spécialisation, puisque les fonctions de l'estomac et de la peau se trouvent remplies par un tissu qui n'est pas encore *individualisé* en deux tissus distincts adaptés à des fins différentes. Mais précisément, le contraste entre cet état et celui dans lequel une telle distinction existe, expliquera mieux ce qu'on entend par l'individualisation des organes. Cette individualisation est surtout facile à suivre clairement dans les formes successives que prend le système nerveux à travers la classe entière des animaux. Par exemple, on ne découvre dans les Acrita, classe comprenant tous les genres ci-dessus mentionnés, « aucun vestige de filaments ou de centres nerveux, et l'on suppose que la matière nerveuse ou neurine se trouve à l'état de molécules répandues d'une façon diffuse dans le corps. C'est dans la classe immédiatement supérieure, celle des *Nematoneura* que nous rencontrons un premier pas vers l'individualisation du système nerveux dont la substance s'agrège nettement en filaments (2). Chez les *Homogangliata*, on la voit se concentrer sous forme de nombreuses petites masses d'égales dimensions, connues sous le nom de ganglions. Chez les *Heterogangliata*, quelques-unes de ces petites masses se groupent pour former des amas plus considérables. Enfin, chez les *Vertébrés*, le plus grand nombre des centres nerveux se réunissent pour constituer le cerveau. Et parallèlement, le même processus de condensa-

(1) et (2) T. Rymer Jones.

tion en systèmes distincts, — musculaire, respiratoire, nutritif, excréteur, absorbant, circulatoire, etc., — se poursuit pour le reste du corps, en même temps que ces systèmes se subdivisent en parties distinctes affectées à des fonctions spéciales. Les changements de manifestations vitales, liés aux modifications de structure dont ils sont la conséquence, offrent la même signification. Posséder une plus grande variété de sens, d'instincts, d'aptitudes, de propriétés, une plus grande complexité de caractères et d'attributs, équivaut à être plus complètement distinct de toutes les autres choses créées, à manifester une individualité plus prononcée. Car, — du fait, qu'en plus des propriétés qui sont communes à tous les êtres, inorganiques ou organiques (tels la pesanteur, le mouvement, l'inertie), il en existe d'autres (telles la croissance et la reproduction) qui appartiennent exclusivement à l'ensemble des êtres organisés ; qu'en plus de celles-ci, il en existe encore d'autres plus relevées (telles la vue, l'audition, etc.) qui sont propres à une partie seulement des êtres organisés, — on peut conclure que les possesseurs des caractères, les plus relevés et les moins communs, diffèrent d'un nombre croissant d'autres êtres, et sous un nombre croissant de rapports, c'est-à-dire sont plus distincts et plus individualisés. Il est également à observer que la plus grande puissance de préservation personnelle, manifestée par les êtres de type supérieur, peut être aussi rendue, d'une façon générale, par ce même terme de « tendance à l'individualisation ». L'organisme le plus inférieur est celui qui est le plus à la merci des circonstances extérieures. Il est continuellement exposé à être détruit par les éléments, par le manque de nourriture, par ses ennemis, et, éventuellement, par presque toutes les maladies. Cela signifie qu'il n'a pas la force de préserver son individualité et qu'il la perd, soit en retournant à l'état de matière inorganique, soit en se laissant absorber par quelque autre individualité. Inversement, à la force, à la sagacité, à la vivacité (caractères indicateurs d'une structure supérieure) correspond une aptitude marquée à maintenir la vie, — à préserver l'individualité d'une dissolution trop facile ; d'où il suit que l'individualisation est plus complète.

« C'est chez l'homme que nous rencontrons les plus hautes manifestations de cette tendance. En vertu de sa complexité de structure, il est le plus éloigné du monde inorganique, lequel comporte le moins d'individualisation. » (*Social Statics*, p. 436.)

Quoique ces remarques m'aient éloigné de Comte en apparence, je crois n'avoir pas perdu de vue les besoins de l'exposition de la Philosophie positive, et j'estime que le lecteur sera mieux à même, maintenant, d'apprécier ce qui va suivre.

La seule définition qui remplisse, aux yeux de Comte, toutes les conditions requises, est celle qui a été proposée par De Blainville, en ces termes : « *La Vie est un double mouvement intestin, à la fois général et continu, de composition et de décomposition* ». « Cette lumineuse définition », dit-il, « ne me paraît laisser rien d'important à désirer, si ce n'est une indication plus directe et plus explicite de ces deux conditions fondamentales corrélatives, nécessairement inséparables de l'état vivant, *un organisme* déterminé et un *milieu* convenable. Mais une telle critique n'est réellement que secondaire..... La définition présente ainsi l'exacte énonciation du seul phénomène, rigoureusement commun à *l'ensemble* des êtres vivants, considérés dans toutes leurs parties constituantes et dans tous leurs divers modes de vitalité ». A première vue, il peut sembler que cette définition ne respecte pas suffisamment la distinction capitale (sur laquelle Bichat et ses disciples ont tant insisté) entre la vie *végétative* et la vie *animale* — ou, en d'autres termes, entre la vie *organique* et la vie de *relation*, et qu'elle semble se rapporter entièrement à la vie végétative. Mais, attentivement considérée, cette importante objection conduit au contraire à reconnaître le mérite réel de la définition, en montrant à quel point elle repose sur une exacte appréciation de la hiérarchie biologique. Car il est indiscutable que, dans l'immense majorité des êtres organisés, la vie *animale* ne représente qu'un supplément, qu'une série additionnelle de phénomènes superposés à la vie *organique* fondamentale. Et si, dans la montée progressive de l'être, nous trouvons que ce qui fut d'abord une simple addition est devenu finalement la partie la plus importante, — au point que, chez l'homme, la vie végétative semble destinée seulement à supporter la vie animale, dont les attributs moraux et intellectuels représentent les plus hautes fonctions de l'existence, — un fait aussi remarquable ne saurait affecter l'ordre de l'étude biologique, mais est simplement l'annonce d'une autre science fondamentale — la Sociologie — qui prend sa source dans la Biologie. En se limitant par conséquent à la science de la vie, il reste indubitable que les formes primitives de la vie sont végétatives et que l'étude de la vie animale leur doit être subordonnée ; conclusion en rapport avec la plus grande généralité de la vie végétative, et aussi, selon la remarque de Bichat, avec son caractère *continu*, opposé au caractère intermittent des fonctions de la vie animale.

Entre ces deux formes de la vie, il existe, à la vérité, une distinction capitale, à savoir, celle qui a trait précisément à l'*intermittence* des fonctions animales et à la *continuité* des fonctions végétatives. Ajoutons que, « pour compléter cette irrécusable appréciation, il importe d'y rattacher, comme conséquence nécessaire, la double loi de l'*exercice*, qui n'appartient qu'à l'animalité. D'abord, la continuité des fonctions végétatives exclut toute satisfaction, quand même l'être serait pourvu de nerfs sensitifs, puisque tout plaisir exige une comparaison alors impossible. C'est en vertu de son intermittence caractéristique que la double propriété animale, soit passive, soit active, comporte le sentiment de son exercice, et, par suite, inspire le besoin de le répéter. En second lieu, cette répétition, réglée surtout d'après les conditions nutritives, développe un autre attribut animal, qui ne saurait davantage convenir à des fonctions continues. C'est la faculté de l'habitude qui... constitue la base nécessaire du perfectionnement individuel ». (Comte, *Politique positive,* chap. III de l'*Introduction fondamentale.*)

CHAPITRE XVI

Objet et Méthode de la Biologie.

Il sera possible maintenant de hasarder une définition de la Science de la Vie, et de circonscrire son objet et sa méthode. Nous avons vu que l'idée de vie suppose constamment la corrélation de deux éléments indispensables, un *organisme* et un *milieu* (en comprenant sous le nom de milieu l'ensemble des circonstances extérieures nécessaires à l'existence des organismes). C'est de l'action réciproque de ces deux éléments que résultent tous les phénomènes de la vie. Il suit de là que le grand problème de la Biologie est d'établir, pour tous les cas, d'après le moindre nombre possible de lois invariables, une exacte harmonie entre ces deux inséparables facteurs — le conflit vital et l'acte qui le constitue ; en un mot, à lier la double idée d'*organe* et de *milieu* avec celle de *fonction*. La destination de la Biologie positive est donc de rattacher l'un à l'autre, dans chaque cas déterminé, le point de vue anatomique et le point de vue physiologique, l'état statique et l'état dynamique. Cette relation constitue son vrai caractère philosophique. Placé dans un système donné de circonstances, chaque organisme doit toujours agir d'une manière déterminée ; et, en sens inverse, la même action ne saurait être identiquement produite par des organismes vraiment distincts. Nous devons, par conséquent, conclure de l'acte à l'agent ou de l'agent à l'acte. Le milieu censé préalablement bien connu, d'après les résultats obtenus par les sciences antécédentes, le double problème biologique peut être ainsi formulé : *étant donné l'organe ou la modification organique, trouver la fonction ou l'acte, et réciproquement.*

Que la Biologie soit loin d'être parvenue à l'état positif que comporte une pareille capacité de prévision scientifique, sauf dans un petit nombre de cas, c'est là une constatation évidente aux yeux de toute personne au courant de la situation de cette science, et qui était encore plus évidente à l'époque où Comte publia ses vues, en 1838. Et, bien que, dans le premier volume de sa *Politique positive*, publié en 1851, il ait fait allusion aux découvertes importantes de Schwann, relatives à « la théorie cellulaire », il est clair qu'il n'a pas suivi, avec une attention suffisante, le progrès rapide de l'investigation physiologique. Je ne fais d'ailleurs cette remarque que pour ceux qui voudraient étudier son œuvre. Car le présent état de la science ne modifie en aucune manière les considérations philosophiques générales qu'il a avancées avec une intuition si profonde et si complète. Et on peut lui appliquer justement ce que Buffon dit de Pline : « *Il a cette faculté de penser en grand qui multiplie la science* ».

Après avoir défini la Science, nous pouvons maintenant examiner sa Méthode. Or, la loi philosophique, posée par Comte, et relative à l'*accroissement* de nos ressources scientifiques à mesure que les phénomènes deviennent plus *compliqués*, reçoit en biologie une éclatante illustration. Si les phénomènes de la vie sont incomparablement plus complexes que ceux du monde inorganique, nos moyens de les explorer sont aussi plus étendus. Et Comte, qui a déjà indiqué les trois modes principaux d'exploration, l'Observation, l'Expérimentation et la Comparaison, s'occupe d'exposer en détail leur application à la biologie.

Non seulement l'Observation proprement dite reçoit ici une grande extension, en rapport avec l'immense variété des phénomènes à observer, mais elle s'enrichit de l'emploi de moyens artificiels qui élèvent à la plus haute puissance l'usage de nos sens, tels le microscope et le stéthoscope. Il n'est personne, quelque peu au courant des recherches microscopiques, qui méconnaisse leur énorme importance, malgré les erreurs auxquelles peuvent être conduits les investigateurs, en raison de l'extrême difficulté de leurs observations exactes et de leur tendance à *voir* ce qu'ils désirent *découvrir*.

Quant à l'Expérimentation, au sens strict du mot, et telle qu'elle est utilisée en physique et en chimie, elle n'est susceptible ici que d'applications assez limitées, en raison de la *complexité* et de la *connexité* (si je puis employer ce mot) des phénomènes, qui empêchent l'élimination indispensable de toutes les circonstances autres que celle dont la constatation est précisément recherchée. L'impossibilité d'isoler les phénomènes rend, par suite, équivoques toutes les expériences directes. La Biologie possède cependant un mode d'expérimentation qui lui est propre et qui est des plus riches en indications ; je veux parler des expériences que la Nature réalise elle-même dans les cas des anomalies diverses de l'organisation et des variations de l'état normal connues sous le nom de maladies.

Toutefois, c'est la Comparaison qui constitue la méthode principale de la Biologie, et Comte est justifiable de s'étendre sur elle autant qu'il le fait. Assurément, les hommes mettent instinctivement à profit cette source fertile de connaissance, mais ils ont si peu conscience de son importance souveraine qu'il n'y a pas un biologiste sur cent qui s'imagine violer la méthode scientifique en commençant ses études et en les finissant avec la physiologie de l'homme. Et, cependant, ne serait-il pas plus absurde de commencer l'étude d'Euclide par le douzième livre ? Notre ascension ne doit-elle pas être graduelle ? Si nous considérons l'ensemble des manifestations de la vie, nous trouvons qu'elle présente deux grandes divisions — la végétale et l'animale — ou, pour employer le langage de Bichat, la vie organique et la vie de relation. Si nous envisageons les plantes et les animaux, nous constatons que ceux-ci se nourrissent de celles-là et que les seconds se distinguent uniquement des premières par la possession de certaines facultés, surajoutées à celles de la vie organique ou végétative, les facultés de sensation et de locomotion. Les organes de nutrition et de reproduction sont aussi indispensables aux uns qu'aux autres ; et l'idée de Cuvier, d'un animal qui serait capable de vivre, pendant un moment, de la seule *vie de relation*, révèle une profonde méconnaissance de la nature de la vie. De même que ce sont les végétaux qui pourvoient à la nourriture des animaux, c'est, de même, la vie *végétative* qui sert de support à la vie de relation.

Les biologistes n'ont pas suffisamment ancrée dans l'esprit cette conviction que, malgré la prédominance, chez l'homme, de la vie animale, sur la vie végétative, la première est néanmoins simplement *superposée* à la seconde, et ne saurait, fût-ce pour un instant, s'en rendre indépendante. La Nature nous offre une merveilleuse progression, depuis la plante qui a seulement la vie organique, jusqu'au zoophyte qui manifeste un commencement de vie animale, et jusqu'à l'homme, en passant par la série zoologique, et en tenant compte de l'accroissement de complexité organique et de *l'extension graduelle de la vie de relation* qui accompagnent cette progression ; de sorte que, du simple processus d'assimilation et de reproduction, l'investigateur s'élève jusqu'à la locomotion, la sensation, l'intelligence, la moralité, la sociabilité. La grande différence dynamique entre l'inorganique et l'organique — c'est-à-dire le premier acte vital — est l'*assimilation*. En ajoutant l'acte de la *reproduction* nous avons la vie entière d'une *cellule*, c'est-à-dire du plus simple des organismes.

« Une cellule », dit Carpenter, « est, en langage physiologique, une vésicule close ou un minuscule sac formé par une membrane qui ne présente, à l'examen, aucune structure définie, et qui circonscrit une cavité susceptible de contenir une matière de consistance variable. Des cellules de cette sorte constituent l'organisme entier de diverses plantes simples, comme la *rouge-neige* ou la rosée sanglante ; car, bien que les échantillons de ces espèces de végétaux soient composés de vastes assemblages de telles cellules, il n'existe aucune dépendance entre celles-ci, et les actes vitaux de chacune d'elles sont la répétition exacte de ceux des autres. » En résumé, la cellule est une plante — minuscule mais cependant individualisée — et son pouvoir de reproduction (c'est-à-dire d'engendrer des cellules semblables à elle) est si grand, que de vastes étendues de neige sont rougies très rapidement par le *Protococcus nivalis* (rouge-neige). « C'est de cellules analogues », continue le

Dr Carpenter, « que *tous les corps organisés tirent leur naissance, quelle que soit leur complexité. L'arbre* immense qui contient presque, en puissance, une forêt, — *le zoophyte*, dans lequel nous découvrons les premières indications de l'animalité, — et l'*homme*, doué de sentiment, de pensée, d'intelligence, — naissent chacun d'un germe qui ne diffère, par aucun caractère sensible, de la *condition permanente* d'un de ces êtres inférieurs ».

Lorsque nous employons l'expression de « vie végétative », nous devons, comme le fait remarquer Valentin, nous mettre en garde contre l'erreur populaire qui suppose que le règne animal et le règne végétal se correspondent dans toutes leurs particularités, « qu'il y a une digestion, une respiration, une transpiration dans les plantes comme dans les animaux. Un examen plus attentif nous apprend que tel n'est pas le cas. Les végétaux ne possèdent point de tissus qui permettent le même genre d'absorption nutritive, de circulation de sucs ou de secrétion, que nous rencontrons chez les animaux, chez les supérieurs tout au moins. Ils ne possèdent point de larges cavités dans lesquelles des quantités considérables de nourriture puissent s'accumuler et être soumises à l'action dissolvante de secrétions spéciales. Ils ne possèdent point d'organe central pour la circulation de leurs sucs, ni d'appareil spécialement adapté à l'absorption et à l'expulsion des gaz respiratoires. Ils sont dépourvus des revêtements épithéliaux qui jouent un rôle si important dans la plupart des organes excrétoires des animaux. En un mot, les fonctions générales organiques s'opèrent dans les deux règnes vivants de la nature, et probablement même dans leurs divisions subordonnées, d'après deux voies différentes. Cette différence conduit, sur-le-champ, à la conclusion que la structure de l'animal n'est pas une simple répétition de celle de la plante, avec addition de séries de nouveaux appareils. La nature des tissus, leur mode d'action et leurs altérations, la forme, la division et la destinée des organes, — tout cela nous enseigne plutôt que les animaux d'un type quelconque sont construits sur un plan tout-à-fait différent ».

C'est pour rendre plus manifeste l'indispensabilité de la

méthode *comparative* que j'insiste sur cette identité propre à chaque série biologique, et que j'appelle l'attention sur la nécessité de procédés méthodiques pour étudier ces séries. C'est seulement en étudiant les variétés de l'organisation, dans l'ordre de leur accroissement de complexité structurale et d'activité vitale, que nous pouvons les apprécier justement. Cuvier dit, avec raison, que l'examen de l'anatomie comparée d'un organe, dans sa gradation ascendante du plus simple état au plus complexe — ou, comme il le préfère et comme le préfèrent avec lui la majorité des auteurs français, dans sa gradation descendante, du plus complexe au plus simple, — équivaut à une expérience qui consisterait à enlever les parties successives d'un organe dans le but de découvrir quelle est sa partie essentielle. Prenons, par exemple, l'oreille. La partie essentielle est, sans contredit, le vestibule ; et toutes les autres parties, les canaux demi-circulaires, le limaçon, le tympan, avec ce qu'ils renferment, ne sont que des additions successives, additions en rapport avec l'acquisition d'un pouvoir croissant de perception.

L'Anatomie comparée est donc la base de l'anatomie philosophique, et, avant de pouvoir comprendre les lois de la vie, il est indispensable que nous embrassions l'entière variété des phénomènes vitaux : tâche prodigieuse, et l'une de celles qu'il nous est, à juste titre, permis, avec Comte, de considérer comme une des plus fortes preuves de la puissance de l'intelligence humaine.

Il est nécessaire, affirme Comte, de distinguer les divers aspects sous lesquels peut se pratiquer la comparaison biologique : en premier lieu, la comparaison entre les parties variées de chaque organisme ; secondement, entre les sexes ; troisièmement, entre les diverses phases de l'ensemble du développement ; quatrièmement, entre les races ou les variétés de chaque espèce ; cinquièmement, entre tous les organismes de la hiérarchie animée.

Quiconque s'est livré à des recherches biologiques étendues sentira la nécessité de revenir, à chaque instant, à la méthode comparative ; et, à titre d'illustration saisissante, j'invoquerai, à l'appui de mon dire, le processus fondamentale de l'assimilation. En constatant que le premier exemple, de transformation de la matière inorganique en substance organique, se manifeste dans l'assimilation végétale et que toutes les transformations suivantes, au sein des tissus plus élevés, consistent simplement dans des modifications de ce processus, il est clair que les lois élémentaires de l'assimilation peuvent être plus facilement découvertes dans le règne végétal que dans le monde animal.

CHAPITRE XVII

Anatomie philosophique.

Ayant indiqué, bien que brièvement, les plus importantes généralités relatives à l'objet, au but et à la méthode dans l'étude des êtres vivants, nous pouvons maintenant jeter un coup d'œil sur la division que Comte a donnée du sujet, en éléments statique et dynamique, en Anatomie (comparée et descriptive) et en Physiologie.

L'Anatomie est demeurée dans une confusion inextricable tant qu'elle n'a eu en vue que les organes ou les groupes d'organes. Bichat, par sa grande idée philosophique de décomposer l'organisme en ses nombreux *tissus* élémentaires, a rendu à l'anatomie le plus grand des services. Car, bien que l'examen approfondi de l'ensemble du règne animal, en procédant d'après la méthode ascensionnelle, depuis l'être le plus inférieur jusqu'à l'homme, nous montre les divers tissus émergeant successivement, avec leurs caractères spéciaux, à mesure que les diverses fonctions se spécialisent et se prononcent davantage, — il n'en est pas moins vrai que la découverte eût été nécessairement beaucoup plus lente, n'eût été l'innovation philosophique de Bichat. Rien n'est plus propre à le démonter que le cas de Cuvier qui, venu après Bichat, n'a pu comprendre l'importance de cette vue, et a continué à s'occuper exclusivement des organes et des groupes d'organes, dans l'espoir qu'eux seuls répondraient à ses questions. Cependant, comme les organes eux-mêmes se composent de tissus, la priorité de ceux-ci demeure hors de contestation.

Cette priorité justifie l'ordre établi par Comte, en conformité avec sa méthode de procéder du général au particulier, du simple au complexe. *Nous devons commencer par l'étude des tissus, pour analyser ensuite les lois de leurs diverses combinaisons en organes, et considérer enfin le groupement des organes eux-mêmes en appareils proprement dits.*

Toutefois, cet ordre est susceptible d'une légère rectification qui a été suggérée par un disciple de Comte, le docteur Segond dans sa *Systématisation de la Biologie*, et qui consiste à faire précéder l'étude des tissus de celle des principes immédiats — des phosphates, des graisses, des sels, des albumines, etc., dont la combinaison avec les « éléments anatomiques » (cellules, fibres, tubes) constitue les éléments organiques, — c'est-à-dire des constituants élémentaires de la matière organique. Ceux, d'entre les biologistes philosophes, qui voudraient voir la question traitée à fond, n'ont qu'à se reporter à l'important ouvrage de *Chimie anatomique* de Ch. Robin et Verdeil, où ils trouveront la plus complète application de la méthode positive en anatomie élémentaire.

Aucun chimiste organique ne doute maintenant que le point de départ de tous les tissus soit la *Protéine* de Mulder. Et, cependant, on ne croit guère plus à l'existence actuelle de cette protéine que Mulder s'imaginait avoir découverte. Mais bien que l'existence, à notre époque, d'une telle combinaison basique des quatre organogènes soit douteuse, sa conception est trop utile — à titre d'artifice logique — pour être rejetée ; et les anatomistes continuent à employer le terme de protéine pour désigner, sous une forme abrégée, les quatre organogènes. En fait, la conception que cette expression résume, représente une simple application, aux corps organiques, de la théorie des *composés radicaux ;* et nous pouvons l'utiliser de la même manière que nous utilisons, en chimie organique, les radicaux, sans croire nécessairement, pour cela, à son existence objective (1).

Comme préface à nos recherches sur la transformation du tissu cellulaire en d'autres tissus, nous avons à suivre la

(1) Voir, sur ce point, Robin et Verdeil, *Traité de Chimie anatomique*. Vol. I, p. 648.

transformation de cette protéine dans l'albumine, la fibrine, la caséine, par addition de certaines proportions de soufre, de phosphore, ou de l'un et de l'autre ; et par là, nous saisissons la relation intime de la Biologie et de la Chimie.

C'est le cas maintenant de relever les analyses chimiques que Mulder a données de ces éléments. Observons d'abord que la protéine, la mère de tous, est considérée comme composée seulement des quatre organogènes, et dans la proportion suivante pour cent :

Azote.	16,01
Carbone.	55,29
Hydrogène.	7,00
Oxygène.	21,70
	100,00

Pour obtenir l'albumine, il suffit d'une addition légère — très légère — de soufre et de phosphore, venant remplacer une légère perte d'azote et de carbone :

Azote.	15,83
Carbone.	54,84
Hydrogène.	7,09
Oxygène.	21,23
Phosphore.	0,33
Soufre	0,68

Pour obtenir la fibrine, nous avons besoin des mêmes additions que pour l'albumine, mais avec de légères variations dans les proportions :

Azote.	15,72
Carbone.	54,56
Hydrogène.	6,90
Oxygène.	22,13
Phosphore	0,33
Soufre.	0,36 (1)

(1) J'ai donné l'analyse de Mulder, mais le lecteur devra se souvenir : 1° qu'il s'agit d'une analyse *élémentaire* ; 2° que la composition des substances organiques est essentiellement *indéfinie*, tout en variant dans certaines limites seulement.

Après avoir ainsi fixé l'ordre des études anatomiques, — les principes immédiats, les éléments, les tissus, les organes et les groupes d'organes ou systèmes, — il nous reste à retracer la dérivation de tous les tissus, d'un seul, et leur classification d'après leurs véritables relations générales.

Après avoir fait ressortir la valeur de la distinction indiquée par De Blainville entre les *éléments* organiques et les *produits* organiques, Comte aborde la question de la vitalité des fluides organiques :

« Un premier coup d'œil sur l'ensemble de la nature organique, depuis l'homme jusqu'au végétal, montre clairement que tout corps vivant est continuellement formé d'une certaine combinaison de solides et de fluides, dont les proportions varient, d'ailleurs, suivant les espèces, entre des limites très écartées. La définition même de l'état vital suppose évidemment l'harmonie nécessaire de ces deux sortes de principes constituants, mutuellement indispensables. Car ce double mouvement intestin de composition et de décomposition permanentes, qui caractérise essentiellement la vie générale, ne saurait être conçu, à aucun degré, dans un système entièrement solide. D'un autre côté, indépendamment de ce qu'une masse purement liquide, et à plus forte raison gazeuse, ne pourrait exister sans être circonscrite par une enveloppe solide, il est clair qu'elle ne saurait comporter aucune véritable organisation, sans laquelle la vie proprement dite devient inintelligible. Si ces deux idées mères de vie et d'organisation n'étaient point nécessairement corrélatives, et par suite réellement inséparables, on pourrait concevoir que la première appartient essentiellement aux fluides, comme seuls éminemment modifiables, et la seconde aux solides, comme seuls susceptibles de structures déterminées, ce qui reproduirait, sous un autre aspect philosophique, l'évidente nécessité de cette harmonie fondamentale entre les deux ordres d'éléments organiques. L'examen comparatif des principaux types de la hiérarchie biologique confirme, en effet, ce me semble, comme règle générale, que l'activité vitale augmente essentiellement à mesure que les éléments fluides prédominent davantage dans l'organisme, tandis que la prépondérance croissante des solides y détermine, au contraire, une plus grande persistance de l'état vital. Depuis longtemps, tous les biologistes philosophes avaient déjà signalé cette loi incontestable, en considérant seulement la série des âges, d'où Bichat surtout la fit si nettement ressortir. — Ces réflexions me paraissent propres à établir clairement que la controverse si agitée, quant à la vitalité des fluides, repose essentiellement, ainsi que tant d'autres controverses fameuses, sur une position vicieuse de la question ; puisqu'une telle corrélation nécessaire entre les solides et les fluides exclut aussitôt, comme également irrationnels, l'*humorisme* et le *solidisme* absolus....

« Toutefois, en considérant les divers principes immédiats propres à la composition si hétérogène des fluides organiques, il y a lieu de poursuivre, à leur égard, une recherche générale très positive, quoique fort difficile, et qui, peu avancée jusqu'ici, présente réellement un haut intérêt philosophique, pour achever de fixer nos idées fondamentales sur la véritable vitalité des fluides anatomiques..... Ainsi, par exemple, le sang étant formé d'eau en majeure partie, il serait absurde de concevoir un tel véhicule inerte comme participant à la vie incontestable de ce fluide ; mais alors quel en est, parmi les autres principes immédiats, le véritable siège? L'anatomie microscopique a entrepris, de nos jours, de répondre à cette question capitale, en plaçant ce siège dans les globules proprements dits, qui seraient seuls à la fois organisés et vivants. Une telle solution, quelque précieuse qu'elle soit, en effet, ne peut cependant, à mon avis, être encore envisagée que comme une simple ébauche. Car on admet en même temps, d'après l'ensemble des observations, que ces globules, quoique affectant toujours une forme déterminée, se rétrécissent de plus en plus à mesure que le sang artériel passe dans un ordre inférieur de vaisseaux, c'est-à-dire en avançant vers le lieu de son incorporation aux tissus ; qu'enfin, à l'instant précis de l'assimilation définitive, il y a liquéfaction complète des globules. Or, quelque naturelle que doive paraître, en elle-même, cette dernière condition, elle semble directement contradictoire au principe de l'hypothèse fondamentale, puisque, d'après ce principe, le sang cesserait donc d'être réputé vivant au moment même où s'accomplit son plus grand acte de vitalité ».

Le résultat net de cette étude sur la vitalité des fluides, agrémentée de diverses considérations que nous sommes obligés de laisser de côté, faute de place, est que Comte commence son investigation statique par les solides, comme représentant mieux l'idée d'organisation, et qu'il passe des solides aux liquides.

Nous revenons ainsi une fois de plus aux tissus comme point de départ anatomique. Et ici, comme ailleurs, l'immense importance de la Comparaison est prouvée, d'une façon éclatante, par le fait que les premières phases du développement humain sont trop rapides et d'une observation trop difficile pour servir de guide à l'anatomie. Il n'y a que la considération de l'ensemble des êtres organisés, figurant dans la hiérarchie biologique, qui puisse fournir des indications décisives. En suivant cette méthode comparative, nous trouvons que le tissu *cellulaire* est la trame primordiale et essentielle de chaque organisme, et le seul qui se rencontre dans l'universalité des êtres animés. Toutes les variétés de tissus, si distincts à nos regards, chez l'homme, perdent successivement leurs attributs caractéristiques à mesure que nous descendons l'échelle de l'organisation, et tendent toujours à se confondre dans le tissu cellulaire, qui, comme nous le savons, reste la seule base du monde végétal et aussi des formes les plus inférieures du monde animal.

« Nous devons surtout remarquer ceci », dit Comte, « que la nature d'une telle organisation élémentaire et commune se présente pleinement en harmonie philosophique avec ce qui constitue le fond nécessaire et uniforme de la vie générale, réduite à son extrême simplification abstraite. Car le tissu cellulaire, sous quelque forme qu'on le conçoive, est éminemment apte, par sa structure, à cette absorption et à cette exhalation fondamentales, dans lesquelles consistent les deux parties essentielles du grand phénomène vital. A l'origine inférieure de la hiérarchie biologique, l'organisme vivant, placé dans un milieu invariable, se borne réellement à absorber et à exhaler par ses deux surfaces, entre lesquelles circulent ou plutôt oscillent les fluides destinés à l'assimilation et ceux qui résultent de la désassimilation. Or, pour d'aussi simples fonctions générales, l'organisation celluleuse est évidemment suffisante, sans la participation d'aucun tissu plus spécial ».

Ayant ainsi constaté que le tissu cellulaire est le tissu primordial qui se modifie successivement pour engendrer tous les autres, il nous reste à indiquer l'ordre de succession de ses transformations ; et ici, l'anatomie comparée vient de nouveau à notre aide, en nous fournissant, pour nous guider, ce principe simple et lumineux, — que les tissus secondaires doivent être regardés comme s'écartant d'autant plus du tissu générateur que leur première apparition se manifeste dans des organismes plus différenciés et plus élevés. Par exemple, le tissu nerveux est totalement absent de l'organisme de tous les végétaux, et introuvable chez les types inférieurs de l'organisation animale, dénommés, pour cette raison, *Acrita*, par Owen. De même, il existe deux variétés distinctes de tissu musculaire, celle à fibres striées et celle à fibres lisses ; la première, propre aux muscles volontaires qui sont les plus complexes, la dernière aux muscles involontaires. Or, les plus récentes recherches établissent qu'en descendant la hiérarchie animale nous voyons les caractères distinctifs des fibres striées s'effacer graduellement, les stries transversales devenant irrégulières au lieu d'être parallèles, et n'existant plus au centre des fibres que là où le développement est le plus grand, et l'énergie contractile la plus active.

Les modifications que le tissu cellulaire subit, peuvent, d'une façon générale, être divisées en deux classes : les plus communes et les moins profondes sont celles qui touchent simplement à la structure ; les autres plus profondes et plus spéciales atteignent jusqu'à la composition du tissu lui-même.

« La transformation la plus directe et la plus répandue donne naissance au tissu dermeux proprement dit, qui constitue le fond nécessaire de l'enveloppe organique générale, soit extérieure, soit intérieure. Ici, la modification se réduit à une pure condensation, diversement prononcée chez l'animal, suivant que la surface doit être, comme à l'extérieur, plus exhalante qu'absorbante, ou en sens inverse à l'intérieur. Cette première transformation, quelque simple et commune qu'elle soit, n'est pas même rigoureusement universelle : il faut s'élever déjà à un certain degré de l'échelle biologique pour l'apercevoir nettement caractérisée. Non seulement, dans la plupart des derniers animaux, il n'y a pas de différence essentielle d'organisation entre les deux parties, intérieure ou extérieure, de la surface générale, qui peuvent, comme on le sait depuis longtemps, se suppléer mutuellement ; mais, en outre, si l'on descend un peu davantage, on ne reconnaît plus aucune disposition anatomique qui distingue notablement l'enveloppe d'avec l'ensemble de l'organisme, dès lors devenu uniformément celluleux.

« Une condensation croissante, et plus ou moins également répartie, du tissu générateur, détermine, à partir du derme proprement dit, et à un degré plus élevé de la série organique, trois tissus distincts, mais inséparables, qui sont destinés, dans l'économie animale, à un rôle très important quoique passif, soit comme enveloppes protectrices des organes nerveux, soit comme auxiliaires de l'appareil locomoteur. Ce sont les tissus fibreux, cartilagineux et osseux, dont l'analogie fondamentale était trop manifeste, malgré l'insuffisance des moyens primitifs de l'analyse anatomique, pour avoir échappé au coup d'œil de Bichat, qui les classa soigneusement dans leur ordre rationnel. M. Laurent, dans son projet de nomenclature systématique, a judicieusement fixé ce rapprochement incontestable, en proposant l'heureuse dénomination de tissu *scléreux* pour caractériser l'ensemble de ces trois tissus secondaires, envisagés sous un point de vue commun. La rationalité d'une telle considération est d'autant plus évidente, que, en réalité, les différents degrés de la consolidation tiennent essentiellement ici au dépôt, dans le réseau celluleux, d'une substance hétérogène, soit organique, soit inorganique, dont l'extraction ne laisse aucun doute sur la véritable nature du tissu. Quand, au contraire, par une dernière condensation directe, le tissu fondamental devient lui-même plus compact, sans s'encroûter de matière étrangère, on passe alors à une nouvelle modification principale, où l'imperméabilité devient compatible avec la souplesse, ce qui caractérise le tissu *séreux*, ou plus exactement kysteux, dont la destination propre consiste, soit à s'interposer entre les divers organes mobiles, soit surtout à contenir des liquides, stagnants ou circulants. »

Ces tissus sont ceux qui sont nécessaires à la vie organique; et comme la vie animale se distingue sensiblement de la vie organique, nous pouvons nous attendre à rencontrer quelque distinction équivalente dans la modification des tissus propres à la vie animale, c'est-à-dire le tissu *musculaire* et le tissu *nerveux*. Pour chacun d'eux, la modification est caractérisée par la combinaison anatomique du tissu cellulaire fondamental avec un *élément organique* spécial, qui, nécessairement, affecte sa composition entière. Dans le cas du tissu musculaire, l'élément organique est celui bien connu de la *fibrine* (dont l'analyse a déjà été donnée), et dans le cas du tissu nerveux, c'est celui nommé, par De Blainville, *neurine*. La modification est, dans ces deux cas, trop profonde pour pouvoir être décrite avec précision dans l'état actuel de la science ; mais aucun anatomiste philosophe ne saurait douter de la réalité du processus, à moins d'admettre l'hypothèse de trois tissus *primitifs* — le cellulaire, le musculaire, le nerveux, — hypothèse qui bouleverserait l'unité entière de la Nature.

L'anatomie philosophique a donc, en somme, pour objet : *de réduire tous les tissus à un seul tissu primitif, duquel ils dérivent successivement, par des transformations spéciales de plus en plus profondes, d'abord de structure et ensuite de composition.*

Comte s'élève énergiquement contre cette tendance des anatomistes modernes de l'Allemagne, à quitter le vrai point de vue positif pour poursuivre un but inaccessible et chimérique, qui, s'il pouvait être atteint, transporterait la difficulté toujours plus haut, sans l'expliquer d'aucune manière. Peu satisfaits de la réduction de tous les tissus à un seul, ils prétendent réduire ce dernier à un assemblage de *monades organiques*, qui seraient les éléments primordiaux de tout corps vivant. Une telle prétention est évidemment contraire à toute saine Biologie. Dans la science de la vie, qu'avons-nous à étudier, sinon les phénomènes des êtres organisés ? Aller au-delà de l'organisme est s'aventurer au-delà des limites de la science. Car, si les différences entre le monde inorganique et le monde organique sont purement *phénoménales* et en aucune manière *nouménales*, comme j'ai essayé de le démontrer dans les chapitres sur la Chimie organique, ces différences *phénoménales* n'en sont pas moins essentielles en philosophie, et quiconque les confond se trouve pécher contre les principes fondamentaux de la philosophie.

En un certain sens, il est vrai que la vie est partout ; mais dans le sens restreint que la Biologie donne à l'expression de vitalité, et qui implique la corrélation de deux idées inséparables, celle de vie et celle d'organisation, il est évidemment absurde de supposer la vie résidant dans des molécules. En quoi pourrait donc consister réellement, soit *l'organisation*, soit *la vie*, d'une simple monade ? « Que la philosophie inorganique conçoive les corps comme finalement composés de molécules indivisibles : cette notion est pleinement rationnelle, puisqu'elle est parfaitement conforme à la nature des phénomènes étudiés, qui, constituant le fond général de toute existence matérielle, doivent nécessairement appartenir, d'une manière essentiellement identique, aux plus petites particules corporelles. Mais, au contraire, la double aberration que nous considérons, et qui, en termes intelligibles, revient réellement à se figurer les animaux comme essentiellement formés d'animalcules, n'est qu'une intempestive et absurde imitation d'une telle conception... Même en admettant cette fiction irrationnelle, les animalcules élémentaires seraient évidemment encore plus incompréhensibles que l'animal composé, indépendamment de l'insoluble difficulté qu'on aurait dès lors gratuitement créée quant au mode effectif d'une aussi monstrueuse association ».

Il ne faut pas croire qu'en s'élevant ainsi contre la doctrine des monades, Comte fasse allusion à la *théorie cellulaire*, qui, à l'époque où il écrivait, n'existait pas. Il prétend simplement sauvegarder l'unité de chaque organisation distincte. « Un organisme quelconque constitue, par sa nature, un tout nécessairement indivisible, que nous ne décomposons d'après un simple artifice intellectuel, qu'afin de le mieux connaître, et en ayant toujours en vue une recomposition ultérieure. Or, le dernier terme de cette décomposition abstraite consiste dans l'idée de tissu, au-delà de laquelle (si nous la combinons avec celle d'élément anatomique), il ne peut réellement rien exister, puisqu'il n'y aurait plus d'organisation. » L'idée de *tissu* est au monde organique ce qu'est l'idée de *molécule* par rapport au monde inorganique.

Je ne sais si le « lecteur ordinaire » a pu suivre le développement abstrait des principes fondamentaux de l'anatomie philosophique, mais il lui suffirait d'ouvrir quelques-uns des ouvrages spécialement consacrés à cette science, pour saisir immédiatement la simplicité, la profondeur et la clarté des principes posés par Comte.

CHAPITRE XVIII

Dynamique vitale.

A l'analyse de la condition fondamentale statique des êtres vivants, succède la coordination de tous les organismes connus en une hiérarchie ; en d'autres termes, à l'anatomie succède la classification zoologique. Le chapitre affecté à ce sujet par Comte est rempli d'intérêt, mais je dois me borner à en fournir une simple indication. Il se prononce contre la célèbre hypothèse de Lamarck. Et quoique son admiration de Lamarck, et son appréciation de l'influence de son œuvre sur la zoologie philosophique, soient telles qu'on puisse l'attendre d'un penseur si grand et si libéral, il apprécie imparfaitement, à mon sens, l'immense valeur de l'hypothèse transformiste, en la considérant uniquement comme un *artifice philosophique*, et indépendamment de la vérité qu'elle est susceptible de renfermer.

Après avoir formulé les considérations générales qui sont nécessaires pour procéder à une bonne classification, Comte aborde l'étude des conditions *dynamiques* de la Biologie qu'on appelle, en termes vulgaires, Physiologie.

L'étude de la Physiologie doit, en premier lieu, respecter la division fondamentale en Vie végétative et Vie animale qui correspond non seulement aux deux règnes Végétal et Animal, mais aussi à la double vie *végétative* et *de relation* de tout animal. La vie végétative, en tant que la plus simple, la plus générale, et la première apparue dans l'ordre des temps, réclame pour elle la priorité : l'animal dépend du végétal, qui ne dépend pas de lui. Or, nous pouvons constater très nettement, dans les phénomènes de la vie végétative, l'intervention de toutes ces lois de la matière inorganique que les sciences antérieures nous ont fait connaître. Aussi Comte a-t-il esquissé ce qu'il appelle « la théorie des milieux » (ou de l'ensemble des circonstances extérieures), comme une préface (1) indispensable à cette partie de la science.

« Le vrai caractère philosophique de la physiologie positive consiste à instituer partout une exacte et constante harmonie entre le point de vue statique et le point de vue dynamique, entre les idées *d'organisation* et les idées de *vie*, entre la notion de l'*agent* et celle de l'*acte*; il en résulte évidemment, dans le sujet fondamental qui nous occupe, la stricte obligation de réduire toutes les conceptions abstraites de *propriétés* physiologiques à la seule considération de phénomènes élémentaires et généraux dont chacun rappelle nécessairement à notre intelligence l'inséparable pensée d'un siège plus ou moins circonscrit, mais toujours déterminé. On peut dire, en un mot, sous une forme plus précise, que la réduction des diverses *fonctions* aux *propriétés* correspondantes doit toujours être envisagée comme la simple suite de la décomposition habituelle de la vie générale elle-même dans les différentes fonctions, en écartant toute vaine prétention à rechercher les *causes* des phénomènes, et ne se proposant que la découverte de leurs *lois*. Sans cette indispensable condition fondamentale, les idées de propriétés reprendraient nécessairement, en physiologie, leur ancienne nature d'entités purement métaphysiques.... »

En s'efforçant d'accorder, autant que possible, les différents degrés généraux de l'analyse physiologique avec ceux de l'analyse anatomique, on peut poser, à ce sujet, comme principe philosophique, que l'idée de *propriété*, qui indique le dernier terme de l'une, doit nécessairement correspondre à l'idée de *tissu*, terme extrême de l'autre, — tandis que l'idée de *fonction* correspond, au contraire, à celle d'*organe*; de telle sorte que les notions successives de fonction et de propriété présentent entre elles une gradation intellectuelle parfaitement semblable à celle qui existe entre les notions d'*organe* et de *tissu*.

(1) Dans la *Politique positive*, il rectifie la position donnée ici à la théorie des milieux, et la place *après* la Physiologie, d'après le principe philosophique que les questions intermédiaires doivent être étudiées après les deux extrêmes entre lesquelles elles se tiennent.

Nous avons déjà reconnu, en traitant des tissus, qu'il y a lieu de les diviser : 1° en un tissu générateur primordial, — le cellulaire ; et 2° en tissus secondaires et spécialisés, qui résultent de la combinaison de certaines substances avec cette trame primitive : ce qui revient à dire que nous avons à considérer le tissu cellulaire et ses modifications, et la combinaison de ce tissu avec la *fibrine* et la *neurine* pour former le tissu musculaire et le tissu nerveux. Par suite, les propriétés physiologiques doivent donc être divisées en deux classes correspondantes : 1° celle des propriétés générales qui appartiennent à tous les tissus, et qui constituent, à proprement parler, la vie du tissu cellulaire primordial ; et 2° celle des propriétés spéciales qui caractérisent les modifications les plus distinctives de ce tissu, soit les tissus musculaire et nerveux. De la sorte, nous revenons ainsi à la grande distinction fondamentale entre la vie végétative et la vie animale.

« Si, » dit Comte, « nous considérons à quel point est déjà parvenu, chez les esprits les plus avancés, la construction effective de cette théorie physiologique fondamentale, nous reconnaîtrons que l'opération peut être envisagée comme suffisamment accomplie à l'égard des propriétés spéciales, relatives aux deux grands tissus secondaires essentiellement animaux : en sorte que, suivant la marche naturelle de notre intelligence, le cas le plus tranché est aussi le mieux apprécié. Tous les phénomènes généraux de la vie animale sont aujourd'hui assez unanimement rattachés à l'*irritabilité* et à la *sensibilité*, considérées chacune comme l'attribut caractéristique d'un tissu nettement défini, au moins dans les degrés supérieurs de l'échelle zoologique. Mais il règne encore une extrême confusion et une profonde divergence à l'égard des propriétés vraiment générales qui correspondent à la vie universelle ou végétative ».

Les deux fonctions capitales de la vie végétative sont celles qui, par leur union constante et leur antagonisme, correspondent à la définition de la vie elle-même :

1° L'*absorption* intérieure de certains matériaux puisés dans le milieu extérieur, d'où résulte, d'après leur assimilation graduelle, ce que nous appelons la nutrition ou la croissance ;

2° L'*exhalation*, à l'extérieur, de celles des molécules qui n'ont pas été assimilées, ou qui sont le résultat d'une désassimilation dans l'intimité des tissus.

Aucune autre notion fondamentale ne saurait entrer dans l'idée de vie, si nous la séparons, comme nous devons le faire, de toute idée relative à la *vie animale*, dont l'influence, plus spéciale, ne peut affecter le problème général.

« Dans aucun organisme, les matières assimilables ne peuvent être directement incorporées, ni au lieu même où s'est opérée leur absorption, ni sous leur forme primitive ; leur assimilation réelle exige toujours un certain déplacement et une préparation quelconque qui s'accomplit pendant ce trajet. Il en est de même, en sens inverse, pour l'exhalation qui suppose constamment que les particules, devenues étrangères à une portion quelconque de l'organisme, ont été finalement exhalées en un autre point, après avoir éprouvé, dans ce transport nécessaire, d'indispensables modifications. Sous ce point de vue fondamental, comme sous tant d'autres, on a, ce me semble, fort exagéré la véritable distinction entre l'organisme animal et l'organisme végétal, surtout lorsqu'on a voulu ériger la *digestion* en un caractère essentiel de l'animalité. Car, en se formant de la digestion la notion la plus générale, qui doit s'étendre à toute préparation des aliments indispensable à leur assimilation effective, il est clair qu'une telle préparation existe nécessairement dans les végétaux aussi bien que chez les animaux, quoiqu'elle y soit, sans doute, moins profonde et moins variée, par suite de la simplification simultanée des aliments et de l'organisme. Une remarque analogue peut également s'appliquer au mouvement des fluides ».

Ces fonctions d'absorption et d'exhalation (entre lesquelles nous devons nécessairement interposer *l'assimilation* comme résultat de l'absorption), se complètent d'une quatrième qui, issue de l'assimilation, présente les trois grands aspects de la croissance, de la génération et de la mort, — dépendant tous de la prolifération cellulaire et *variant* suivant une loi que j'espère un jour démontrer, en utilisant la découverte résumée par mon ami Herbert Spencer dans cette formule :

l'individualisation est en antagonisme avec la reproduction (1).

C'est le cas de signaler ici une des lois fondamentales de l'assimilation, que nous devons, je crois, à Chevreul : *Il y a une relation intime entre la composition chimique d'un aliment et l'organisme qu'il nourrit.*

La plante ou l'animal peuvent se nourrir de deux manières : 1° selon qu'ils restent attachés au générateur en tant que graine ou qu'embryon ; 2° ou selon qu'ils sont séparés des générateurs et obligés de puiser leur nourriture dans le milieu ambiant. En analysant les *principes immédiats* contenus dans la graine ou dans l'œuf, nous les voyons appartenir aux types principaux qu'on retrouve postérieurement dans l'être développé. Et si — en passant des ovipares aux mammifères — nous étudions la composition du jeune animal dans ses rapports avec le lait qui, pendant longtemps, représente toute sa nourriture, nous retrouvons encore une parfaite correspondance entre l'aliment et la constitution. Les principes immédiats du lait sont « aptes à se combiner, molécule à molécule, avec les principes — exactement correspondants ou analogues — existant déjà dans les organes dont ils doivent entretenir la nutrition ».

Si nous considérons la plante séparée de ses parents et l'animal également séparé des siens, nous découvrons, de suite, une distinction capitale dans leur pouvoir d'assimiler la substance du monde extérieur. La plante, plus simple dans son organisation, se montre capable d'assimiler l'eau et les gaz ; et, d'autre part, l'engrais, nécessaire pour son complet développement, présente des matières organiques plus ou moins altérées au moment de leur pénétration.

En passant de la plante à l'animal, nous observons que plus l'organisation est complexe, plus complexes sont les aliments qui servent à son entretien, et plus il y a d'analogie entre leurs principes immédiats et les principes des organes qu'ils nourrissent. Nous voyons donc que les plantes se nourrissent d'eau, d'acide carbonique et d'autres gaz, et de matières

(1) Voir sa *Théorie de la Population*, extraite de la « Westminster Review », et qui contient l'esquisse d'un travail plus approfondi dont il s'est longtemps occupé.

organiques (sous forme d'engrais, c'est-à-dire réduites aux principes les plus simples et les plus solubles), tandis qu'au contraire les animaux, plus complexes et plus élevés dans l'échelle organique, ont besoin de matériaux plus complexes en principes immédiats, et par conséquent plus variés en propriétés.

Il importe, toutefois, d'introduire dans cet exposé une modification qui servira à corriger une erreur presque universelle. Cette erreur est celle qui consiste à supposer que les animaux se distinguent des plantes par leur incapacité à se nourrir directement des matériaux fournis par le règne inorganique. Dans la plupart des traités sur la Physiologie, on rencontre, en effet, cette proposition — présentée comme si elle était au-dessus de toute discussion — que les plantes sont capables de transformer et d'intégrer dans leur propre substance la matière inorganique, tandis que les animaux en sont personnellement incapables et sont obligés, pour cela, d'avoir recours aux végétaux.

La proposition formulée ainsi est erronée, parce que trop absolue. La part de vérité qu'elle contient est celle-ci : les animaux ne peuvent se nourrir uniquement des matériaux puisés directement dans le monde inorganique, comme le font les plantes à l'égard de l'air, de l'eau et des alcalis qui leur sont directement fournis.

Mais qu'est-ce que cela signifie, sinon que la structure complexe des animaux, en raison même de sa complexité, ne saurait s'édifier par les mêmes procédés que la structure simple des végétaux. Si les animaux étaient nourris de la même manière et avec les mêmes matériaux que les plantes, nous ne trouverions pas une aussi grande différence entre eux.

Il suffit qu'un doute s'élève, dans l'esprit de l'observateur, sur la vérité de l'opinion reçue pour qu'elle soit renversée par l'expérience commune. Celle-ci démontre, en effet, que les animaux ne convertissent pas seulement les substances organiques en leur propre substance, mais aussi les substances inorganiques, et qu'ils exécutent cette dernière opération avec une habileté et une activité à peine dépassées par les plantes. Ils empruntent directement à l'air, de l'oxygène pour vivifier leur sang, à la source, la plus grande partie de l'eau nécessaire à leur consommation ; ils puisent dans leur nourriture, et en dehors d'elle, les sels dont ils ont besoin. Ils absorbent du fer et des substances minérales variées, indirectement, si vous voulez, c'est-à-dire dans leur nourriture ; mais que leur nourriture soit privée de ces substances inorganiques, et ils ne tardent pas à périr. Bien plus, nous voyons, par l'exemple des oiseaux, que la craie est nécessaire à la vie. Dans ses expériences, M. Chossat a privé des pigeons de toutes substances calcaires autres que celles contenues dans les graines dont il les nourrissait. Le résultat fut celui-ci : ils engraissèrent d'abord et devinrent plus gros. Au bout de trois mois ils absorbaient huit fois plus d'eau qu'auparavant, et ils étaient atteints de diarrhée, *par insuffisance de principes calcaires.* Finalement ils moururent, montrant ainsi qu'ils étaient absolument incapables d'entretenir leur existence sans une certaine quantité de craie !

Aucun physiologiste n'ignore l'énorme proportion de substances inorganiques et spécialement d'eau et de phosphate de chaux que renferment les tissus organiques. L'eau représente près de quatre-vingt pour cent de la substance de notre corps ; et il n'est nullement évident qu'une partie de cette eau soit formée dans le corps (1).

Nous n'avons qu'à considérer la loi de l'assimilation pour nous rendre compte de la vérité de cette proposition, quant aux animaux et aux plantes. La formule de l'assimilation dépendant de la relation chimique entre l'aliment et la structure, il suit de là que plus complexe est l'organisation, plus complexe doit être la nourriture : d'où la raison pour laquelle les animaux ne sauraient se nourrir exclusivement des aliments qui suffisent à la structure plus simple des plantes.

(1) Cette proposition scandalisera probablement ceux qui sont habitués à considérer que l'oxygène se combine avec l'hydrogène des aliments pour former l'eau (pure hypothèse sans une seule observation directe à l'appui) ; mais l'ouvrage de Robin et Verdeil me permet de modifier assez mon énoncé pour dire : « Il est possible et probable, mais *seulement* probable que de l'eau puisse se former dans le corps par double décomposition, sinon par combustion directe ». (*Traité de Chimie anat.* T. II, p. 136-142.)

La gradation est celle-ci : les végétaux inférieurs n'ont besoin que de substances inorganiques; les végétaux d'un ordre plus élevé continuent à avoir besoin de ces substances, mais ils ont besoin aussi de certaines autres de nature mérorganique et qui leur sont fournies par les détritus de la matière organique contenus dans l'engrais (1). Les animaux inférieurs ont besoin de substances anorganiques, mérorganiques et téléorganiques — air, eau, sels, plantes, etc. Les animaux plus élevés éprouvent le besoin des mêmes substances, mais dans des proportions différentes, c'est-à-dire avec une prépondérance de matériaux téléorganiques, proportionnelle à l'organisation plus complexe de l'animal (herbivores, carnivores). Il y a donc lieu de modifier la définition Comtienne des animaux — comme des « êtres organisés qui se nourrissent de substances ayant déjà vécu » (par opposition aux plantes définies comme des « êtres organisés se nourrissant de matières n'ayant pas encore vécu »), — en intercalant le mot *principalement* dans la définition des animaux.

En poursuivant cette loi d'assimilation dans ses conséquences, nous distinguons la raison des résultats obtenus par Magendie, à savoir qu'aucune substance organique n'est suffisante comme aliment, à l'exclusion des autres; que l'ensemble même des substances organiques n'offre point une valeur alimentaire suffisante, si on en soustrait les principes immédiats, c'est-à-dire les principes inorganiques. Il est facile, en effet, de comprendre que l'entretien d'un être animé, composé de trois classes de principes, ne puisse être assuré par un aliment pourvu d'un seul de ces principes. De là l'erreur de l'argumentation célèbre de Liebig touchant les propriétés non nutritives de la gélatine (argumentation d'ailleurs en contradiction avec les principes qu'il a lui-même

(1) Pendant que ces lignes étaient à l'impression, la *Société de Biologie* a publié un abrégé des recherches de Verdeil et Rislet, sur la composition des substances solubles extraites des sols fertiles, expériences qui tendent à démontrer que les végétaux ne se nourrissent pas exclusivement de matériaux inorganiques, mais qu'ils trouvent aussi des substances organiques préparées pour eux dans le sol. Il s'ensuivrait que l'insuccès des engrais artificiels serait dû à leur manque de principes organiques. (*Mém. de la Soc. de Biol.* T. IV.)

établis) : la gélatine, seule, n'est pas plus nutritive que l'albumine, la graisse ou les sels, dans les mêmes conditions.

Finalement on doit conclure, de la relation entre l'aliment et la structure, que l'organisme sépare la nourriture en deux portions, l'une qu'il incorpore, l'autre qu'il rejette comme impropre à son usage. Et la même particularité se retrouve dans la formation des tissus spéciaux. Le sang représente le blastème dans lequel chacun d'eux puise sa nourriture, en choisissant ce qui lui est le mieux approprié.

CHAPITRE XIX

Dynamique vitale. — Matérialisme ou Spiritualisme.

En passant de l'étude des *fonctions* de la vie organique à celle des phénomènes plus complexes qui en sont les *résultats*, nous pénétrons dans un domaine nouveau et plus difficile, dont le degré de connaissance est nécessairement moins parfait. Pour prendre le résultat le plus immédiat, celui qui consiste dans le mouvement continu et simultané de composition et de décomposition, dont nous avons fait la caractéristique de la vie végétative, comment pourrions-nous rationnellement l'analyser, lorsque l'assimilation d'une part, et les secrétions de l'autre, sont si imparfaitement étudiées? Passons-nous à la question de la chaleur animale — qui peut être considérée comme un second résultat de l'activité spontanée des corps, pour maintenir, dans de certaines limites, leur température nécessaire, en dépit des variations thermométriques du milieu ambiant — qu'elle nous paraît aussi avoir besoin d'être plus correctement analysée. Considérées sous leur aspect le plus général, la production et la conservation de la chaleur animale résultent de l'ensemble des actes physico-chimiques qui caractérisent la vie organique; de telle sorte que chaque corps vivant représente un véritable laboratoire chimique, capable de maintenir spontanément sa température, comme une conséquence des phénomènes de composition et de décomposition dont il est le siège, sans tenir compte de la température extérieure. Et ce que nous disons de la chaleur s'applique également à l'électricité, dont la présence et le rôle incontestables dans l'organisme ont conduit à tant d'hypothèses chimériques sur son identité imaginaire avec la force vitale, l'action nerveuse, etc....

De l'étude de la vie organique, nous passons à la classe plus complexe et plus spéciale des phénomènes de la vie animale ou de relation. Et, en conformité avec les règles philosophiques déjà posées, notre premier objet doit être de distinguer quels sont ses phénomènes fondamentaux et distinctifs : ce sont la *locomotion* et la *sensation* qui dépendent de deux propriétés fondamentales, la *contractilité* et la *sensibilité*, appartenant à deux tissus particuliers, le tissu *musculaire* et le tissu *nerveux*. Toute la question se trouve résumée en ces quelques mots. Le biologiste positif reconnaît, dans la *contractilité* et la *sensibilité*, deux *propriétés* spéciales et distinctes, qui doivent être envisagées — tout au moins provisoirement — comme des faits derniers, ne comportant pas davantage de question ou d'explication que les faits derniers de la pesanteur, de la chaleur, etc... L'importance capitale de cette remarque, jointe à cette considération qu'elle a besoin d'éclaircissements pour être pleinement appréciée, me sollicite à ajouter quelques développements.

Comte fait observer — et l'observation est très significative — que la découverte de la gravitation, la première grande acquisition de la physique positive, a été contemporaine de la découverte de la circulation du sang, c'est-à-dire de la première acquisition qui a rendu possible la biologie positive. Et cependant, il s'en faut qu'il y ait eu égalité dans les progrès de ces deux sciences à partir du jour où elles avaient atteint simultanément chacune son point de départ positif. Or cette inégalité ne peut être attribuée *uniquement* et directement à la complexité plus grande de la biologie ; elle doit être attribuée aussi à la supériorité de la méthode philosophique qui a présidé à l'évolution de la physique, comparée à la méthode métaphysique qui n'a pas encore cessé de régner en biologie, — comme conséquence, ajouterai-je, de cette réelle complexité. Personne ne fait d'enquête sur la *nature* de la gravitation ou sur ses *causes* : on juge suffisant de mettre en lumière ses *lois*. Au contraire, les physiologistes se livrent à d'incessantes recherches sur la *nature* et la *cause* de la contractilité et de la sensibilité, incapables qu'ils sont de concevoir ces phénomènes comme deux faits derniers, — se résolvant dans les propriétés de deux tissus spéciaux. La seule distinction à retenir, entre ces propriétés vitales et les propriétés physiques générales, est qu'elles sont plus *spéciales ;* mais cette spécialité n'explique rien, car elle est toujours en harmonie parfaite avec une spécialité correspondante de structure : il n'y a que le tissu musculaire (ou, pour parler avec plus de précision, la fibrine) qui présente le phénomène de la contractilité ; il n'y a que le tissu nerveux qui présente le phénomène de la sensibilité. Toutes les hypothèses physiques et chimiques qui ont été mises en avant pour expliquer la contractilité et la sensibilité, sont aussi peu philosophiques que les efforts anciens pour expliquer la gravitation et l'affinité chimique. Car, comme le dit Comte avec vérité, elles se bornent à représenter, d'une façon fort vague, la transmission mécanique des impressions produites sur les extrémités nerveuses, sans éclairer, en aucune manière, la *perception,* qui reste ainsi évidemment inabordée, bien qu'elle soit, en réalité, le plus essentiel de tous les phénomènes de la sensibilité.

Une vague compréhension de la vanité de ces tentatives, pour expliquer les phénomènes de sensation, a provoqué une réaction indignée de la part des métaphysiciens, et en excitant les préjugés de la majorité contre ce qu'on appelle le *matérialisme*, a très sérieusement entravé la poursuite tranquille des recherches. Chacun est animé de l'intime conviction que la sensation et la pensée ne sont *pas* de l'électricité, ne sont *pas* de simples vibrations, ne sont *pas* « secrétées par le cerveau, comme la bile est secrétée par le foie ». On reconnaît que la sensation est un phénomène qui diffère de tous les autres ; il n'est point besoin d'une révélation de la science pour nous apprendre qu'elle diffère de l'électricité. Et cependant, bien que nous soyons intimement convaincus de la spécialité du phénomène, nous prêtons une oreille complaisante à toute explication, verbalement harmonieuse, des métaphysiciens, pour nous représenter la sensation comme un « principe immatériel », un « esprit supérieur », ou *quelque chose* de mystérieux, qui, quel qu'il puisse être, n'est assurément point de la matière inconsciente et insensible.

Les philosophes positifs ont souvent qualifié, de frivole et vexatoire dispute de mots, la querelle entre le Matérialisme et le Spiritualisme. En réalité, il y a plus que cela, car s'il est vrai qu'ils se disputent sur des mots, il est non moins vrai que ces mots recouvrent un antagonisme fondamental d'idées. Et j'estime, pour ma part, que les métaphysiciens ont, somme toute, plus de raison de leur côté que nous n'en aurions à soutenir leurs adversaires. Si absurde que puisse paraître leur « principe immatériel surajouté au cerveau », il a le mérite de respecter la *spécialité* distinctive des phénomènes de sensation en question, et de la défendre contre les hypothèses anti-scientifiques de quelques matérialistes.

Cette « matière aveugle, inconsciente et qui ne peut penser » fut invoquée comme un argument victorieux, en dépit de la supposition qu'impliquaient les épithètes — car l'aphorisme revient à ceci : la matière aveugle est incapable de voir, la matière inconsciente ne peut avoir conscience. Il est facile de démontrer à ceux qui envisagent à fond la question que, en fait de matière, le tissu nerveux, et *celui-là* seulement, étant sensitif, la proposition biologique se résume à avancer que « la matière sensitive est apte à sentir ». Revendiquer pour ce tissu nerveux une entité surajoutée, portant l'étiquette de Pensée, équivaut à l'abandon du droit chemin de l'observation pour une conjecture arbitraire. La même réflexion s'applique au fait d'appeler Force un principe immatériel surajouté au tissu musculaire. L'acte musculaire et l'acte nerveux ne sont en réalité que deux phénomènes spéciaux, appartenant à des tissus spéciaux. La science n'a rien à dire de plus. Si votre esprit n'est pas satisfait avec cela, et réclame une explication plus mystérieuse, inventez vous-même quelque mot qui vous plaise, et, en même temps, inventez-en d'autres pour la chaleur, pour l'attraction, pour chaque phénomène que vous concevez : le champ est ouvert ; libre à l'imagination de déployer ses ailes, mais ne cherchez pas à faire passer les créations de votre imagination pour de la science !

Ce que dit le métaphysicien sur la nécessité de respecter la *spécialité* essentielle des phénomènes de la pensée et de la sensibilité — et leur complète distinction des autres phénomènes physiques — doit donc être admis comme vrai. Il a le tort d'élever, sur cette base, une absurde superstructure ; mais ce n'est point une raison pour vouloir renverser la base. D'autre part, ce que raconte le physiologiste, de l'identité de la pensée et de l'activité nerveuse, représente également une base indestructible. Combinez les deux écoles en une et vous avez le philosophe positif qui dit : « La sensibilité est un fait dernier, qui ne comporte pas d'explication, qui ne doit pas être attribué à une cause connaissable, mais qui doit être reconnu comme la propriété d'un tissu spécial : le tissu nerveux ».

Les écrivains physiologistes se trouvent, à cette occasion, en présence d'un étrange dilemne. Leurs observations et leurs conclusions tendent toutes à démontrer la dépendance de la pensée vis-à-vis du système nerveux, pendant que leurs vieux préjugés, excités par les hypothèses et les confusions absurdes des matérialistes, les empêchent d'adopter une telle proposition dans sa simple rigueur. C'est ce que laissent voir assez clairement Todd et Bowman dans leur excellent ouvrage : « De ce qui précède, » disent-ils, « on peut déduire, comme une juste conclusion, que les circonvolutions du cerveau sont *le centre de l'activité intellectuelle*, ou plus exactement, que ce centre est représenté par la vaste couche de matière cellulaire qui couronne superficiellement les circonvolutions des hémisphères cérébraux. Cette surface est en relation avec les centres de la volonté et de la sensibilité (corps striés et couches optiques) et est capable de recevoir leurs excitations aussi bien que de les exciter. *Chaque idée de l'esprit est liée à une modification correspondante de quelqu'une des parties de cette surface cellulaire;* et, de même que des changements locaux de nutrition dans les expansions des nerfs des sens peuvent donner lieu à des sensations subjectives de vision ou d'audition, *de même, des modifications de la nutrition, dans la couche cellulaire de cette surface, peuvent occasionner des phénomènes analogues dans le domaine de la pensée, c'est-à-dire le développement rapide d'idées* qui, étant peu ou point réglées par la volonté, prennent la forme de divagations délirantes ».

Ailleurs cependant, ils déclarent : « *Quoique les opérations de l'esprit soient sans doute indépendantes du corps*,(?) l'expérience nous convainc que, dans les combinaisons de la pensée qui caractérisent l'exercice de l'intelligence, la force nerveuse peut, dans beaucoup de cas, suivre une fausse direction à travers l'inextricable structure du cerveau. Comment expliquer alors la fatigue de l'organe qu'amène le travail mental? Parfois le cerveau fléchit, comme une machine surchargée de travail, sous la fatigue longtemps soutenue d'un effort intellectuel vigoureux ; et plus d'un esprit supérieur, de nos jours ou à des époques antérieures, a, pour cette cause, fini ses jours sous la figure d'un idiot. L'un des signes les plus fréquents par lesquels s'annoncent les maladies cérébrales est la difficulté que l'individu éprouve pour « réunir ses pensées », la perte du pouvoir de combiner ses idées, ou l'altération de la mémoire. Combien auraient pu être sauvés d'une mort prématurée ou éviter l'asile, s'ils avaient eu soin de prévenir le danger qu'annoncent de tels symptômes.? Le mécanisme délicat du cerveau ne saurait résister longtemps, sans des périodes fréquentes et prolongées de repos, à l'usure incessante à laquelle s'exposent les hommes d'un grand pouvoir intellectuel. L'exercice trop précoce de l'intelligence dans l'enfance est fréquemment préjudiciable à la vigueur qu'elle doit acquérir dans l'âge mûr ; car l'usage trop prématuré du cerveau détériore son organisation, et favorise le développement de la maladie. Les émotions soudaines ou trop fortes, ou trop prolongées, sont les plus préjudiciables à *l'intégrité de la texture du cerveau et des opérations de l'intelligence* ».

Cependant, après avoir exposé explicitement les résultats évidents de la science, ces écrivains, alarmés par l'épouvantail du matérialisme, en viennent à se contredire et à proclamer l'indépendance de l'intelligence.

« La nature de l'union entre l'intelligence et la substance nerveuse », déclarent-ils, « a toujours été et continue à être le plus profond mystère de la physiologie ; et ceux qui étudient les lois naturelles, comme des décrets de Dieu, la considèreront comme un des secrets de ses desseins « que les anges désirent pénétrer. » L'expérience individuelle de chaque être pensant, ajoutée aux conséquences qu'on peut déduire de la vérité révélée, apporte l'évidence convaincante que l'esprit peut travailler indépendamment de la matière, *et* (1) nous possédons maintes preuves que des négligences dans la culture mentale sont susceptibles de troubler la nutrition cérébrale, de même que l'activité pathologique du cerveau est susceptible d'affaiblir ou de détruire la puissance de l'intelligence. Ces vérités fondamentales sont de la plus grande importance pour l'étude de la *pathologie* mentale aussi bien que de la physiologie. Elles sont de nature à faire croire que le développement mental et le développement physique se poursuivent parallèlement et s'assistent mutuellement, mais nous ne sommes pas, cependant, autorisés à conclure que l'activité mentale résulte du travail physique du cerveau. Les cordes de la harpe, mises en mouvement par un artiste habile, produiront une musique harmonieuse si elles ont été d'abord exactement accordées. Mais si l'instrument n'est pas en état, l'exécutant aura beau jouer les mêmes notes, et déployer une habileté égale dans le mouvement de ses doigts, il ne se produira que des dissonnances pénibles. Or, de la même manière qu'une douce mélodie résulte d'un jeu habile sur un instrument bien accordé et de bonne construction, — un esprit bien portant et un cerveau bien développé et de bonne qualité sont les conditions nécessaires d'une saine et vigoureuse activité mentale ».

Ils invoquent donc le fait que le surmenage mental peut conduire à des désordres persistants de la nutrition cérébrale, et que la paresse intellectuelle peut entraîner l'affaiblissement de l'organe, — comme une preuve de l'indépendance de l'esprit et de sa coopération avec le cerveau. Pour démontrer le caractère fallacieux d'une telle conclusion, nous n'avons qu'à envisager le cas suivant, exactement comparable. La *contractilité* est une propriété spéciale du tissu musculaire, au même titre la *sensibilité* est une propriété spéciale d'un tissu spécial, le tissu nerveux. Nous appelons l'ensemble des manifestations de l'une, la Force, tout comme nous appelons l'ensemble des manifestations de l'autre, l'*Intelligence*. Or, essayons d'appliquer

(1) Notez la logique de cet « *et* » !

à celle-là ce que Todd et Bowman viennent d'écrire de celle-ci :

L'expérience, dirons-nous, rend évident, aux yeux de toute personne sensée, que la Force a une existence indépendante de la matière faible et aveugle. Elle doit donc être considérée comme un « principe immatériel » qui utilise les muscles comme des instruments. La Force joue des muscles comme un musicien joue des cordes d'une harpe. Une foule de preuves établissent que le défaut d'usage de cette Force amène une détérioration de la nutrition musculaire, de sorte que l'homme qui n'utilise pas sa Force se trouvera avec des muscles petits et flasques, tandis que, d'autre part, — et cela prouve bien que la Force est indépendante de la fibre musculaire — la moindre lésion de cette fibre trouble ou détruit totalement la puissance des muscles, tout comme il suffit de briser les cordes d'une harpe pour anéantir son pouvoir musical ! Certes, il est vrai que la force physique et le développement musculaire marchent de pair, mais nous *ne* saurions conclure de là que la force soit dépendante de la condition physique des muscles !

Au lieu d'aboutir à de pareilles absurdités et à une telle confusion, n'est-il pas plus simple de reconnaître tout bonnement ce que l'observation nous démontre, à savoir que la sensibilité est la propriété spéciale d'un tissu spécial, et que la raison pour laquelle il en est ainsi est un mystère aussi impénétrable que celui de la gravitation ou de l'affinité chimique. Nous échappons ainsi aux grossières hypothèses des Matérialistes et à la logique absurde des Spiritualistes.

CHAPITRE XX

Dynamique vitale : Instinct et Intelligence.

L'étude de la vie animale dépend, comme nous l'avons vu, de la localisation de deux propriétés capitales, — la contractilité et la sensibilité, — dans deux tissus fondamentaux — le tissu musculaire et le tissu nerveux. Il s'en faut cependant que la portée de ce point de départ soit comprise de la majorité des biologistes, car non seulement la plupart des successeurs de Bichat ont cru que la contractilité était une propriété commune à tous les tissus, avec seulement des différences de degré, mais les auteurs contemporains eux-mêmes sont partagés sur la question. Et nous voyons, dans la dernière édition de *l'Anatomie* de Quain, que les éditeurs ont modifié leur opinion au cours de l'impression de l'ouvrage : inclinant d'abord à croire que la contractilité peut s'observer là où ne se trouvent pas de fibres musculaires, et n'aboutissant à l'opinion opposée que contraints, en quelque sorte, par des expériences plus récentes et plus concluantes. La contractilité est donc la propriété spéciale d'un tissu spécial, tel est le résultat final des plus récentes recherches. Pour de plus amples renseignements, le lecteur n'a qu'à se reporter au *Traité de Physiologie* de Longet et à l'*Anatomie Physiologique* de Todd et Bowman. Retenons, toutefois, ce fait important : le tissu musculaire est composé de fibrine, et, dans le sang, la fibrine, immédiatement après la coagulation, manifeste de la contractilité.

La nature positive de cette conception sera mieux appréciée en voyant comment un physiologiste aussi éminent que le docteur Carpenter, tout en l'acceptant virtuellement, s'égare néanmoins dans le sentier métaphysique, et se sert d'expressions vagues, là où la précision eût été si nécessaire. « Divers essais », dit-il, « ont été tentés pour démontrer que la contraction du muscle est un phénomène électrique ; mais aucune preuve n'en a été donnée, et toutes les probabilités nous portent à voir en elle *une des manifestations de la Force vitale.* » Que vient faire ici cette mystérieuse entité de la force vitale? Seul un métaphysicien pourrait nous le dire. Le penseur positif, qui se sert du terme de Force vitale comme d'une expression générale pour désigner les propriétés des êtres organisés, doit conclure que c'est raisonner dans un cercle vicieux que de définir la contractilité « une des manifestations de la force vitale » ; alors qu'en la définissant la propriété spéciale d'un tissu spécial, il se borne à enregistrer les faits observés. La contractilité viendrait-elle même, dans l'avenir, à être démontrée de nature électrique, que cette découverte n'ébranlerait en rien la notion de spécificité, puisque la manifestation spéciale d'électricité, se produisant sous forme de contraction musculaire, demeurerait toujours liée à un tissu spécial, le tissu musculaire.

Il ressort donc, de ce qui précède, que la correspondance parfaite des deux idées de Tissu et de Propriété fournit une base positive à la Biologie.

Nous ne sommes, à vrai dire, qu'au début de cette science, et les minutieuses investigations de milliers de chercheurs sont encore nécessaires, avant que nous soyons en mesure de résoudre quelques-uns de ses problèmes capitaux. Mais l'histoire entière des sciences nous apprend avec quelle rapidité s'accélèrent les découvertes, à partir du moment où les recherches sont dirigées par la vraie méthode positive. La Nature répond toujours à ceux qui savent l'interroger. Ses trésors sont à la disposition de ceux qui savent trouver la voie pour les atteindre.

Le mouvement et la sensation sont les deux fonctions capitales de la vie animale. Or, nous n'avons qu'à considérer, un instant, l'un et l'autre, pour prendre conscience de l'immensité du travail qui reste encore à exécuter avant que ces processus puissent être ramenés à des lois scientifiques. Parmi les actes musculaires, par exemple, quelques-uns sont notoirement *volontaires*, d'autres *involontaires*. Cette importante distinction est aussi perceptible que celle entre une plante et un animal. Mais de même, qu'à y regarder de près, il est difficile de tracer la ligne de démarcation entre le règne végétal et le règne animal, de même il est difficile de déterminer parfois si telle action est volontaire et telle autre involontaire. Pour prendre un exemple frappant, lorsque vous piquez une patte de grenouille, et que la patte se dérobe instantanément, et cela aussi souvent que vous l'irritez, ne vous semble-t-il pas clairement être en présence d'un acte *volontaire ?* Il n'en est *rien* cependant, ou, tout au moins, il est loin d'en être *toujours* ainsi (à supposer que cela arrive quelquefois), et le mouvement de l'animal n'est pas plus volontaire que celui qui vous fait fermer les paupières quand un objet passe rapidement devant vos yeux. C'est une assertion paradoxale que vous devez accepter de confiance ; car, pour la prouver, il me faudrait m'étendre sur le système nerveux bien au-delà des limites de ce travail.

Non seulement les actions volontaires peuvent être difficiles à distinguer des involontaires, mais la question se complique encore du fait que des actes qui, dans notre enfance, sont parfaitement en dehors du contrôle de la volonté, lui deviennent plus tard si complètement soumis, dans de certaines limites, qu'ils méritent désormais la qualification de volontaires : — tels ceux d'excrétion, entièrement involontaires dans l'enfance et dans certaines maladies, et qui, sous l'effort habituel de l'attention, deviennent des actes volontaires. D'autre part, le docteur Carpenter explique clairement comment les actes, qu'après Hartley il appelle des « actes automatiques secondaires » — et qui, à l'origine, étaient volontaires et réclamaient, pour chacune de leurs réalisations, une intervention directe de la volonté, — sont devenus tellement indépendants d'elle, par suite de leur répétition, qu'ils s'exécutent tout naturellement au moment même où l'attention est entièrement portée ailleurs.

En plus de ces actes, les uns automatiques, les autres involontaires, il en existe une classe d'autres que je serais disposé à distinguer sous le nom d'Organiques et, parmi lesquels, je rangerais les actes Instinctifs. Quel est celui qui, en observant les ébats d'un groupe de mères avec leurs enfants, n'a pas été frappé de la ressemblance remarquable de leur maintien et même de leurs ruses et de leurs caresses ? Qui n'a remarqué à quel point tous les enfants jouent pareillement ? Ils offrent les mêmes attitudes musculaires, prennent les mêmes postures compliquées, en suivant la même routine. Toutes ces ressemblances dépendent, sans doute, d'une identité d'organisation ; et ils forment une introduction naturelle à l'étude des actes plus spéciaux connus sous le nom d'*Instincts*. Ces instincts dépendent aussi de l'organisation ; ils sont des fonctions de l'organisme. Mais les métaphysiciens, suivant leur habitude, ont éprouvé le besoin de surajouter au mystère de l'Instinct une mystérieuse entité pour l'expliquer. Ils rangent tous ces actes organiques sous le terme général d'Instinct, puis transforment ce terme général en une entité abstraite qui remplit, dans le règne zoologique, un rôle analogue à celui de l'esprit dans le règne humain. Cette mystérieuse et obscure entité demi-spirituelle, nommée l'Instinct, a été longtemps invoquée par les métaphysiciens embarrassés, qui, refusant aux animaux la possession de l'intelligence, résolvaient toutes les difficultés par une jonglerie de mots. Le biologiste positiviste, au contraire, s'il voit dans l'Instinct un mystère, et un mystère inexplicable, ne le trouve pas plus mystérieux qu'aucun autre phénomène organique ; et, sincèrement fidèle à son principe de s'occuper seulement des *lois*, à l'exclusion des causes essentielles, il traite l'Instinct comme une branche de la physiologie, comme une raison rudimentaire.

De Blainville en donne cette définition : *l'instinct est la raison fixée ; la raison est l'instinct mobile ;* — ou, comme l'auteur des *Vestiges* l'exprime, la raison et l'instinct représentent « la même faculté, dans un cas *définie*, et dans l'autre *indéfinie*, quant à son mode d'action ».

De l'étude des actes instinctifs, nous avons à passer maintenant à celle des sens spéciaux comme introduction à celle de l'intelligence. Je me bornerai, d'ailleurs, à reproduire ici les remarques que Comte a émises sur un point de cette recherche : « Le seul point général de doctrine, ou plutôt de méthode, que l'on puisse aujourd'hui regarder comme arrêté d'une manière vraiment scientifique, c'est l'ordre fondamental, nullement indifférent, suivant lequel les diverses espèces de sensations doivent être étudiées, et cette notion a été réellement fournie par l'anatomie comparée bien plus que par la physiologie. Elle consiste à classer les sens suivant leur spécialité croissante, en commençant par le sens universel du *contact*, et considérant ensuite graduellement les quatre sens spéciaux, le goût, l'odorat, la vue et enfin l'ouïe. Cet ordre est rationnellement déterminé par l'analyse de la série animale, puisque les sens doivent être réputés plus spéciaux et plus élevés à mesure qu'ils disparaissent à des degrés moins inférieurs de l'échelle zoologique. Il est remarquable que cette gradation coïncide exactement avec le rang d'importance de la sensation, sinon pour l'intelligence, du moins pour la sociabilité..... On doit aussi noter, quoique plus secondaire, la distinction lumineuse introduite par Gall, entre l'état passif et l'état actif de chaque sens spécial. Une considération analogue, mais plus fondamentale, consisterait, ce me semble, à distinguer les divers sens eux-mêmes en actifs et passifs, selon que leur action est, par sa nature, essentiellement volontaire ou involontaire. Cette distinction me paraît très marquée entre la vision et l'audition, celle-ci s'effectuant toujours, même malgré nous et à notre insu, tandis que l'autre exige, à un degré quelconque, notre libre participation. L'influence plus vague, mais plus profonde, qu'exerce sur nous la musique comparée à la peinture, me semble provenir, en grande partie, d'une telle diversité ».

Des sens nous passerons à l'intelligence, ou à « l'étude positive des fonctions cérébrales intellectuelles et morales. » Mais je crois que la Philosophie positive réclame ici une modification dans la classification de Comte, et qu'au lieu de considérer la Psychologie comme une simple branche de la Biologie, nous devons l'intercaller entre la Biologie et la Sociologie à titre de science fondamentale distincte. Je suis d'ailleurs trop heureux de pouvoir citer John Mill sur ce point, pour faire contrepoids à la grande autorité de Comte. Après avoir fait allusion aux objections de Comte contre la possibilité, pour l'esprit, de s'observer lui-même, Mill ajoute :

« Après que tout ce qui peut être dit sur ce sujet, l'a été, il reste incontestable aux yeux de M. Comte et à ceux de tout le monde, qu'il existe des uniformités de succession dans les états de l'esprit, uniformités qui peuvent être découvertes par l'observation et l'expérience. Or, en supposant qu'il puisse être démontré, plus certainement qu'il ne l'a été jusqu'ici, que chaque état mental reconnaît un état nerveux comme son antécédent immédiat et sa cause prochaine, il n'en est pas moins vrai que nous ignorons complètement par quoi se caractérisent ces états nerveux ; nous ne savons pas et nous ne pouvons guère espérer savoir sous quel rapport chacun d'eux diffère des autres ; et le seul moyen que nous ayons à notre disposition d'étudier leur succession ou leur coexistence, est d'observer la succession ou la coexistence des états mentaux dont ils sont supposés être les générateurs ou les causes. Les successions, notamment, qui prévalent parmi les phénomènes mentaux, ne sauraient être déduites des lois physiologiques de notre organisation nerveuse ; et toute connaissance véritable, les concernant, doit continuer, pendant longtemps encore, sinon toujours, à être cherchée dans l'étude directe, par l'observation et l'expérience, des successions mentales elles-mêmes. Si donc, l'ordre de nos phénomènes mentaux doit être étudié dans ces phénomènes et ne peut être déduit des lois de phénomènes plus généraux, il nous faut reconnaître l'existence d'une Science distincte et autonome de l'Esprit. Les relations de cette science avec celle de la Biologie ne sauraient, certes, être méconnues ou trop peu appréciées, car on ne doit point oublier que les lois de l'Esprit peuvent être des lois dérivées, résultant des lois de la vie animale, et que leur exactitude peut, par conséquent, dépendre finalement de conditions physiques. Or, l'influence des états physiologiques ou des variations physiologiques pour modifier ou contrecarrer les successions mentales, est un des plus importants chapitres de l'étude psychologique ».

Je pense aussi que Comte doit être ramené sur son propre terrain ; et si l'on veut bien se reporter au chapitre de la Chimie organique et prendre en considération les arguments qui nous ont obligés à repousser tout empiètement de la

Chimie sur le domaine de la Biologie, on verra aisément de quelle manière irrésistible ils s'appliquent à l'empiètement de la Biologie sur la Psychologie. L'analogie semble complète.

La Biologie doit être séparée de la Chimie, non parce qu'il n'existe aucune distinction essentielle entre la matière organique et la matière inorganique, mais parce qu'il existe une importante distinction entre leurs *phénomènes*. De la même manière, nous devons donc séparer l'Intelligence de la Vie, non parce qu'il existe entre elles une séparation *essentielle* (noumenale) — la première n'est que le produit de la seconde — mais parce que les phénomènes de la Pensée sont *spéciaux* et différents des phénomènes de la Vie. La matière organique représente un plus haut degré de complexité que la matière inorganique, et c'est cette complexité plus spéciale qui détermine la spécialité de ses phénomènes. De même la Pensée ne représente qu'un degré plus élevé de Vie, dont la complexité spéciale engendre des phénomènes spéciaux. Comte nous a enseigné lui-même le moyen (le réactif pourrait-on dire) grâce auquel le chimiste peut se rendre compte si un problème quelconque est du ressort de sa juridiction, — c'est celui-ci : le problème est-il susceptible d'être résolu par l'application des seuls principes chimiques, et sans avoir recours à aucune considération d'action physiologique quelconque ? Je propose la même épreuve au biologiste qui, certainement, ne saurait prétendre résoudre les divers problèmes psychiques d'après les seuls principes physiologiques. Si, conformément à cette règle, le règne organique doit être séparé du règne inorganique, il en est de même du domaine psychique, par rapport au domaine biologique.

Je propose donc de conserver l'ordre dans lequel Comte a disposé les sciences physiques, et d'introduire une nouvelle science fondamentale — la psychologie — comme base de la sociologie, c'est-à-dire de n'aborder la science de l'Humanité qu'après la science préliminaire de la nature humaine.

CHAPITRE XXI

Psychologie : Une nouvelle Théorie cérébrale.

Il sera nécessaire, pour ce chapitre, de laisser de côté le *Cours de Philosophie positive* de Comte pour prendre son dernier ouvrage, la *Politique positive,* dans lequel il propose de substituer, à la théorie cérébrale de Gall, une nouvelle théorie plus perfectionnée. Avant de l'exposer, cependant, il nous faut introduire quelques remarques générales relatives à la méthode et à l'objet des recherches psychologiques.

Quoique l'anatomie comparée soit une science entièrement moderne, tous les philosophes reconnaissent, nonobstant, la part capitale qu'elle doit prendre à la construction d'une véritable science de la Biologie. Or, l'étude de l'anatomie comparée, en vue de la Biologie, commande, comme conséquence, l'étude de la Psychologie comparée, en vue d'une appréciation plus claire de notre condition psychique. Malheureusement, ce nouvel ordre de recherches n'a été poursuivi jusqu'ici que d'une manière irrégulière, et même, à proprement parler, inconsciente, en raison de l'ancien préjugé contre l'attribution d'une intelligence quelconque à la brute, au moment de la création. « Aux brutes l'instinct, aux hommes l'intelligence » : telle est la doctrine courante qui, à la considérer sérieusement, revient à peu près à dire que les bêtes ont quatre pattes tandis que les hommes ont des jambes et des *bras*. Or, il est assurément plus facile de démontrer l'homologie entre l'instinct et l'intelligence (dont la supériorité est simplement due au plus grand développement de l'organe correspondant) que l'homologie entre les membres supérieurs de l'homme et ses membres inférieurs, dont la différence fonctionnelle est due à des différences de structure, supérieures à celles qui existent entre le cerveau humain et le cerveau de beaucoup d'animaux. De même que l'anatomie comparée nous présente les innombrables variations de la structure des vertébrés comme de simples modifications d'un type unique, de même la psychologie comparée établira que les innombrables variétés mentales sont uniquement dues à des modifications correspondantes du système nerveux. L'Instinct n'est pas essentiellement différent de l'Intelligence, il est seulement la fonction simplifiée d'un organe plus simple. Les formes primitives des manifestations mentales se nomment Instinct ; les formes plus compliquées s'appellent Intelligence. Mais de même que le système nerveux reste spécifiquement le système nerveux, quel que puisse être le degré de concentration dans ses masses centrales, de même, l'Intelligence reste spécifiquement l'Intelligence, quelles que soient l'intensité ou la variété de ses manifestations. L'homme présente en commun avec la bête une double vie, végétative et animale ; il possède aussi en commun avec la bête une double vie mentale, instinctive et rationnelle. En montant l'échelle de la création, nous voyons la vie *animale* l'emporter graduellement sur la vie *végétative*, d'abord prépondérante; et nous voyons de même la *raison* prévaloir petit à petit sur l'*instinct*.

La nécessité de baser la psychologie sur la physiologie est peu à peu reconnue des métaphysiciens eux-mêmes (1). Comment, en vérité, pourrions-nous ignorer la relation de la fonction à l'organe? Comment pourrions-nous méconnaître que le double problème est toujours le même : — déterminer l'organe d'après la fonction, ou *vice versa ?* Les métaphysiciens avec leur « Ego », leur « Ame », leur « Esprit immatériel », etc..., sont bien obligés de reconnaître que la fonction a un organe, mais, selon leur habitude, ils préfèrent un vague inconnu, « quelque chose » d'inconnaissable, à la simple et palpable structure anatomique ! Si forte est cette tendance de leur esprit, que même lorsque la science positive démontre l'existence d'organes anatomiques, lorsqu'elle démontre la dépendance des fonctions intellectuelles vis-à-vis du système nerveux, ils continuent à insister encore sur

(1) Voir, comme exemple, les *Éléments de Psychologie*, de Morell.

leur « Esprit », en déclarant qu'il fait usage de ces organes anatomiques comme « d'instruments » et qu'il agit sur eux sans dépendre d'eux. Si cependant, un physiologiste venait à déclarer que l'Égo digestif, l'Égo musculaire, l'Égo sécréteur, etc..., agissent sur les organes de la digestion, sur le système musculaire et sur le système glandulaire, à la manière d'un musicien sur les cordes de sa harpe, chaque Égo gardant son indépendance spirituelle, — il est vraisemblable que son raisonnement ne recueillerait pas beaucoup de chaleureux applaudissements.

On dira peut-être : « La digestion, la contraction musculaire, la sécrétion, la pensée elle-même, ne sont que les modes d'activité d'un Esprit logé dans le corps (l'âme individuelle, la Vie), mystérieux mais indiscutable, qui gouverne l'organisme entier ». Nous répondrons simplement : nous ne savons pas et nous ne pouvons savoir *ce qu'est* la Vie. Le mystère est impénétrable, et, par suite, aucun philosophe positiviste ne cherche à le pénétrer. Nous vous reprochons cependant — à vous qui nous parlez d'un Esprit, *comme si vous le connaissiez* — de venir troubler le cours, déjà assez difficile, de la recherche des lois des phénomènes physiologiques, par des assertions et des dogmes relatifs à un esprit dont vous ne savez rien! Le but du philosophe positif est de déterminer la fonction et l'organe, c'est-à-dire ce que peut atteindre la connaissance positive ; en agissant ainsi, il applique la méthode qui l'a déjà conduit heureusement à la connaissance positive de la plupart des autres départements de la science. Se confinant dans cette procédure rigoureuse, il remarque que les phénomènes de la digestion ont besoin, pour se manifester, d'un système anatomique particulier, et qu'ils varient avec sa structure ; il observe que les phénomènes de sécrétion sont semblablement liés à l'existence d'un système spécial ; et, enfin, il constate que les phénomènes de la sensation et de la pensée sont produits par un système anatomique approprié, et varient avec sa complexité structurale. Il conclut donc que ces derniers phénomènes *dépendent* — ou sont des propriétés — du tissu nerveux.

Ce que je viens de dire des Métaphysiciens s'applique également bien aux Matérialistes qui raisonnent tout aussi métaphysiquement avec leurs explications du « fluide nerveux », de « l'irritabilité » ou des « vibrations ». Aucune dose d'ingéniosité ne fera qu'une « impression », transmise le long d'un nerf par des « vibrations » mécaniques, ou par des fluides du plus mystérieux caractère, soit capable d'expliquer la nature de la *perception* qui reste le fait essentiel de l'éternel mystère.

La Philosophie positive ne reconnaît qu'un objet de recherche : celui de trouver des *lois*, et que deux modes de procéder, se résumant à déterminer : 1° ce que sont les phénomènes spécifiques de l'action psychologique; 2° quelles sont les conditions organiques dont dépendent ces phénomènes ; — en d'autres termes, la fonction et l'organe.

La vieille psychologie, en raison de la prédominance qu'elle accordait à l'intelligence, était conduite à refuser l'intelligence aux bêtes et à admettre, comme tout naturel, le paradoxe plausible qui ramène toutes nos actions émotives à un principe d'égoïsme (en dépit de l'énergique dénégation qu'oppose à ce paradoxe chaque conscience humaine), comme si l'homme n'avait aucune spontanéité d'action et *calculait* toujours intellectuellement les résultats de ses actes ! On déduisait de là que l'animal était une machine et que l'homme n'était qu'égoïsme !

La Philosophie positive, se plaçant sur le terrain de l'observation réelle, répond à cette subtilité et à beaucoup d'autres, et, tout en n'étant pas en état d'élaborer une science de la Psychologie, prépare le chemin, en indiquant quelle direction l'investigation doit prendre.

Retournons maintenant à la théorie cérébrale de Comte. Avant de l'esquisser, celui-ci expose d'abord la méthode qui, seule, peut conduire heureusement à une telle élaboration, et il indique les points de divergence de cette méthode avec celle de Gall qu'il ne regarde pas cependant seulement comme l'initiateur de la véritable psychologie du cerveau, mais aussi comme celui auquel on doit la démonstration du siège de ses principales fonctions. Il insiste sur l'importance qu'il y a ici à accorder la priorité à la méthode *subjective*, c'est-à-dire à l'étude des phénomènes mentaux ou des fonctions, de leur ordre de production et de leurs relations mutuelles. Leur correcte analyse, cependant, et, plus encore, leur synthèse en une unité harmonieuse, supposent un haut degré d'avancement moral aussi bien que d'avancement intellectuel. Partant de là, Comte invoque la nécessité d'une véritable doctrine sociologique comme une indispensable condition préliminaire à l'élaboration d'une théorie cérébrale complète, — condition méconnue par Gall. Les résultats obtenus par la méthode subjective doivent être perpétuellement contrôlés par cette branche de la méthode *objective*, qui fut admirablement appliquée par Gall, à savoir, l'étude de la psychologie animale. Nos diverses facultés élémentaires nous étant communes avec les animaux supérieurs, ceux-ci nous offrent des documents pour nos analyses, et nous servent spécialement à corriger toute tendance à multiplier abusivement le nombre des dispositions primitives.

La formule dans laquelle Comte résume son principe général est celle de l' « inspiration sociologique contrôlée par l'appréciation zoologique ».

Il rejette ainsi la méthode empirique dont Gall s'est servi pour obtenir ses principaux résultats, et construit, *à priori* — c'est-à-dire par la considération des fonctions mentales, de leur ordre de développement et de leur dignité relative, — un système, dont il confie aux anatomistes la confirmation finale. Mais en rejetant la méthode de Gall, il déclare que les découvertes de Gall lui ont fourni une base et un point de départ.

Agir par affection, et sentir pour agir, telle est la devise de son système, devise qui exprime la prédominance donnée au sentiment sur l'intelligence seule, en opposition à la vieille psychologie qui subordonnait toujours les sentiments aux idées.

Cette vie sentimentale (*vie affective*), se divise en Personnalité et Sociabilité. Les animaux inférieurs manifestent seulement la première ; la seconde commence avec la séparation des sexes, et devient de plus en plus énergique, à mesure qu'il s'agit d'animaux occupant des degrés plus élevés de l'échelle hiérarchique ; de telle sorte que les animaux supérieurs offrent à la fois la personnalité et la sociabilité, lesquelles peuvent encore être appelées *Égoïsme* et *Altruisme*.

Un parfait équilibre des deux sentimentalités n'est pas possible. Ordinairement, la personnalité prédomine, même chez l'homme : cette prépondérance est un fait essentiel dans le développement de chaque existence individuelle, et dérive de l'instinct de la conservation ; mais elle est modifiée par le sentiment opposé, dans la proportion où chacun apprend à vivre pour les autres. De là résulte le grand problème social : la subordination, aussi prononcée que possible, de la personnalité à la sociabilité, en rapportant chaque chose à l'Humanité, considérée comme un tout. La vie sociale tend vers ce résultat, en développant le plus faible des deux instincts et en réprimant le plus énergique. Ce perpétuel conflit entre la personnalité et la sociabilité doit donc être regardé comme la base naturelle d'une véritable théorie générale de la vie sentimentale.

Après avoir ainsi fait ce premier pas dans la classification des différentes tendances élémentaires, il est maintenant nécessaire de décomposer d'abord la Personnalité, puis la Sociabilité, dans leurs instincts réellement fondamentaux et de disposer successivement ceux-ci suivant une échelle dont les deux extrémités soient représentées par l'Égoïsme et l'Altruisme.

La situation des organes cérébraux qui correspondent à ces deux classes de sentiments, a été, dans la plupart des cas, correctement indiquée par Gall. Si nous admettons que les fonctions cérébrales progressent en dignité et diminuent en énergie à mesure qu'elles avancent de l'occiput vers le front, nous sommes conduits à placer les sentiments sociaux dans la portion antérieure de la région affective, et les instincts moins nobles en arrière des premiers. Nous sommes confirmés dans cet arrangement par l'obligation de juxtaposer les inclinations bienveillantes et les facultés intellectuelles, en raison de l'union intime et spéciale de ces deux classes d'attributs supérieurs. L'observation démontre, en effet, que l'altruisme, quand il est énergique, exerce toujours une plus grande influence sur l'intelligence que l'égoïsme, qu'il offre à l'activité mentale un plus vaste champ, un but plus difficile, et exige d'elle une coopération plus étroite.

Entre l'intérêt personnel et le sentiment social existe une troisième classe d'instincts indirectement personnels, et qui se rapportent à nos relations avec autrui et aux avantages personnels qui en dérivent. Ce groupe intermédiaire qui, dans notre classification, tient le milieu entre l'égoïsme complet et le pur altruisme, doit être placé dans le haut de la région postérieure du cerveau.

Le sentiment directement intéressé qui constitue l'égoïsme fondamental est séparable en deux instincts, celui de la conservation et celui du perfectionnement : le premier, étant naturellement le plus énergique, le plus universel et le plus indispensable, quoique le moins noble. De plus, nous ne pouvons le regarder comme un instinct parfaitement simple, si nous considérons qu'il est nécessaire de distinguer la conservation de l'individu de celle de l'espèce. Comte a donné au premier de ces instincts le titre de *nutritif*, du fait de son attribut principal ; mais il ne faut pas oublier qu'il comprend tous les autres attributs relatifs à la conservation matérielle de l'individu. Cet instinct est le plus universel de tous, étant donné qu'il tient sous sa dépendance l'existence de chaque animal. Aussi est-il prépondérant, même chez l'homme.

Gall ne lui a assigné aucune localisation spéciale, probablement à cause de son importance universelle qui, d'après les anciens préjugés physiologiques, était incompatible avec un siège déterminé. Mais une telle supposition ne pourrait jamais s'appliquer qu'au cas des animaux les plus inférieurs de la hiérarchie, et dont l'extrême simplicité de structure ne comporte aucune distinction anatomique quelconque. Dans tous les autres cas, cet organe spécial doit exister et doit nécessairement augmenter d'importance à mesure que l'animal s'élève dans l'échelle du développement et acquiert des penchants nouveaux et variés, dont les impulsions pourraient l'emporter sur l'instinct de préservation, si celui-ci n'avait point d'organe distinct. Conformément aux principes précédemment posés, son siège dans le cerveau doit être cherché au voisinage de ceux de l'appareil moteur et de la vie végétative. Comte le place au centre du cervelet, en réservant le reste de l'organe pour l'instinct reproducteur qui, d'après Gall, l'occuperait entièrement.

Deux instincts distincts concourent à la préservation de l'espèce, l'un sexuel, l'autre maternel. Le premier est plus énergique et moins noble que le second ; et lorsqu'on descend l'échelle animale, on constate parfois l'absence de l'instinct maternel, même dans des cas où existe la séparation complète des sexes.

Tel est le groupement des trois premiers termes de la série affective, comprenant les trois instincts conservateurs, — l'instinct *nutritif*, l'instinct *sexuel*, l'instinct *maternel*. La décroissance de leur énergie, en proportion de leur accroissement de dignité, est ici très remarquable, et la même gradation se retrouve dans la position de leurs organes respectifs, — au niveau de la partie médiane du cervelet, sur ses côtés, et dans la partie médio-postérieure du cerveau inférieur. La continuité d'action, qu'on est en droit d'attribuer, d'une façon générale, à l'ensemble des facultés affectives, se manifeste surtout dans le premier, c'est-à-dire dans l'instinct nutritif, mais sa suspension occasionnelle dans les deux autres est habituellement attribuable à des circonstances particulières qui peuvent réprimer ou détourner leurs impulsions naturelles.

Tout près du groupe des instincts de la conservation, nous trouvons une combinaison des deux instincts de perfectionnement qui sont désignés sous les noms de *militaire* et d'*industriel*. Plus élevés en dignité et moins énergiques que les précédents, ils se rapprochent encore de l'égoïsme fondamental en agissant sur l'individu par des motifs d'intérêt purement personnel. Ils procèdent par des méthodes opposées quoique constamment coexistantes, la destruction des obstacles et la création des moyens ; le premier étant le plus énergique, le plus naturel et le plus universel. L'instinct industriel semble, à première vue, appartenir presque exclusivement à l'homme, mais on le rencontre chez tous ceux des animaux qui possèdent la faculté de construire, et qui sont sollicités à exercer cette faculté par l'instinct conservateur, spécialement par l'instinct maternel.

En conformité avec notre théorie, le siège de ces deux instincts doit être placé dans la partie postérieure de la tête : l'instinct militaire de chaque côté de l'organe de la maternité, et l'instinct industriel immédiatement au-dessus.

Une fois les cinq tendances égoïstes ainsi classées, il devient aisé de faire rentrer, dans la série affective, les instincts intermédiaires qui, graduellement, se rapprochent des instincts purement sociaux par lesquels se termine la chaîne sentimentale. La transition est représentée par deux inclinations, de nature entièrement distincte, quoiqu'elles soient confondues : l'*orgueil* ou l'amour de la domination, et la *vanité* ou l'amour de l'approbation. Ces instincts, personnels à leur origine, deviennent sociaux sous l'influence des circonstances extérieures qui conditionnent leur exercice. La vanité, comme l'a reconnu Gall, se rapproche plus de la sociabilité que l'orgueil. Chacun d'eux aspire à l'ascendant personnel : l'un par la force, l'autre par l'opinion. L'orgueil pousse à commander, la vanité incite à persuader ou à convaincre.

La localisation des organes correspondants ne souffre point de difficulté. L'orgueil, comme le plus personnel des deux, doit siéger sur un plan inférieur, de chaque côté de la faculté industrielle ; et la vanité, comme le plus social, immédiatement au-dessus. On termine ainsi la principale région affective par un organe médian, comme celui qui la commence. Ainsi se trouve complétée la série des sept penchants personnels, communs à tous les animaux supérieurs.

Cette coordination prépare graduellement la voie pour terminer noblement la série affective par l'ensemble des penchants sociaux ou altruistes. Ici, nous trouvons très marqués l'accroissement relatif de dignité et le décroissement d'énergie. Leur énergie inférieure se trouve, dans une certaine mesure, compensée par leur aptitude naturelle à un essor plus complet, puisque tous les êtres peuvent les manifester à la fois, sans aucun conflit, et même en retirant de ce concours un surcroît de satisfaction. Ces penchants plus nobles ne sont point, d'ailleurs, restreints à l'homme, et, à la vérité, peuvent être étudiés, d'une façon particulièrement utile, chez les animaux, dégagés qu'ils sont, chez eux, des modifications sociales et des influences mentales.

Dans chaque existence complexe l'harmonie générale dépend de la prépondérance de quelque impulsion principale, à laquelle toutes les autres doivent être subordonnées. Cette influence prépondérante peut être, soit égoïste, soit altruiste. Or, ce n'est pas seulement à un point de vue social que la supériorité de l'altruisme se fait sentir, elle influence tout aussi fortement la condition morale de l'individu. Un caractère gouverné par les seuls instincts inférieurs ne peut avoir ni stabilité, ni but fixe ; et ces avantages ne peuvent être obtenus que grâce à l'empire des impulsions qui portent l'homme à vivre pour autrui. Tout individu, homme ou animal, qui s'accoutume à vivre pour lui seul, se trouve condamné à une misérable alternative d'ignoble torpeur ou d'agitation fiévreuse. Le bonheur, même personnel, et le mérite dépendent donc de la prédominance des instincts sympathiques. Le progrès vers une telle condition morale devrait être le but de tout être vivant : *Vivre pour autrui* devenant ainsi la conclusion naturelle de toute moralité positive.

Il est réservé à l'homme seul de porter ce régime à son développement le plus haut, mais les races inférieures sont susceptibles de participer à ces avantages à leur manière, en échangeant une farouche indépendance contre une subordination volontaire. L'extension de ce bienfait à toutes les classes de créatures perfectibles, deviendra l'un des plus importants résultats de notre propre régénération morale. Une telle extension suppose toutefois les mêmes penchants que ceux qui, sous des circonstances plus favorables, ont déterminé l'élévation de l'Humanité ; or, ces nobles instincts existent chez tous les animaux susceptibles d'être domestiqués par l'homme.

Les instincts les plus nobles sont aussi les moins nombreux. Gall les a divisés en Attachement, Vénération et Bonté (l'instinct suprême). Les affections sympathiques peuvent se diviser en spéciales ou générales. Dans le premier cas elles sont plus intenses, mais moins nobles. Le penchant à l'*attachement*, limité dans son objet, unit seulement deux êtres, et présente un développement aussi marqué chez les animaux que chez l'homme. L'autre sympathie spéciale, la *Vénération,* quoique toujours déterminée dans son objet, offre une portée plus grande; l'un de ses éléments essentiels est représenté par la soumission volontaire. Cette noble et grande affection se retrouve également chez les animaux, mais plus rarement que le précédent instinct. Elle constitue un lien entre la tendresse particulière et la *bonté universelle.* Quant à cette dernière inclination, déjà mentionnée, — terme extrême de la série affective — elle varie, sinon dans son caractère, du moins dans son application et ses degrés, en allant du vaste patriotisme à la sympathie individuelle. Les animaux possèdent, sans aucun doute, ce sentiment, mais à un degré inférieur.

En terminant cette classification de la série affective, Comte fait remarquer son immense portée morale. Il est d'autant plus important de se pénétrer de la gradation nécessaire des sentiments sociaux, que la discipline éducative doit s'appuyer sur les inclinations sympathiques dont le sentiment suprême (la bonté) représente la limite finale, et qu'elle ne doit conduire à ce terme final qu'en faisant passer l'individu par ces étapes successives.

La situation de ces trois nobles instincts a été parfaitement indiquée par Gall, à l'exception du premier, celui de l'Attachement, que, faute d'une méthode systématique, il a localisé auprès des organes égoïstes, loin des deux autres instincts sympathiques. Il a placé la Bonté dans la plus haute portion médiane du cerveau frontal, et la Vénération immédiatement en arrière. Entre ces deux sièges et celui du plus noble penchant *personnel* existe un espace, qui sera rempli ultérieurement par l'une des fonctions actives. L'Attachement réside aux côtés de la Vénération, et sa base communique avec l'organe de la Vanité, de manière à maintenir la continuité de la région affective. La supériorité, justement attribuée par Gall aux organes médians, indique l'importance de cette portion sociale, qui comprend deux organes impairs et un seul pair, tandis que la région des instincts personnels renferme quatre des uns et trois des autres. Le plus haut point de la région affective, si étroitement liée aux facultés spéculatives, a moins de rapports que le reste avec le siège de l'appareil moteur et celui de la vie végétative. La perpétuité d'action, attribuée aux instincts affectifs, s'étend par degrés à la série sociale.

La principale valeur de cette classification est de nous aider à répartir les différentes natures humaines et les différentes dispositions individuelles. C'est ce qu'a parfaitement compris Gall et ce qu'il a essayé, mais sans succès, par suite de l'insuffisance philosophique de sa méthode de recherches. Comte introduit ici cette application en la limitant d'abord aux moteurs affectifs, pour ce motif que chaque type de caractère doit surtout dépendre des impulsions les plus énergiques et les plus habituelles, et ne peut être que *modifié* par les influences intellectuelles. Gall a eu le tort de méconnaître l'identité radicale des hommes et des animaux, qui ne diffèrent entre eux que par des particularités de direction et de degré.

En considérant les penchants élémentaires qui constituent la grande série affective — cinq purement personnels, trois pleinement sociaux, et deux intermédiaires (participant de ces deux natures) — nous sommes spontanément conduits, par l'observation ordinaire, à une classification naturelle des différents types de chaque race, selon la nature de l'instinct prédominant. Nous appelons populairement « mauvaises » les natures influencées par les impulsions purement égoïstes, et nous appliquons le terme de « bonnes » à celles qui sont dominées par l'altruisme. Mais les types *extrêmes* de l'une ou l'autre tendance sont comparativement peu nombreux; la majorité des caractères, dans toutes les races, étant alternativement gouvernée par l'une ou l'autre classe de sentiments, et flottant entre les deux. Il nous faut distinguer un troisième type, dirigé surtout par les deux penchants intermédiaires, et correspondant, dans les races sociales, à la classe productrice des esprits qui gouvernent et qui agissent, soit par le commandement, soit par la persuasion, selon que prévaut le plus personnel ou le plus social de ces deux instincts. Bien que ce soit la constitution de la région affective qui détermine principalement le type d'un caractère, il ne faut pas oublier cependant que son *développement* dépend aussi, grandement, de l'influence exercée par l'intelligence et les autres facultés. La disposition originelle reste néanmoins toujours discernable à une investigation soigneuse, chez les animaux aussi bien que chez l'homme.

Nous devons procéder maintenant à l'analyse des facultés spéculatives qui découvrent les moyens propres à satisfaire les besoins affectifs, puis à l'analyse des facultés actives qui président à l'exécution des projets ainsi formés.

La théorie de Comte diffère d'une façon si importante de la doctrine de Gall, en ce qui concerne les facultés intellectuelles, qu'il me paraît nécessaire de faire précéder cette division du sujet d'un exposé de leurs principales divergences. L'imperfection logique de la méthode de recherches de Gall l'a exposé à moins d'erreurs dans l'appréciation des penchants affectifs, parce que cette appréciation s'est trouvée contrôlée par le sens commun et l'observation, par l'étude des animaux chez lesquels les simples instincts se trouvent moins modifiés par les influences mentales ou sociales. Son audace spéculative lui permit aussi de répudier les ambiguités métaphysiques dont s'autorisaient les philosophes pour dissimuler la vérité, et, une fois ce danger capital écarté, le sens commun et l'observation le conduisirent à regarder le *cœur* comme la source principale et le régulateur de la vie morale.

Lorsqu'au contraire, il en vint à traiter des fonctions intellectuelles, et qu'il ne fut plus retenu par les deux sources d'influence restrictive, qui, jusque-là, avaient agi sur lui (le sens commun et l'étude de la nature des animaux), ses erreurs devinrent plus graves. Il lui aurait fallu, pour apprécier la progression des facultés intellectuelles, le secours d'une généralisation fondée sur les lois positives du développement. Il évita les erreurs de généralisations nécessairement fautives, mais il ne put les remplacer par une théorie plus solide, et, dès lors, se perdit en distinctions particulières et souvent frivoles. Conscient de la fausseté des doctrines régnantes sur la suprématie des sens extérieurs, il tomba dans l'erreur opposée en dépréciant leur importance, et eut le tort d'assigner à certains organes cérébraux les principales attributions de la vue et de l'ouïe.

Dans l'attaque de Gall contre les doctrines des Psychologues et des Idéologues, il n'y a de vraiment décisif que sa discussion négative, au cours de laquelle il démontre pleinement la fausseté de leurs explications logiques, en analysant les différentes facultés de la volonté, de la mémoire, de l'attention, érigées par ses adversaires en attributs élémentaires. Mais il ne fut point aussi heureux dans la conception qu'il s'efforça de substituer à ces puérilités doctorales, en représentant ces phénomènes généraux comme autant de modes d'action, communs à toutes les vraies fonctions cérébrales, mêmes affectives. Le peu de succès de cette théorie constitue déjà une présomption défavorable, en un temps où triomphe la liberté de penser et où cet avortement ne saurait en aucune manière être imputé à la vieille routine. La sociologie a seule permis à Comte de la remplacer, sans revenir aux aberrations antérieures. Avant d'exposer sa propre doctrine des fonctions élémentaires de l'intelligence, Comte indique comment il apprécie ces états généraux, qui ne résultent, à son avis, ni de facultés propres, ni de modes communs, mais du concours des diverses opérations mentales.

Il faut d'abord les restreindre aux organes intellectuels, et c'est une erreur de Gall d'avoir voulu étendre leur influence aux séries affectives. On ne peut accorder à celles-ci les attributs de la mémoire, du jugement et de l'imagination; et en dépit de leur vive sensibilité on ne saurait prétendre qu'elles possèdent la *sensation* proprement dite ; l'opinion populaire a justement appliqué aux penchants l'épithète « d'aveugles ». Sentir et désirer sont leurs fonctions exclusives. Aussi ces simples émotions se résolvent-elles en impulsions, que ne guident en aucune façon la réflexion, le jugement ou le pouvoir de la conscience, lesquels dépendent de l'exercice des organes intellectuels. Incapables de réflexion et de jugement, les organes affectifs ne sauraient être susceptibles de mémoire ou d'imagination, et l'exercice apparent de ces attributs n'est dû, en réalité, qu'à leur réaction sur les facultés intellectuelles. Un seul des anciens attributs intellectuels a été justement assigné par Gall à la région affective : c'est la Volonté, qui peut même être considérée comme lui appartenant exclusivement. Car la *Volonté* proprement dite, ne constitue que *l'état final du désir,* quand la délibération mentale a reconnu la convenance d'une impulsion dominante. Il est vrai que les organes intellectuels inspirent aussi des désirs spéciaux en rapport avec leurs fonctions particulières, mais ils manquent de l'énergie nécessaire pour produire *l'action qui dépend seulement de l'impulsion affective.*

La mémoire et l'imagination sont donc, autant que la connaissance et le jugement, des attributs purement intellectuels : mais elles ne sont pas plus des fonctions propres que des fonctions communes. Elles doivent être considérées seulement comme des résultats composés, dus au concours des vraies fonctions élémentaires de l'esprit, qui seront définies ci-dessous.

Il n'est rien de plus faux que la théorie, autrefois courante, de la séparation complète entre l'observation et le raisonnement, car les opérations de l'intelligence ne sont qu'un prolongement et une réflexion des impressions extérieures. Chaque acte de raisonnement requiert une combinaison de ces deux processus. Cela est prouvé par le fait que la clarté de toute conception dépend de la clarté et de la répétition des impressions extérieures. Lorsque celles-ci sont vagues et insuffisantes, l'esprit essaie de suppléer à leur insuffisance par ses propres combinaisons, et si les impulsions à décider se trouvent être suffisamment énergiques, l'intelligence, ne pouvant demeurer dans un état de pure suspension, prend parti, malgré le manque d'évidence. Cet état, dans lequel l'esprit, au lieu d'être le simple ministre du cœur, devient son esclave, se réalise fréquemment chez les animaux, et s'observe aussi chez l'homme ; peut-être même, est-on en droit de dire que tel fut son état normal durant sa longue enfance théologique.

Tout en défendant la participation habituelle du raisonnement dans les opérations attribuées, jusqu'ici, à la seule sensation, Comte est loin d'acorder la même influence à la mémoire ou à l'imagination. Il est impossible de les considérer comme des fonctions élémentaires, propres ou communes, chaque acte de mémoire demandant souvent la même élaboration mentale qu'une découverte extérieure. La reproduction immédiate et spontanée de chaque impression, qui constitue une loi de la vie animale, est tout à fait différente de la mémoire proprement dite, laquelle implique toujours une opération mentale. A plus forte raison, le concours habituel de toutes les fonctions spéculatives existe-t-il dans l'imagination. L'argumentation célèbre de Gall sur les mémoires particulières est plus spécieuse que solide. Une analyse philosophique plus approfondie montrerait que ces distinctions apparentes résultent des diversités de situation et d'éducation, combinées avec la différence organique qui concerne l'énergie individuelle des diverses fonctions. La seule faculté spéciale à la mémoire et à l'imagination, est celle du langage.

Les facultés intellectuelles sont de deux sortes, appartenant respectivement à la *conception* et à *l'expression*. Quoique la dernière, dans l'état normal, soit toujours subordonnée à la première, tout concourt à prouver leur existence distincte qui exige, pour chacune, un organe propre.

Si l'Expression suppose la conception, elle en devient, à son tour, le complément indispensable, non seulement pour satisfaire aux besoins des rapports sociaux, mais aussi comme épreuve de maturité et moyen de perfectionnement. Dans tous les dialectes occidentaux, le mot expressif de *raisonnement* signifie, dans son étymologie grecque, *langage*. D'autre part, l'Italie applique le mot « *ragionare* » au simple récit. Mais une telle solidarité ne doit pas conduire à l'erreur de confondre des fonctions si essentiellement distinctes. Dans l'enfance, le langage se développe avant le raisonnement, et l'enfant acquiert d'abord de simples formules dont il n'apprendra le sens qu'ultérieurement. Et, plus tard, dans la vie, la rapidité inégale de ces deux opérations se manifeste souvent. Comte fait même observer que, dans ses compositions, il a constamment remarqué que l'expression précédait la conception de quelques phrases, tout en étant cependant dirigée par une sorte de prévision de leur harmonie finale (1). Même quand ces distinctions se bornent à l'acquisition de la connaissance seulement, le cas n'est pas moins décisif, puisque le fait d'apprendre et celui d'inventer nécessitent les mêmes opérations mentales, à des degrés différents. Gall avait donc raison en assignant au langage un organe spécial chez l'homme et, aussi, chez toutes les espèces animales à sexes séparés.

La Conception, dans son plus haut degré de développement, est de deux sortes, et se divise en *Contemplation* et en *Méditation*. Par la première, l'intelligence reçoit, grâce à l'intermédiaire des sens, ces impressions extérieures sur lesquelles reposent toutes les opérations mentales. A de telles images le terme d'« idées » s'applique parfaitement. L'office de la méditation consiste dans la combinaison de ces impressions et dans leur application à une direction générale ; à ces résultats nous donnons le nom de « pensées ». Il est erroné de supposer que ces facultés soient restreintes à l'homme ; elles sont également indispensables à l'existence de tous les animaux supérieurs, qui font preuve, à chaque instant, d'un haut degré de sagacité, de prévision et d'invention, dans la satisfaction de leurs besoins nutritifs et sexuels ou de leurs instincts maternels.

L'organe de la contemplation est situé dans la partie la plus inférieure du cerveau, et celui de la réflexion immédiatement au-dessus. Nous sommes conduits à cet arrangement par la convenance de rapprocher, des organes sensitifs, la seule fonction cérébrale qui se lie directement à leurs opérations et de placer, près du groupe affectif, l'organe intellectuel qui prend connaissance de leurs diverses impulsions.

Nous avons donc exposé l'ordre de progression des facultés intellectuelles, d'abord contemplatives, ensuite méditatives et finalement communicatives. Mais, pour aboutir à la nature simple et fondamentale de ces fonctions, il nous faut pousser

(1) On commence toujours par parler des choses ; on finit quelquefois par les apprendre. C'est que les mieux doués commencent par deviner ce qu'ils finissent ensuite par bien savoir. (SAINTE-BEUVE).

encore plus loin l'analyse de la contemplation et de la méditation. Cette nouvelle analyse nous offrira, d'ailleurs, une nouvelle application triomphante du principe que l'énergie décroît à mesure que croît la spécialité d'action.

Nous sommes ainsi conduits à distinguer deux sortes de contemplation : l'une *synthétique*, relative aux êtres et revêtant un caractère concret ; l'autre *analytique*, concernant les événements, et, par suite, d'une nature plus abstraite. La première est la source des notions réelles, mais particulières ; la seconde est la source de conceptions plus générales, mais aussi plus artificielles. Cette dernière contemplation est particulièrement applicable à la Science, tandis que l'autre se rapporte plus spécialement à l'Art.

L'observation concrète est plus étroitement dépendante des impressions extérieures que l'observation abstraite, laquelle procède plus indirectement, en se servant des images fournies par la première. L'organe de l'observation abstraite doit donc être en relation immédiate avec celui de l'observation concrète, mais plus éloigné que lui des organes des sens extérieurs. Il siège, par conséquent, sur la ligne médiane ; tandis que la contemplation concrète réclame un double organe placé au-dessus de chaque œil.

Quant à la Méditation, la nécessité de sa décomposition est évidente pour tous ceux qui ont suffisamment apprécié la distinction positive entre l'induction et la déduction. L'opération de la méditation se poursuit, en effet, par deux méthodes opposées mais également importantes, en posant des principes ou en tirant des conséquences. La tendance de la première méthode pousse à la généralisation ; celle de la seconde à la systématisation. A la méditation inductive se rattache l'étude des relations statiques ou de similitude ; à la méditation déductive, celle des relations dynamiques ou de succession.

D'après cette distinction, la raison déductive, qui représente la faculté la plus élevée et la plus subjective, quoique la moins directe et la moins indispensable, doit résider dans un organe impair, au milieu de la partie supérieure du cerveau, en contact direct avec les penchants plus nobles, à la satisfaction desquels elle se voue constamment. La logique inductive, au contraire, exige un organe pair, dont chaque moitié soit étroitement contiguë aux facultés d'observation qui l'alimentent habituellement.

D'après cette analyse de la région cérébrale affectée aux facultés de conception, nous distinguons quatre opérations mentales successives : 1° l'observation des êtres ; 2° celle des événements ; 3° l'élaboration des principes, et 4° celle des conséquences. Quant au degré d'extension de cette faculté au monde animal, aucun observateur, libre de préjugés, ne peut méconnaître les évidences de raisonnement déductif, qui apparaissent comme une nécessité de leur existence journalière.

La dernière fonction qui nous reste à considérer, dans la série intellectuelle, est l'Expression qui constitue l'aboutissant nécessaire de la conception, du moins au sein des espèces dont la sociabilité s'est tant soit peu développée. Chez les animaux plus inférieurs, dont la vie est purement personnelle, les impulsions s'expriment directement et simplement par les actes, mais dans la vie sociale, le concert et le concours des divers individus exige, pour aboutir à l'action, des indications plus claires. La plus simple forme d'expression est représentée par l'imitation de l'acte à exécuter ; mais à mesure que des relations plus complexes surgissent, il s'y joint un langage plus ou moins artificiel, fondé originellement sur les cris ou les gestes, et devenant plus consistant et plus étendu en proportion de l'accroissement des besoins de communication. Au langage nous devons la conservation et l'accroissement des connaissances, et sa transmission constitue la partie la plus importante de l'instruction.

Un seul organe cérébral préside à tous les modes divers d'expression qui constituent le langage : sa forme la plus simple est représentée par les gestes ; mais les sons vocaux deviennent bientôt, chez les animaux supérieurs, la principale base de l'institution des signes. Ce choix est sensiblement déterminé par la correspondance spontanée entre la voix et le sens de l'ouïe, qui représente un avantage que ne possède pas l'expression imitative.

L'une et l'autre de ces formes d'expression, bien que principalement destinées au progrès des relations sociales, servent aussi à l'existence personnelle, soit pour l'exercice des muscles correspondants, soit pour l'expansion des émotions intérieures. La tendance du sentiment et de l'expression, à réagir l'un sur l'autre, a toujours été remarquée ; chez tous les animaux supérieurs, les cris et les gestes sont employés, comme chez nous, à apaiser ou à exciter les passions.

L'expression constitue, sans aucun doute, une fonction intellectuelle, mais plus étroitement liée qu'aucune autre aux fonctions affectives, et même aux fonctions actives. Son office spécial étant de construire un véritable langage, c'est-à-dire un système de signes, il est nécessaire que cette cinquième fonction soit subordonnée aux quatre facultés intellectuelles, dont le rôle est de la diriger et de la contrôler. Lorsque celles-ci sont insuffisantes, il en résulte un simple verbiage qui s'explique par le fait que la fonction du langage n'est pas de créer des idées, mais de transformer en expressions les opérations mentales des autres puissances intellectuelles. Ainsi se trouve complétée l'exposition des facultés intellectuelles (1).

Il n'y a plus qu'à mentionner les aptitudes pratiques du *courage*, de la *prudence*, de la *fermeté* (2), pour en avoir fini

(1) « Nos déterminations antérieures assignent, par exclusion, la place de ce cinquième organe intellectuel à chaque extrémité latérale de la région spéculative, dont tout le reste appartient déjà aux appareils contemplatif et méditatif, sauf les sièges préalables des ganglions sensitifs. Il doit donc commencer au milieu des bords antérieurs de la région frontale, et s'étendre ensuite vers les tempes, à peu près au lieu où Gall avait logé l'instinct constructeur. Mais cette solution indirecte est confirmée par un examen spécial des convenances subjectives. Car cet organe se trouve ainsi équidistant de l'œil et de l'oreille, qui constituent ses principaux auxiliaires. D'ailleurs, un tel siège le rend contigu à la région active qu'il doit spécialement seconder, et dont il forme le seul lien immédiat avec l'ensemble de l'appareil mental » (in *Polit. pos.*, tome I, p. 723).

(2) « Ces aptitudes pratiques sont tellement nettes que leur analyse dynamique ne présente aucune grave difficulté en biologie, où elles se montrent aussitôt dégagées des complications mentales et sociales.

avec la théorie cérébrale de Comte. Je ne saurais toutefois terminer cette brève analyse sans engager le lecteur à chercher dans le travail original un exposé plus détaillé. Je n'ai pas voulu interrompre ce résumé par des commentaires, mais il serait injuste de conclure, de cette absence de critique, à un entier assentiment.

Tout être actif doit se trouver doué de courage pour entreprendre, de prudence pour exécuter et de fermeté pour accomplir. Il n'y a jamais de succès pratique sans un suffisant concours de ces trois qualités. Réciproquement, leur saine coopération suffit à la réalisation de tout projet dignement inspiré et sagement conçu, dans une situation assez favorable. Chacun de ces attributs est, en lui-même, aussi indépendant du cœur proprement dit que de l'esprit, quoique son efficacité pratique dépende beaucoup de tous deux. Son exercice direct est essentiellement aveugle, et non moins disposé à assister les mauvais desseins que les bons, sous l'impulsion d'une suffisante volonté... — Une telle appréciation dynamique conduit aisément aux sièges correspondants... Gall assigna très judicieusement à la fermeté un organe médian, derrière celui de la vénération et devant le siège que j'ai attribué au plus noble penchant personnel. A ses deux côtés réside la circonspection, inclinée en avant jusqu'à la région intellectuelle, et croisant au début l'organe de l'attachement, qui penche en sens inverse. Quant au courage, l'opinion de Gall et de Spurzheim n'exige qu'une faible rectification, consistant à élever un peu son siège en le plaçant aux côtés de l'organe impair de la vanité. » *(Idem.)*

Science Sociale

CHAPITRE XXII

Les trois Doctrines régnantes.

Nous avons rencontré, au cours de notre marche à travers les Sciences préliminaires, une complexité graduellement croissante de phénomènes, coïncidant avec un accroissement correspondant de difficultés dans leur coordination scientifique. Nous avons vu, de plus, les sciences, les plus anciennes, parvenues à l'état complètement positif, et débarrassées des Méthodes théologique et métaphysique. Nous avons pu constater, en outre, que même pour les sciences comme la Biologie et la Psychologie où ces méthodes ont conservé beaucoup d'influence, on reconnait nettement la nature scientifique des problèmes et la nécessité de les traiter scientifiquement. Mais il n'en est pas encore ainsi pour la Science sociale qui est à créer et qui a besoin, d'abord, de se faire reconnaître comme une science possible. Au lieu, donc, de consacrer ses efforts philosophiques à l'améliorer, Comte estime nécessaire de créer un ordre nouveau de conceptions initiales, de façon à poser les bases de futures constructions. Personne, avant lui, n'avait tracé le plan d'une Science sociale. On soupçonnait à peine que les phénomènes sociaux — ceux des hommes réunis en masses — fussent soumis à des lois aussi absolues et aussi rigoureuses que celles qui régissent les phénomènes cosmiques ; et rien n'avait été fait en vue de leur coordination systématique. Je me bornerai, dans les pages suivantes, à donner une brève analyse des efforts de Comte dans cette direction.

Notre auteur ne se flatte pas de pouvoir élever, tout d'un coup, cette branche complémentaire de la Philosophie positive au niveau des sciences préliminaires déjà contituées ; il se propose seulement d'établir la possibilité actuelle de concevoir et de cultiver la science sociale à la manière des sciences déjà positives; de marquer nettement son véritable caractère philosophique et d'établir ses bases principales. Avant d'entrer méthodiquement dans le sujet, il expose l'inanité radicale des principaux efforts tentés jusqu'ici, et l'impuissance des divers systèmes politiques qui se disputent le gouvernement de la société.

Par la nature de la civilisation moderne, l'Ordre et le Progrès constituent deux conditions également impérieuses dont l'intime et indissoluble combinaison doit désormais constituer la base de tout véritable système politique. Aucun Ordre réel ne peut plus s'établir, ni durer, s'il n'est pleinement compatible avec le Progrès ; aucun Progrès ne saurait s'accomplir s'il ne tend à la consolidation de l'Ordre. La véritable solution du problème politique appartiendra à la théorie dans laquelle ces deux éléments, loin d'être antagonistes, se présenteront comme les *deux aspects nécessairement inséparables d'un même principe :* l'Ordre n'étant ni de l'inertie, ni de la fixité simple, mais comprenant le Progrès comme un de ses éléments constituants ; le Progrès n'étant ni l'anarchie proprement dite, ni l'agitation incessante, mais impliquant l'Ordre comme la condition vitale de la stabilité. La Société se trouve ainsi conçue comme un Organisme, dont le mouvement incessant n'exclut pas la constante stabilité de forme.

L'état présent du monde politique est encore très éloigné de cette conciliation finale. Depuis un demi-siècle que la crise révolutionnaire des sociétés modernes a développé son véritable caractère, il est impossible de nier qu'un esprit essentiellement rétrograde a constamment dirigé toutes les grandes tentatives en faveur de l'Ordre, et, d'un autre côté, que les principaux efforts entrepris pour la cause du Progrès ont toujours été conduits par des doctrines radicalement anarchiques. Tel est le cercle vicieux dans lequel la société se débat si vainement et si péniblement, et qui n'admet d'autre issue finale que la prépondérance d'une doctrine nouvelle qui soit également *progressive* et *hiérarchique ;* c'est-à-dire qui admette l'Ordre et le Progrès comme les deux conditions indispensables de la vie politique.

La situation présente ne peut devenir intelligible que si nous la considérons comme la continuation de la lutte générale entreprise durant les trois derniers siècles pour la démolition graduelle de l'ancien système politique. Toutes les idées d'Ordre sont uniquement empruntées à la doctrine qui animait le système religieux et militaire, considéré spécialement dans sa constitution catholique et féodale ; doctrine qui, du point de vue positif, représente l'état *théologique* de la Science sociale. De même, toutes les idées de Progrès sont exclusivement déduites de la Philosophie négative, issue du Protestantisme, et qui a pris, au siècle dernier, son développement spécifique ; lesquelles idées représentent l'état *métaphysique* de la Science sociale. Les diverses classes de la société adoptent spontanément l'une ou l'autre de ces directions opposées, selon leurs intérêts ou leurs instincts. Rarement, l'une ou l'autre de ces doctrines antagonistes se présente dans sa plénitude et avec son homogénéité primitive. Elles tendent de plus en plus à n'avoir cette existence exclusive que chez les esprits purement spéculatifs. Le monstrueux alliage que, de nos jours, on tente d'établir entre des principes incompatibles, caractérise, dans leurs divers degrés, les différentes nuances politiques actuellement existantes.

Nous avons ainsi le parti de l'Ordre (les Tories) et le parti du Progrès (les Radicaux) ; et nous avons en plus le parti intermédiaire des Whigs, qui essaie de réunir les deux autres sans pouvoir y réussir, par la raison qu'il oscille entre les deux systèmes au lieu de les concilier ; ce n'est pas à tort que les Whigs ont été surnommés les « Tories de l'Opposition ».

Il serait inutile, dit Comte, d'entrer dans aucune discussion spéciale de la doctrine *théologique* pour démontrer l'insuffisance nécessaire d'un système politique qui n'a pu se soutenir lui-même devant les progrès naturels de l'intelligence et de la société ! Tous les efforts dirigés vers la restauration de ce système, même en supposant possible leur succès momentané, bien loin de ramener la société à un état vraiment normal, ne sauraient aboutir qu'*à la replacer dans la situation qui a nécessité la crise révolutionnaire,* en l'obligeant à recommencer, avec une violence plus grande, la destruction d'un régime qui, depuis longtemps, a cessé d'être compatible avec les progrès de l'opinion et de la civilisation.

La doctrine *métaphysique* exclusivement critique, et, par conséquent, purement révolutionnaire, pouvait seule renverser irrévocablement un système qui, après avoir secondé le premier développement de l'esprit humain et de la société, a tendu ensuite, par sa véritable nature, à perpétuer indéfiniment leur enfance. Mais, par une exagération inévitable, la métaphysique révolutionnaire, après avoir rempli, par la démolition du régime féodal et théologique, un indispensable office préliminaire dans le développement général de la société humaine, tend désormais à entraver l'institution finale de l'ordre politique.

Prise dans son ensemble, la doctrine révolutionnaire, par une subversion directe et totale des notions politiques les plus fondamentales, représente le gouvernement comme étant l'ennemi inévitable de la société, contre lequel celle-ci doit se tenir en état continu de suspicion et d'hostilité, de façon à ne lui laisser d'autres attributions réelles que les simples fonctions de police générale, à l'exclusion de toute participation essentielle à la suprême direction de l'action collective et du développement social. De là, la turbulence du parti révolutionnaire ; de là, aussi, l'incohérence de ses théories.

Si nous considérons la doctrine révolutionnaire à un point de vue plus spécial, il est évident que *le droit absolu de libre examen,* dont le dogme de la liberté illimitée de conscience représente le principe fondamental, implique, comme conséquences immédiates, la liberté de la presse, la liberté de l'enseignement ou de tout autre mode quelconque de communication entre les hommes. Quelque salutaire et même indispensable qu'ait été jusqu'ici, et que soit encore, pour diverses raisons, ce grand principe, on ne saurait néanmoins douter, en l'examinant d'un point de vue vraiment philosophique, que non seulement il ne peut constituer d'aucune manière un principe organique, mais qu'il tend, même indirectement, à devenir, plus ou moins, un obstacle systématique à toute véritable réorganisation sociale. Quelque développement intellectuel qu'on puisse jamais supposer dans la masse des hommes, n'est-il pas évident que l'ordre social restera toujours nécessairement incompatible avec la liberté permanente, laissée à chacun, de troubler chaque jour la société par la discussion de ses principes fondamentaux ?

Les mêmes considérations peuvent s'appliquer au dogme de l'*égalité*, le plus important après celui de la liberté illimitée avec lequel il se trouve, d'ailleurs, en relation naturelle, si l'on réfléchit que l'égalité la plus fondamentale est celle de l'intelligence. Appliqué à l'ancien système, ce dogme a, jusqu'ici, heureusement secondé le développement naturel de la civilisation moderne en présidant à la dissolution finale de la vieille classification sociale. Il fut alors un principe de progrès, tandis qu'appliqué au nouvel ordre de choses, il présente un caractère essentiellement anarchique. Car, loin de nous rapprocher d'une égalité chimérique, le progrès de la civilisation tend, au contraire, par sa nature même, à développer intégralement les inégalités intellectuelles et morales, en même temps qu'il atténue beaucoup l'importance des distinctions matérielles qui, pendant si longtemps, les tinrent comprimées.

En appliquant le même raisonnement au dogme de la *souveraineté du peuple,* Comte montre l'office, indispensable à ce point de vue, bien que transitoire, de ce dogme révolutionnaire appliqué à la démolition de l'ancien système, mais, en même temps, il dénonce l'obstacle qu'il offre maintenant à toute institution régulière, en condamnant, dit-il, tous les supérieurs à une arbitraire dépendance envers la multitude de leurs inférieurs, par une sorte de transfert aux « Peuples » du droit divin des « Rois ».

Enfin, l'esprit général de la Métaphysique révolutionnaire

se manifeste d'une manière analogue quand on l'envisage sous le rapport des relations internationales. Par l'annulation politique de l'ancien pouvoir spirituel, le principe fondamental de la liberté illimitée de conscience détermina la dissolution spontanée de l'Ordre européen, dont le maintien constituait directement l'attribution la plus naturelle de l'autorité papale. Les conditions d'indépendance et d'isolement national, et, par suite, de non-intervention mutuelle, qui formèrent les principaux traits de cette situation transitoire, ont constitué évidemment la préparation nécessaire à la régénération politique, jusqu'à ce que la suffisante manifestation du nouvel ordre social vienne dévoiler suivant quelle loi les nations doivent être finalement réassociées. Jusqu'alors, en vérité, toute tentative de coordination européenne, étant inévitablement dirigée par l'ancien système, tendrait seulement à subordonner la politique des peuples les plus civilisés à celle de ceux qui sont moins avancés. Mais, en consacrant cet esprit de nationalité exclusive d'une manière absolue, la Métaphysique révolutionnaire tend directement à entraver aujourd'hui le développement de la réorganisation sociale, ainsi privée de l'un de ses principaux caractères, l'universalité.

Pour compléter cette appréciation préliminaire de la Doctrine révolutionnaire, il ne reste plus qu'à démontrer son inconséquence radicale. Si, par leur destination révolutionnaire, les diverses parties de la politique métaphysique peuvent être dispensées d'une parfaite cohérence mutuelle, du moins faut-il évidemment que l'ensemble de la doctrine ne devienne jamais directement contraire au progrès même qu'il devait préparer et ne tende point non plus à maintenir les bases essentielles du système politique qu'il se proposait de détruire. Or, il est aisé d'établir que telle est, à ce double titre, la condition actuelle de la métaphysique révolutionnaire.

Nous n'avons, en effet, qu'à la considérer à son plus haut degré possible d'élévation, lorsque, pendant la phase la plus prononcée de la Révolution française, et après avoir reçu tout son développement systématique, elle obtint momentanément une entière prépondérance politique. C'est précisément alors que, n'ayant plus à lutter intellectuellement contre l'ancien système, elle développa aussi, de la manière la moins équivoque, son esprit radicalement hostile à toute vraie réorganisation sociale. Une telle opposition s'était déjà manifestée dès l'époque même de l'élaboration philosophique de cette doctrine que l'on trouve imbue de l'étrange notion métaphysique d'un prétendu *état de nature*, type primordial et invariable de tout état social. Pouvons-nous être surpris que, partant d'un tel principe, l'école révolutionnaire ait été conduite à concevoir toute réformation politique comme destinée à rétablir, aussi complètement que possible, cet « état primitif » supposé ? N'est-ce point, en réalité, organiser systématiquement une rétrogradation universelle sous prétexte d'intentions éminemment progressistes ?

Depuis que les aberrations fondamentales, déterminées par le triomphe momentané de la métaphysique révolutionnaire, ont commencé à la discréditer essentiellement, son inconséquence caractéristique s'est surtout manifestée sous une autre forme non moins décisive, en ce que la doctrine critique a été inévitablement conduite à proclamer elle-même l'invariable conservation des bases générales de l'ancien système politique, dont elle avait à jamais détruit les principales conditions d'existence !

C'est ainsi que nous avons vu le christianisme (si « indispensable à l'ordre ! ») prendre une forme nouvelle et plus simple, et se réduire enfin à ce théisme vague et impuissant que, par une monstrueuse perversion de termes, les métaphysiciens ont qualifié *de religion naturelle*, comme si toute théologie n'était pas nécessairement surnaturelle ! En prétendant diriger la réorganisation sociale d'après cette étrange conception, l'école métaphysique, malgré sa tendance purement révolutionnaire, a donc adhéré *implicitement* et souvent même, aujourd'hui surtout, sous une forme très *explicite*, au principe le plus fondamental de l'ancienne doctrine politique, qui représente l'ordre social comme reposant nécessairement sur une base théologique (1). Armée d'une sem-

(1) Il est à peine nécessaire de mettre en garde le lecteur contre la confusion possible entre la théologie et la religion, dans ce passage

blable concession, l'école de Bossuet et de de Maistre aura toujours une incontestable supériorité logique sur les irrationnels détracteurs du catholicisme, qui, en proclamant le besoin d'une organisation religieuse, lui dénient tous les éléments indispensables à sa réalisation sociale.

Ce caractère d'inconséquence générale, qui, en détruisant l'ancien système, prétend encore maintenir ses bases essentielles, n'est pas moins marqué dans l'application temporelle de la métaphysique révolutionnaire que dans son développement spirituel. Il s'y manifeste plus spécialement par une tendance évidente à la conservation, sinon de l'esprit *féodal* proprement dit, du moins de l'esprit *militaire* qui en constitue la véritable origine.

Ce double examen de la politique théologique et de la politique métaphysique suffira clairement à caractériser l'insuffisance nécessaire de chacune d'elles, à l'égard même de son but exclusif, en montrant que la seconde ne remplit guère mieux, en réalité, les principales conditions du Progrès, que la première celles de l'Ordre. Il est aisé de reconnaître que, en dépit de leur opposition radicale, l'école rétrograde et l'école révolutionnaire, par une irrésistible nécessité, tendent à entretenir mutuellement leur vie politique, en vertu de leur neutralisation réciproque. Redoutant l'ascendant absolu de chacune d'elles, quoique à divers titres, la société, à défaut d'une théorie plus rationnelle et plus efficace, emploie tour à tour chaque doctrine pour contenir les envahissements de l'autre. Cette misérable constitution oscillatoire de notre vie sociale se prolongera nécessairement jusqu'à ce qu'une doctrine, à la fois réelle et complète, organique et progressiste, permette à l'Humanité de renoncer à cette périlleuse et insuffisante alternative, en satisfaisant, directement et simultanément, aux deux aspects essentiels du grand problème politique. Jusque-là, la principale utilité pratique de chaque école étant de tendre à empêcher le triomphe de l'autre, elles continueront à constituer deux insé-

comme dans l'ensemble de l'ouvrage. Personne ne s'est plus expressément appesanti que Comte sur la nécessité d'une base religieuse dans toute organisation sociale.

parables éléments du mouvement politique. Toutefois, il importe de remarquer que chacune des doctrines opposées représente aussi un élément de notre étrange situation politique en concourant à la position générale du problème social, présenté par l'une sous l'aspect organique, par l'autre sous le point de vue progressiste.

L'influence de la philosophie révolutionnaire, pour obliger les conceptions sociales à prendre un caractère plus progressif, est devenue tellement évidente, qu'elle n'exige plus désormais aucune discussion. Il n'y a pas d'autre moyen de l'éliminer, que de *mieux* remplir le but qu'elle n'a pas été capable d'atteindre. De toute autre manière, les déclamations contre la philosophie révolutionnaire échoueront devant l'immuable attachement instinctif de la société à des principes qui, depuis les trois derniers siècles, ont dirigé tous ses progrès politiques, et qu'elle considère à juste titre comme formulant seuls aujourd'hui les indispensables conditions générales de son développement ultérieur. Il est vain de déplorer, au nom de l'ordre social, l'énergie destructive de l'esprit d'analyse et d'examen. Cet esprit est éminemment salutaire, et, par son incessante activité, finira par produire une doctrine capable de satisfaire à toutes les exigences et de soutenir toutes les discussions.

Tel est le cercle vicieux dans lequel l'esprit humain se trouve enfermé à l'égard des idées sociales, obligé désormais, pour maintenir, même imparfaitement, la position vraiment intégrale du problème politique, d'employer simultanément deux doctrines incompatibles qui ne sauraient conduire à aucune solution réelle, et dont chacune, quoique provisoirement indispensable, doit être contenue par l'antagonisme de l'autre !

Une troisième opinion, essentiellement stationnaire, et formée de leurs débris communs, s'est graduellement interposée entre la doctrine rétrograde et la doctrine révolutionnaire. L'école *stationnaire* déclare maintenir les principes du régime ancien, en même temps qu'elle entrave ses conditions d'existence. Pareillement, après une solennelle adhésion aux principes de la philosophie révolutionnaire qui constituent sa seule force logique contre la doctrine rétrograde, elle s'oppose à leur développement, en suscitant, à leur application journalière, des obstacles péniblement institués. En un mot, cette politique, si fièrement dédaigneuse des utopies, se propose la plus chimérique des utopies, en cherchant à fixer la société dans une situation contradictoire entre la rétrogradation et la régénération, grâce à l'antagonisme de l'instinct de l'Ordre avec celui du Progrès. Une telle école peut être utile à titre d'organe provisoire pour empêcher le danger de la prépondérance de l'une ou de l'autre philosophie et aider à préparer la régénération finale de la société. Mais il est clair que cette réorganisation finale ne saurait être, en aucune manière, dirigée par une théorie qui, dans son utilité momentanée, n'a pour objectif, purement négatif et imparfaitement atteint, que d'empêcher les rois de rétrograder et de garantir les peuples des révolutions !

CHAPITRE XXIII

Essais pour créer une Doctrine sociologique.

La précédente analyse des systèmes qui président aujourd'hui aux discussions politiques, a démontré leur inaptitude à diriger la réorganisation sociale. Il nous reste maintenant à indiquer les principaux dangers qui résultent de la prolongation d'une telle condition intellectuelle, et qui tendent, par leur nature, à s'aggraver de jour en jour.

La plus universelle conséquence de cette situation, son résultat le plus direct et le plus funeste, source première de tous les autres désordres, consiste dans l'extension croissante de l'anarchie intellectuelle. Le mal est déjà parvenu à ce point que toutes les opinions politiques, quoique uniformément puisées dans la triple fond général que j'ai indiqué au chapitre précédent, prennent un caractère individuel, par suite des innombrables nuances d'opinion que peut comporter le mélange des trois systèmes. Il devient de plus en plus impossible de faire adhérer, même un très petit nombre d'esprits, à une profession de foi politique explicite, où le vague et l'ambiguité d'un langage artificieux ne cherchent point à produire l'apparence illusoire d'un concours qui ne saurait exister. Telle est la nature éminemment complexe des questions sociales que, même sans aucune intention sophistique, le pour et le contre peuvent y être soutenus, d'une manière extrêmement plausible, sur presque tous les points. Dans le triste cours journalier de nos luttes politiques, les hommes les plus honnêtes sont naturellement conduits à se taxer les uns les autres de folie ou de dépravation, d'après l'opposition de leurs principes sociaux ; d'une autre part, en chaque grave occurrence, les maximes politiques les plus contraires sont habituellement soutenues par des partisans également estimables. Comment l'influence continue de ce spectacle, si essentiellement incompatible avec aucune conviction profonde, pourrait-elle laisser subsister, parmi ceux qui y participent, ou ceux qui l'admirent, une vraie moralité politique ? Son action dissolvante s'est fait sentir, avec une intensité profonde, dans les questions de moralité domestique et même personnelle, cette base nécessaire de toutes les autres. Il est clair que les éléments de toute sociabilité sont compromis par des discussions qui, n'étant point soumises à des principes réels et universellement reconnus, tendent seulement à embrouiller et à discréditer les idées ordinaires de moralité, en les mettant en question sans leur procurer aucune solution pratique.

Comme une conséquence nécessaire d'un tel désordre, surgit le second caractère de notre situation, « la corruption systématique, désormais érigée en un indispensable moyen de gouvernement ». Non seulement le désordre des esprits permet le développement de la corruption politique, dont tout large exercice serait incompatible avec des convictions sincères et universelles ; mais il l'exige nécessairement comme unique moyen praticable de déterminer une certaine convergence effective, dont l'ordre social ne saurait se passer entièrement. De sorte que, par une évidente harmonie, la corruption cessera d'être possible sur une large échelle, aussitôt que la société sera capable de supporter une meilleure discipline. Jusqu'alors on peut compter sur l'inévitable accroissement de ce misérable expédient, comme l'atteste l'exemple de tous les peuples qui ont été longtemps soumis à ce que l'on appelle le système « constitutionnel » ou représentatif, et qui ont été ainsi forcés d'organiser une certaine discipline matérielle au milieu d'un profond désordre intellectuel et, par suite, moral.

Le troisième symptôme essentiel de notre situation sociale consiste dans la prépondérance croissante du point de vue matériel immédiat, à l'égard des questions politiques. Après avoir reconnu que la crise fondamentale de la société actuelle dérive de l'anarchie intellectuelle, on ne saurait trop déplorer cette irrationnelle unanimité du monde politique qui, en proscrivant les recherches spéculatives, tend directement à interdire la seule issue que puisse comporter une telle situation !

Cet examen sommaire des principaux caractères de notre situation sociale confirme notre analyse de ses divers éléments constituants. Les effets se sont montrés eux-mêmes en parfaite harmonie avec les causes. La philosophie théologique et la philosophie métaphysique ayant, jusqu'ici, entrepris de mener à bout la réorganisation politique de la société moderne, et montré leur incompétence, il en résulte évidemment, ou que le problème n'est pas réellement susceptible de solution (ce qui serait absurde), ou qu'il ne reste plus que le recours à la Philosophie positive, puisque l'esprit humain a vainement épuisé, en efforts infructueux, toutes les autres voies intellectuelles. Il a été prouvé que dans son évolution graduelle, et plus spécialement durant ces trois derniers siècles, cette Philosophie positive a successivement opéré la réorganisation totale des diverses conceptions antérieures, à la satisfaction unanime du monde intellectuel. Or, comment une philosophie qui n'est certainement ni anarchique ni rétrograde à l'égard des notions astronomiques, physiques, chimiques et même biologiques, le deviendrait-elle à l'égard des seules notions sociales? Pourquoi cette dernière catégorie d'idées serait-elle exceptée d'une application qui a graduellement embrassé les catégories moins compliquées, y compris celle qui s'en rapproche le plus ? La Philosophie positive, convenablement complétée, est seule capable de présider à la réorganisation de la société moderne.

Il a été démontré que le défaut radical de la société actuelle est d'ordre éminemment théorique, et que, par conséquent, la réorganisation intellectuelle et morale doit nécessairement précéder et diriger la réorganisation politique. Néanmoins, avant de procéder à cette opération philosophique, il est nécessaire de considérer les principaux efforts philosophiques tentés jusqu'ici pour constituer la science sociale, et dont l'appréciation générale tendra à caractériser la nature et l'esprit de cette dernière branche de la philosophie positive.

L'esprit humain a, jusqu'ici, été incapable de trouver une

base réellement positive à la science sociale. Dans les autres sciences, et par suite de l'immuable perpétuité des phénomènes, les observations rationnelles n'ont été difficiles qu'à cause de l'insuffisance d'observateurs bien dressés. Mais par une exception appartenant à la science sociale seule, et qui a dû spécialement tendre à prolonger son enfance, il est clair que les phénomènes eux-mêmes y ont longtemps manqué de la plénitude et de la variété de développement, indispensables à leur exploration scientifique, abstraction faite des conditions à remplir par les observateurs. Les conditions relatives à la succession même des phénomènes, nous permettent, sans grande incertitude, d'assigner le siècle actuel comme l'époque nécessaire de la formation définitive des sciences sociales, jusqu'alors essentiellement impossible. Jusqu'à cette époque, en effet, les tendances fondamentales de l'Humanité ne pouvaient être assez fortement caractérisées pour devenir le sujet d'une évaluation scientifique. Toute idée de progrès social était naturellement interdite aux philosophes de l'antiquité, faute d'observations politiques suffisamment complètes et étendues. De sorte que le plus éminent et le plus judicieux d'entre eux ne put résister à la tendance universelle de considérer l'état de la société de son temps comme radicalement inférieur à celui des périodes antérieures.

Montesquieu, dans son *Esprit des Lois*, est le premier philosophe auquel on puisse attribuer le mérite d'avoir posé les premières bases de la science sociale. Ce qui caractérise la principale force de ce mémorable ouvrage, de manière à témoigner de la supériorité de son illustre auteur sur tous les philosophes contemporains, est sa tendance prépondérante à concevoir les phénomènes politiques comme nécessairement assujettis à d'invariables lois naturelles.

A une époque où les plus éminents esprits, préoccupés de vaines utopies métaphysiques, croyaient encore à la puissance absolue et indéfinie des législateurs, armés d'une autorité suffisante pour modifier l'état social, combien ne fallait-il pas être en avant de son siècle pour oser concevoir les divers phénomènes politiques, comme toujours réglés, au contraire, par des lois naturelles, dont l'exacte connaissance devait servir de base rationnelle à toute sage spéculation sociale, en guidant les combinaisons pratiques des hommes d'État ?

Malheureusement, les mêmes causes qui établissent, avec tant d'évidence, cette irrécusable prééminence politique de Montesquieu sur tous ses contemporains, démontrent aussi l'impossibilité de tout succès réel dans une entreprise si prématurée quant à son but principal, et dont les plus essentiell..s conditions préliminaires, soit scientifiques, soit politiques, étaient alors si loin d'une réalisation suffisante.

Depuis Montesquieu, le seul pas important vers la conception fondamentale de la sociologie est dû à l'illustre et infortuné Condorcet, dans sa mémc..able *Esquisse d'un Tableau historique des Progrès de l'Espr ..umain*. Ici, quoique la grande opération philosophique projetée par Montesquieu ait, en réalité, également avorté, il demeure néanmoins incontestable que, pour la première fois, la notion scientifique primordiale d'une progression sociale de l'Humanité a été nettement introduite, ce qui n'était certainement pas le cas dans Montesquieu. La nature générale de l'opération a été nettement dévoilée, bien que l'entreprise reste encore tout entière à accomplir.

Comte termine cette revue par quelques réflexions philosophiques sur l'économie politique. ..s économistes, dit-il, se sont persuadés, de bonne foi, qu'ils étaient parvenus à soumettre à l'esprit positif ce qu'ils appellent la science économique ; et chaque jour, ils proposent leur manière de procéder comme le type d'après lequel toutes les théories sociales doivent être finalement régénérées.

La seule considération que les économistes sont, presque tous, sortis des rangs des avocats et des littérateurs, et n'ont pu, par conséquent, puiser à aucune source régulière l'esprit habituel de rationalité positive qu'ils croient avoir transporté dans leurs recherches, devrait suffire, en tenant compt .. son importance, à caractériser l'inanité inévitable de leu.. prétentions scientifiques.

Quand on quitte le monde des entités pour aborder les

spéculations réelles, il devient certain que l'analyse économique ou industrielle ne saurait être positivement exécutée, en dehors de son analyse intellectuelle, morale et politique. La prédilection que l'esprit humain semble manifester, de nos jours, pour ce qu'on nomme l'économie politique, doit être considérée, en réalité, comme un symptôme du besoin senti de soumettre enfin les études sociales à des méthodes réellement positives.

Une autre indication de cette tendance se manifeste par la disposition croissante vers les études historiques, et par les progrès que celles-ci ont accomplis dans les deux derniers siècles. Néanmoins, malgré ces progrès, si heureusement destinés à préparer sa régénération finale, l'histoire n'a pas encore perdu son caractère descriptif essentiellement littéraire.

CHAPITRE XXIV

Esprit général de la Sociologie.

Après ces indications générales tendant à montrer l'urgence et l'opportunité d'une science sociale, Comte expose les caractères que prend la Méthode positive dans l'étude des phénomènes sociaux.

Quand on considère l'état présent de la science sociale, on ne peut s'empêcher d'y reconnaître la combinaison des divers caractères qui ont toujours distingué l'enfance théologico-métaphysique de toutes les autres branches de la philosophie. Cette situation de la science politique reproduit exactement, sous nos yeux, l'analogue de ce que fut l'astrologie pour l'astronomie, l'alchimie pour la chimie, et la recherche de la panacée universelle pour la médecine. Les particularités, que la politique théologique et la politique métaphysique offrent en commun, consistent principalement, quant à la Méthode, dans la prépondérance de l'imagination sur l'observation, et, quant à la Doctrine, dans la recherche des notions absolues; d'où résulte la tendance à exercer une action arbitraire et indéfinie sur des phénomènes qui ne sont point regardés comme assujettis à des lois invariables. En un mot, l'esprit général de toutes les spéculations à l'état théologico-métaphysique est nécessairement idéal dans la marche, absolu dans la conception, et arbitraire dans l'application. Or, on ne saurait douter que tels soient encore aujourd'hui les caractères prédominants des spéculations sociales.

La Philosophie positive suit une marche très différente; elle est caractérisée par cette subordination nécessaire et permanente de l'imagination à l'observation, qui constitue spécialement l'esprit scientifique, en opposition à l'esprit théologique ou métaphysique. En vertu de leur complication supérieure, et de leur connexion plus intime avec les passions humaines, il était naturel que les spéculations politiques restassent plongées plus profondément et plus longtemps qu'aucune autre dans cette déplorable situation philosophique où elles languissent encore, tandis que les études plus simples et moins stimulantes en ont été successivement dégagées durant les trois derniers siècles. Comme le fait sarcastiquement remarquer Hobbes, les axiomes de la géométrie elle-même deviendraient le sujet de discussions le jour où ils provoqueraient l'intervention des passions des hommes.

Si, au lieu de considérer l'esprit général de la philosophie positive, nous considérons le caractère des conceptions scientifiques, il est facile de reconnaître que le Positivisme se distingue principalement de la philosophie théologico-métaphysique par une constante et irrésistible tendance à rendre *relatives* toutes les notions qui, d'abord, étaient *absolues*. Le caractère relatif des conceptions scientifiques est inséparable de la vraie notion des lois naturelles ; la tendance chimérique à la connaissance absolue accompagne spontanément l'usage des fictions théologiques ou des entités métaphysiques. Bien que le pouvoir de l'homme, pour modifier les phénomènes à son gré, ne puisse jamais résulter que de la connaissance de leurs lois naturelles, il est néanmoins incontestable que l'enfance de la raison humaine coïncide nécessairement avec la prétention caractéristique à exercer une action *illimitée* sur les phénomènes correspondants. L'histoire des opinions humaines vérifie clairement cette aberration à l'égard des phénomènes astronomiques, physiques, chimiques et même biologiques. L'erreur ne subsiste plus de nos jours que pour les phénomènes sociaux. Il est évident par exemple que, malgré la tendance de l'esprit public vers une plus saine philosophie, la disposition prépondérante des hommes d'État et même des publicistes, soit dans l'école théologique, soit dans l'école métaphysique, consiste encore habituellement à concevoir les phénomènes sociaux comme indéfiniment et arbitrairement modifiables, en continuant à supposer l'espèce humaine dépourvue de toute impulsion spontanée, et toujours prête à subir passivement l'influence d'un législateur temporel ou spirituel, pourvu qu'il soit investi d'une autorité suffisante. Or, il est parfaitement impossible d'établir en politique aucune notion stable et commune, tant que la société humaine sera considérée comme marchant sans direction propre, sous l'arbitraire impulsion d'un législateur. C'est pourquoi il n'y a, désormais, en philosophie politique, d'ordre et d'accord possibles qu'en admettant l'assujettissement des phénomènes sociaux à d'inévitables lois naturelles, c'est-à-dire en introduisant dans l'étude de ces phénomènes le même esprit positif qui a déjà régénéré et discipliné toutes les autres branches de la spéculation humaine.

Le principe de la Sociologie consiste à concevoir les phénomènes sociaux comme inévitablement assujettis à des lois naturelles. Il nous faut donc d'abord fixer le caractère propre de ces lois. Pour obtenir ce résultat, nous devons étendre aux phénomènes sociaux une distinction vraiment scientifique, en considérant séparément, mais toujours en vue d'une exacte coordination systématique, l'aspect *statique* et l'aspect *dynamique* de chaque sujet d'étude positive. En Biologie, cette analyse indispensable nous permet de distinguer entre le point de vue purement anatomique ou statique, relatif à l'organisation, et le point de vue physiologique ou dynamique, directement relatif à la vie. En Sociologie, cette décomposition doit jouer un rôle analogue, en nous permettant de distinguer, entre l'étude des *conditions* d'existence de la société, et celle des *lois* de son *mouvement continu*. Ce dualisme scientifique correspond à la double connexion de l'Ordre et du Progrès ; car il est évident que l'étude statique de l'organisme social doit coïncider avec la théorie positive de l'Ordre, tandis que l'étude dynamique de la vie collective de l'Humanité doit aboutir à la théorie positive du Progrès social.

La Sociologie lie ainsi les deux idées également fondamentales d'Ordre et de Progrès, dont nous avons vu l'opposition radicale constituer le principal symptôme caractéristique de la profonde perturbation de la société moderne.

L'anatomie sociale, ou Sociologie *Statique*, a pour objet l'étude positive, à la fois expérimentale et rationnelle, des actions et réactions mutuelles que toutes les parties du système social exercent continuellement les unes sur les autres.

Sans vouloir établir ici la théorie de l'Autorité, il est évident que, d'après la nature de l'état social, tout pouvoir est nécessairement constitué par un *assentiment* correspondant (spontané ou réfléchi, explicite ou implicite) des diverses volontés individuelles, concourant à une action commune, dont ce pouvoir est d'abord l'organe, et ensuite le régulateur. Ainsi l'autorité résulte du concours et non le concours de l'autorité : de sorte qu'aucun grand pouvoir ne saurait résulter que de dispositions fortement prépondérantes au sein de la société où il s'établit ; et que, quand rien n'y prédomine fortement, les autorités sont faibles et languissantes.

Ce consensus de l'organisme social est le principe de la sociologie statique. Nous avons donc seulement à concevoir le système politique d'après ses relations, quelquefois spéciales, quelquefois générales, avec la civilisation correspondante. Mais, tout en indiquant la conformité spontanée de chaque système politique effectif avec la civilisation correspondante, la Philosophie positive ne laisse pas d'enseigner aussi que cet ordre naturel doit être souvent très imparfait, en raison de l'extrême complication des phénomènes. Bien loin de repousser l'intervention humaine, une telle philosophie en provoque éminemment la sage et active application en représentant directement les phénomènes sociaux comme étant, par leur véritable nature, à la fois ceux qui sont le plus aisément modifiés, et ceux qui ont le plus besoin de l'être.

Quoique la conception statique de l'organisme social doive constituer la base de toute sociologie, nous devons néanmoins reconnaître que non seulement la *Dynamique* sociale en forme la partie la plus directement intéressante, principalement de nos jours, mais qu'elle seule donne à la science nouvelle son caractère philosophique le plus décisif, en faisant directement prévaloir la notion qui distingue la Sociologie de la Biologie, c'est-à-dire l'idée du *progrès* continu, ou du *développement graduel de l'Humanité.*

Pour apprécier plus facilement cette idée, il est nécessaire d'imaginer l'hypothèse d'un peuple unique auquel seraient rapportées toutes les modifications sociales consécutives, observées chez les diverses populations. Cela posé, le véritable esprit de la sociologie dynamique consiste à concevoir chacun des états sociaux consécutifs comme le résultat nécessaire du précédent, et le moteur indispensable du suivant, selon le lumineux axiome du grand Leibnitz : *Le présent est gros de l'avenir*. La science a, dès lors, pour objet de découvrir les lois constantes qui régissent cette continuité, et qui déterminent la marche du développement humain. En un mot, dans la dynamique sociale, nous étudions les lois de la *succession*, tandis que dans la statique sociale nous étudions les lois de la *coexistence ;* de sorte que l'application de la première est de fournir à la politique pratique la vraie théorie du Progrès, en même temps que la seconde est destinée à fournir spontanément celle de l'Ordre.

De tout temps et en tout lieu, le cours ordinaire de la vie individuelle, malgré son extrême brièveté, a permis aux hommes de percevoir certaines modifications notables, survenues dans l'état social. Or, c'est l'accumulation graduelle, mais continue, de ces changements successifs qui constitue le mouvement social. Sous quelque aspect que nous envisagions la société, ses modifications successives se trouvent toujours soumises à un ordre déterminé, dont l'explication rationnelle est déjà possible en un assez grand nombre de cas, pour que, dans les autres, nous puissions espérer de la découvrir ultérieurement. Cet ordre présente d'ailleurs une fixité remarquable, qui est très apparente, lorsque nous comparons les développements parallèles, observés chez des populations distinctes et indépendantes. C'est là une conception sans laquelle aucune science sociale ne peut exister, et qui présente d'ailleurs la plus incontestable réalité. Il n'y a pas plus de discussion possible avec ceux qui la méconnaîtraient, qu'avec ceux qui rejettent les notions fondamentales d'une science quelconque : par exemple, en Biologie, la série organique, dont la série sociologique constitue l'équivalent philosophique. Une telle vue préliminaire du développement humain doit engendrer spontanément la disposition générale à considérer l'état social comme ayant été, à chaque époque, aussi parfait que le permettait l'âge correspondant de l'Humanité, combiné avec les circonstances corrélatives sous l'empire desquelles s'accomplissait alors son évolution.

Cette conception philosophique, sans laquelle l'histoire resterait radicalement incompréhensible, devient naturellement le complément de la conception notée déjà en sociologie statique. L'une est au Progrès ce que l'autre est à l'Ordre; et toutes deux résultent nécessairement du même principe évident, c'est-à-dire de cette prépondérance du point de vue *relatif* sur le point de vue *absolu*, qui distingue principalement la philosophie positive. Une telle considération philosophique conduit à apporter dans l'examen habituel des phénomènes sociaux, soit passés, soit présents, cette sage indulgence scientifique qui dispose à mieux apprécier et même à saisir avec plus de facilité la véritable filiation historique des événements. De semblables notions préliminaires, statiques et dynamiques, sont de nature à caractériser suffisamment l'esprit général de la nouvelle philosophie politique, de manière à fixer la position rationnelle des questions sociologiques. Sans admirer ni maudire les *faits* politiques, en ne voyant en eux, comme dans toutes les autres sciences, que de simples sujets d'observation, la science sociale considère chaque phénomène au double point de vue de son harmonie avec les phénomènes coexistants, et de son enchaînement avec les états antérieurs et postérieurs du développement humain.

CHAPITRE XXV

Statique sociale : Méthode et Généralités.

En Sociologie, comme en Biologie, l'exploration scientifique emploie concurremment les trois modes de l'art général d'observer : c'est-à-dire, l'Observation, l'Expérimentation et la Comparaison. Il s'agit donc d'apprécier la portée relative et le caractère propre de ces trois procédés successifs.

Dans chaque ordre de phénomènes, même les plus simples, l'Observation réelle n'est possible qu'autant qu'elle est primitivement dirigée et finalement interprétée par une théorie. Une telle nécessité logique devient irrésistible lorsqu'on a affaire à des phénomènes compliqués ; sans la lumineuse indication d'une théorie préalable, l'observateur ne saurait pas *ce qu'il* doit regarder dans le fait qui s'accomplit sous ses yeux. Il est donc évident que les observations sociales doivent exiger, plus que toutes les autres, l'emploi continu de théories destinées à lier le présent au passé.

Les faits ne manquent point, puisque, dans cet ordre de phénomènes plus que dans aucun autre, les plus vulgaires sont nécessairement les plus importants, malgré les prétentions puériles des collecteurs d'anecdotes secrètes ; mais ils restent profondément stériles, et même inaperçus, faute des dispositions intellectuelles et des indications spéculatives, indispensables à leur véritable exploration scientifique. Examinés, d'après des vues rationnelles de solidarité ou de succession, les phénomènes sociaux offrent, sans aucun doute, des moyens d'observation bien plus variés et étendus que les autres phénomènes moins compliqués. C'est ainsi que non seulement l'Inspection immédiate ou la description directe des événements quelconques, mais aussi la considération des coutumes les plus insignifiantes en apparence, l'appréciation des diverses sortes de monuments, l'analyse et la comparaison des langues, etc., peuvent offrir à la sociologie d'utiles moyens d'exploration positive. Il est, en un mot, à la portée de chacun de convertir en précieuses indications sociologiques les impressions qu'il reçoit de presque tous les événements de la vie sociale.

Le second mode d'observer, ou l'Expérimentation proprement dite, ne peut être utilisé ici que d'une manière indirecte, en l'appliquant aux cas pathologiques qui constituent, dans les études biologiques, l'équivalent scientifique réel de la pure expérimentation : puisque les expériences naturelles qu'ils nous offrent sont éminemment appropriées à l'étude des phénomènes complexes de l'organisme. En sociologie, cette analyse pathologique consiste dans l'examen des cas, malheureusement trop fréquents, dans lesquels les lois sociales éprouvent les perturbations qu'offrent les périodes révolutionnaires et spécialement la nôtre.

Ces perturbations représentent exactement, pour l'organisme social, l'analogue des maladies individuelles. Dans l'un et l'autre cas, c'est faire un noble usage de la raison, que de l'appliquer à mieux dévoiler les lois réelles de notre nature, par l'analyse scientifique des désordres sérieux qui accompagnent son développement. Il est vrai que les cas de perturbation sociale sont volontiers considérés comme impropres à pouvoir dévoiler les lois de l'organisme politique, qui seraient alors, suppose-t-on, détruites ou, du moins, suspendues. Mais, à la vérité, ces cas pathologiques ne sauraient constituer aucune violation réelle. Comme les lois subsistent toujours en un état quelconque de l'organisme social, nous pouvons conclure, avec les précautions convenables, de l'analyse scientifique des perturbations, à la théorie positive de l'existence normale.

Le troisième mode d'observer, ou la Comparaison, prédomine nécessairement dans toutes les études dont les corps vivants sont le sujet. Le point capital de cette méthode consiste à rapprocher les états coexistants de la société sur les différentes parties du globe, en les envisageant surtout chez des populations pleinement indépendantes les unes des autres. Rien n'est plus propre qu'un tel procédé à caractériser nettement les diverses phases essentielles de l'évolution humaine, dès lors susceptibles d'être simultanément explorées de manière à faire ressortir, sans équivoque, leurs principaux attributs. — En premier lieu, ce mode comparatif présente l'avantage d'être pareillement applicable aux deux ordres essentiels de spéculations sociologiques, les uns statiques, les autres dynamiques, de manière à vérifier également les lois de l'existence et celles du mouvement, et à fournir quelquefois, à l'égard de chacune d'elles, de précieuses indications. — En second lieu, il s'étend aujourd'hui à tous les degrés possibles de l'évolution sociale, dont les traits caractéristiques peuvent ainsi être effectivement soumis à notre immédiate observation. Depuis les malheureux habitants de la Terre de Feu jusqu'aux peuples les plus avancés de l'Europe occidentale, on ne saurait imaginer aucune forme d'existence sociale qui ne se trouve actuellement réalisée en certaines parties du globe, et même, presque toujours, en plusieurs localités nettement séparées. Mais nous devons répéter, pour cette application de la méthode comparative à la sociologie, ce qui a déjà été dit de l'Observation et de l'Expérimentation, à savoir l'impossibilité de se servir utilement d'un tel procédé, sans que son application primitive et son interprétation finale soient constamment dirigées par une conception rationnelle du développement de l'Humanité.

Après avoir complété l'examen préliminaire de l'esprit général qui doit caractériser la Sociologie, et les divers moyens d'exploration qui lui sont particuliers, nous devons procéder maintenant à l'élaboration de ce grand sujet. Le plan qui doit être suivi consiste à examiner successivement les trois ordres principaux de considérations sociologiques de plus en plus composées et spéciales, en appréciant les conditions générales de l'existence sociale : d'abord relativement à l'individu, ensuite à la famille, et finalement à la société dont la notion, parvenue à son entière extension scientifique, tend à embrasser la totalité de l'espèce humaine.

En ce qui concerne l'individu, Gall a scientifiquement établi l'irrésistible tendance sociable de la nature humaine. La sociabilité de l'espèce humaine, en vertu d'un penchant instinctif à la vie commune, indépendamment de tout calcul personnel, et souvent même malgré les intérêts individuels les plus énergiques, ne peut plus être contestée. Il importe seulement de signaler l'influence des plus importants attributs de notre nature pour donner à la société le caractère qui lui appartient constamment et que son développement quelconque ne saurait jamais altérer. A cet effet, nous devons tenir compte de la rigoureuse prédominance des facultés émotionnelles ou affectives sur les facultés intellectuelles, bien qu'elle soit moins prononcée chez l'homme que chez les autres animaux. Les facultés intellectuelles étant les moins énergiques, leur activité, pour peu qu'elle se prolonge au-delà d'un certain point, détermine chez la plupart des hommes une fatigue presque insupportable. En sorte que, par une déplorable coïncidence, l'homme a précisément besoin, pour améliorer sa situation primitive, du genre d'activité auquel il est le moins propre. Au lieu de déplorer vainement cette discordance, nous devons la noter comme un premier document essentiel qui doit exercer une influence radicale sur le caractère général des sociétés humaines.

Un second caractère auquel nous devons avoir égard, consiste en ce que, outre l'ascendant général de la vie affective sur la vie intellectuelle, nos instincts les moins élevés, ceux qui sont plus spécialement égoïstes, ont une prédominance incontestable sur les penchants plus nobles, directement relatifs à la sociabilité.

S'il était possible de supprimer la prépondérance de nos instincts personnels, on détruirait radicalement notre nature morale au lieu de l'améliorer ; puisque les affections sociales, dès lors privées d'une indispensable direction, tendraient bientôt à dégénérer en une vague et stérile charité, dépourvue de toute grande efficacité pratique. Quand la morale la plus avancée nous a prescrit la stricte obligation d'aimer nos semblables comme nous-mêmes, elle a formulé le principe fondamental, avec ce degré d'exagération qu'exige l'indication d'un type au-dessous duquel la réalité ne sera jamais que trop maintenue.

Telles sont les deux conditions naturelles dont la combinaison détermine le caractère de notre existence sociale. Nous devons maintenant procéder à un examen similaire du second ordre des considérations élémentaires de statique sociale, c'est-à-dire celles qui concernent la famille.

Comme tout système doit être composé d'éléments qui lui soient homogènes, l'esprit scientifique ne permet pas de considérer la société comme composée d'individus. La véritable unité sociale consiste dans la seule Famille, au moins réduite au couple élémentaire qui en constitue la base principale. Aucune société ne saurait être aussi intime que cette admirable combinaison primitive, grâce à laquelle deux natures en arrivent presque à se fusionner en une seule. Cette parfaite intimité n'a pu s'établir dans la famille que d'après l'énergique spontanéité d'un but commun, combinée avec l'institution non moins naturelle d'une indispensable subordination.

En dépit des vagues notions que l'on se forme aujourd'hui de l'égalité sociale, toute société, même la plus restreinte, suppose non seulement des diversités, mais aussi des inégalités. Car il ne saurait y avoir de véritable société sans concours permanent à une opération générale, par des moyens distincts, convenablement subordonnés les uns aux autres. Or, la plus complète réalisation possible de ces conditions élémentaires appartient à la famille seule.

Les attaques dirigées, de nos jours, contre cette institution fondamentale, doivent être regardées comme le plus effrayant symptôme de notre tendance à la désorganisation sociale. Mais de telles attaques ne sont véritablement dangereuses qu'à cause de la décrépitude des croyances, sur lesquelles on fait encore exclusivement reposer les idées de famille, comme toutes les autres notions sociales.

Par le cours de l'évolution sociale, l'organisation de la famille reçoit progressivement de profondes modifications, dont l'ensemble offre, à chaque grande époque du développement, la mesure exacte de l'importance réelle du changement social alors opéré. La théorie sociologique de la famille peut être réduite à l'examen de deux ordres de relations nécessaires, à savoir, la subordination des sexes, et ensuite celle des âges, dont l'une institue la famille, tandis que l'autre la maintient.

Sans doute, l'institution du mariage est susceptible de modifications dans le cours graduel de l'évolution humaine; mais quelque radicaux qu'on puisse supposer ces changements, ils resteront conformes à l'invariable esprit de l'institution, qui est ici notre principal objet. Cet esprit consiste toujours dans une subordination naturelle de la femme, dont tous les âges de la civilisation reproduisent l'ineffaçable caractère sous des formes variées. Une saine philosophie biologique commence à discréditer ces chimériques et révolutionnaires déclamations sur la prétendue égalité des deux sexes, en démontrant directement, soit par l'examen anatomique, soit par l'observation physiologique, les différences radicales, à la fois physiques et morales, qui, dans toutes les espèces animales, et plus spécialement dans la race humaine, les séparent si profondément, malgré la prépondérance du type spécifique.

Complétant ensuite cette appréciation scientifique, la sociologie montrera d'abord l'incompatibilité radicale de toute existence sociale avec cette chimérique « égalité des sexes », en caractérisant les fonctions spéciales et permanentes que chacun d'eux doit remplir dans l'économie naturelle de la famille humaine. Des deux attributs généraux qui séparent l'humanité de l'animalité — l'intelligence et le sentiment, — l'un illustre la prépondérance nécessaire et invariable du sexe mâle, tandis que l'autre caractérise directement l'indispensable fonction modératrice dévolue à la femme, même indépendamment des soins maternels qui constituent, évidemment. sa plus douce et sa plus importante destination spéciale. Cette économie invariable de la famille humaine ne saurait jamais être réellement altérée à moins de supposer une transformation de notre organisme cérébral.

Considérons maintenant l'autre élément, c'est-à-dire la corrélation entre les enfants et les parents. Rien ne mérite plus notre admiration que cette heureuse subordination qui, après avoir constitué la famille, devient ensuite le type nécessaire de toute coordination sociale. Il est impossible que, dans des relations plus étendues et moins intimes, la discipline de la société puisse jamais pleinement réaliser ces caractères admirables de la discipline domestique : la soumission ne saurait y être aussi complète ni aussi spontanée, la protection aussi touchante ni aussi dévouée. Mais la vie de famille n'en demeurera pas moins, à cet égard, l'école de la vie sociale, soit pour l'obéissance, soit pour le commandement, qui doivent, en chaque cas, se rapprocher, aussi près que possible, de ce modèle élémentaire.

Pour compléter les considérations sociologiques relatives à la subordination domestique, il importe de noter sa propriété caractéristique d'établir spontanément la première notion de la perpétuité sociale en rattachant le futur au passé. Quelque degré que puisse atteindre le progrès social, il sera toujours d'une importance capitale que l'homme ne se croie pas né d'hier, et que l'ensemble de ses institutions et de ses mœurs tendent à lier, par un système convenable de signes intellectuels et matériels, ses souvenirs du passé à ses espérances d'avenir. Une philosophie qui représente les hommes de tous les temps et de tous les lieux comme d'indispensables coopérateurs à une même évolution fondamentale, intellectuelle ou matérielle, doit être certainement jugée bien plus propre, aujourd'hui, qu'aucune autre, à développer le sentiment de la continuité sociale, sans encourir le danger de cette servile et irrationnelle admiration du passé, qui, autrefois, sous l'empire de la philosophie théologique, entravait le progrès.

Ayant ainsi établi le fait de la famille comme étant non seulement le point de départ de la société, mais comme offrant à cet égard le premier type naturel de sa constitution radicale, nous avons maintenant à considérer la société en tant que composée de familles et non d'individus.

La simplicité n'est pas la mesure principale de la perfection réelle ; les études biologiques montrent, au contraire, que la perfection progressive de l'organisme animal consiste dans la spécialité croissante des diverses fonctions accomplies par des organes de plus en plus distincts quoique néanmoins toujours indépendants. Or, tel est éminemment le caractère de notre organisme social. Est-il possible de concevoir quelque chose de plus merveilleux que cette convergence régulière et continue d'une immensité d'individus, doués chacun d'une existence distincte et à un certain degré indépendante, et néanmoins tous disposés, sans cesse, malgré les différences de leurs talents et de leurs caractères, à concourir par une multitude de moyens divers à un développement général, sans s'être nullement concertés ensemble, et le plus souvent même avec une active inconscience, s'imaginant tous suivre seulement leurs impulsions personnelles ?

Cette invariable conciliation de la division du travail avec la coopération des efforts, devenant plus prononcée et plus admirable à mesure que la société se complique et s'étend, constitue le caractère fondamental des opérations humaines, quand nous nous élevons du simple point de vue domestique au point de vue social.

La division du travail, qui constitue le principe élémentaire de la société, ne saurait être celui de la famille. Quoique une habituelle coordination entre des travaux distincts s'y doive établir à un certain degré, son influence y est tellement secondaire, que lorsque malheureusement elle demeure le seul principe de liaison, l'union domestique tend à dégénérer en une simple association et, souvent même, à se dissoudre. Dans les combinaisons sociales, l'économie élémentaire présente un caractère inverse : le sentiment de la coopération, jusqu'alors uniquement accessoire, devient, à son tour, prédominant, et l'instinct sympathique ne peut plus former le lien principal.

Pour apprécier convenablement cette coopération et cette division du travail, en tant qu'elles constituent la condition essentielle de notre existence sociale, abstraction faite de la vie domestique, il faut se les représenter dans leur extension philosophique, c'est-à-dire dans leur application à toutes nos diverses opérations au lieu de les limiter à de simples usages matériels. Une telle manière de voir nous conduit alors à regarder non seulement les individus et les classes, mais aussi les différents peuples, comme participant à une immense œuvre commune, dont le développement graduel lie les coopérateurs actuels à leurs prédécesseurs aussi bien qu'à leurs successeurs.

C'est donc la division des occupations diverses qui conditionne essentiellement la solidarité sociale, et qui provoque la complication croissante de l'organisme social, que l'on conçoit alors comme embrassant l'ensemble de notre espèce. L'habitude de la coopération respective est éminemment propre à développer l'instinct social par voie de réaction intellectuelle, en inspirant à chaque famille le sentiment permanent de son étroite dépendance envers toutes les autres, et en même temps, de sa propre importance personnelle, chacune pouvant se regarder comme remplissant, à un certain degré, une véritable fonction publique, indispensable à l'économie générale, et inséparable du système total.

Ainsi envisagée, l'organisation sociale tend à reposer sur la considération des diversités individuelles, en répartissant les emplois de manière à placer chacun dans le poste qu'il peut le mieux remplir, non seulement d'après sa vocation propre, mais aussi d'après son éducation et sa situation actuelle. Tel est, du moins, le type idéal qui doit, dorénavant, être conçu comme la limite fondamentale de l'Ordre. Pour compléter l'appréciation sociologique de cette coopération distributive et spéciale, nous devons examiner les obligations qui résultent de ses inconvénients. Dans cet examen on trouvera le véritable germe scientifique de la corrélation nécessaire entre l'idée de société et l'idée de gouvernement.

La spécialité croissante des idées et des relations journalières doit tendre à rétrécir l'intelligence, en l'aiguisant sans cesse en un sens unique, et encore plus à isoler l'intérêt particulier de l'intérêt commun, — pendant que les affections sociales, graduellement concentrées entre les individus de la même profession, deviennent de plus en plus étrangères à toutes les autres classes, par défaut d'une suffisante communauté de mœurs et de pensées. C'est ainsi que le même principe qui a seul permis le développement et l'extension de la société générale, menace, sous un autre aspect, de la décomposer en une multitude de corporations ne semblant guère appartenir à la même espèce.

La destination sociale du gouvernement paraît surtout consister à contenir et à prévenir autant que possible cette fatale disposition à la dispersion des idées, des sentiments, des intérêts. Il est clair que le seul moyen de prévenir une telle disposition consiste à ériger cette indispensable réaction en une nouvelle fonction générale, susceptible d'intervenir dans l'accomplissement habituel de toutes les diverses fonctions particulières de l'économie sociale, pour rappeler sans cesse le sentiment de la solidarité commune. C'est ainsi que devrait être comprise la participation du gouvernement au développement fondamental de la vie publique, indépendamment des attributions plus communes d'ordre matériel auxquelles quelques écrivains essaient de réduire aujourd'hui son rôle général.

La subdivision graduelle des fonctions doit établir une subordination toujours croissante qui tend de plus en plus à faire surgir le gouvernement du sein de la société elle-même. Les diverses opérations spéciales se placent naturellement sous la direction de celles qui sont au-dessus d'elles sous le rapport de la généralité. Cette subordination n'est pas seulement matérielle, comme on le croit d'ordinaire, elle est aussi morale et intellectuelle, c'est-à-dire qu'elle exige, en dehors de la soumission pratique, un certain degré correspondant de confiance réelle, soit dans la capacité, soit dans la probité des organes spéciaux auxquels est ainsi confiée une fonction jusqu'alors universelle.

Il importe de remarquer que les forces morales et intellectuelles ne sauraient être envisagées comme représentant un simple composé total à la manière des forces physiques. Aussi, quoique éminemment susceptibles de coopération sociale, elles se prêtent moins à la coopération directe ; d'où résulte une cause nouvelle de l'inégalité plus radicale qu'elles tendent à établir entre les hommes.

S'il ne s'agissait que d'une lutte de vigueur physique ou de richesse, on conçoit qu'une coalition nombreuse des moindres individualités sociales viendrait aisément à bout de la supériorité d'un individu ou d'une famille, si grande soit-elle. Mais lorsque, au contraire, l'entreprise dépend d'une haute valeur intellectuelle, comme c'est le cas pour les grandes conceptions scientifiques ou politiques, il n'y a pas de réunion d'esprits ordinaires, pour si vaste qu'on la suppose, qui puisse en aucune manière lutter avec un Descartes ou un Shakespeare. C'est en raison de cet éminent privilège que les forces intellectuelles et morales tendent nécessairement de plus en plus à gouverner le monde social, depuis qu'une convenable répartition des travaux humains a permis leur développement.

Telle est donc la tendance de toute société vers un gouvernement. Cette tendance est en harmonie, dans notre nature individuelle, avec un système correspondant de penchants spéciaux, les uns vers le commandement, les autres vers l'obéissance. Si les hommes étaient naturellement aussi incapables d'être gouvernés que souvent on le suppose, comment auraient-ils pu jamais être disciplinés ? Il est certain, au contraire, que nous sommes tous plus ou moins enclins à respecter involontairement, chez nos semblables, une supériorité quelconque, indépendamment de tout désir personnel de la voir s'exercer à notre avantage. Ainsi la spontanéité des diverses dispositions individuelles est en harmonie avec la marche nécessaire vers l'établissement de cette subordination politique.

CHAPITRE XXVI

Dynamique sociale.

Dans les considérations statiques précédentes, nous avons envisagé : — la vie *individuelle,* caractérisée par la prédominance des instincts personnels ; — la vie *domestique,* par l'essor continu des instincts sympathiques, — et la vie *sociale,* par le développement spécial des influences intellectuelles. Cette connexion scientifique présente l'avantage pratique de préparer la coordination rationnelle de la moralité universelle, d'abord personnelle, ensuite domestique et finalement sociale : la première assujettissant, à une sage discipline, la conservation de l'individu ; la seconde tendant à faire prédominer la sympathie sur l'égoïsme ; et la dernière dirigeant de plus en plus nos diverses inclinations d'après les indications de la raison, toujours préoccupée de la considération de l'économie générale, de manière à faire concourir toutes les facultés de notre nature vers un but commun, selon les lois propres à chacune.

Après cette indication préliminaire des théories élémentaires de la Sociologie Statique, il nous reste maintenant à procéder à l'étude de la Dynamique sociale, en commençant d'abord par l'examen de l'évolution humaine, considérée dans son ensemble.

Nous devons considérer l'évolution intellectuelle comme le principe nécessairement prépondérant de l'ensemble de l'évolution de l'humanité. Quoique notre faible intelligence ait, sans doute, besoin de l'éveil primitif et de la stimulation continue des appétits, des passions et des sentiments, c'est sous sa direction que le progrès humain s'est toujours accompli. C'est seulement ainsi, et par l'influence croissante de l'intelligence sur la conduite de l'homme et de la société, que la progression graduelle de notre espèce a été capable d'acquérir ce caractère de régularité constante et de continuité persévérante, qui la distingue des efforts vagues et incohérents des animaux plus élevés.

C'est donc l'appréciation du système des opinions humaines — en un mot, l'histoire générale de la Philosophie théologique, métaphysique et positive, — qui doit nécessairement présider à la coordination rationnelle de notre analyse historique. Or, le vrai principe scientifique consiste dans la grande loi philosophique sur la succession constante et indispensable des trois états généraux — primitivement *théologique*, transitoirement *métaphysique*, et finalement *positif*, — par lesquels passe notre intelligence dans toutes les spéculations.

Pour que cette loi puisse remplir convenablement sa destination sociale, il reste seulement à établir en principe, que le développement *matériel* doit suivre une marche non seulement analogue, mais même parfaitement correspondante à celle du développement *intellectuel*.

Tous les divers moyens généraux d'investigation, applicables aux recherches politiques ont montré la tendance primitive de l'individu à une vie *militaire* et sa destination finale à une existence essentiellement *industrielle*.

Aussi personne ne refusera de reconnaître le continuel décroissement de l'esprit militaire, et l'ascendant graduel de l'esprit industriel, comme une double conséquence de notre évolution progressiste. L'antipathie des races primitives pour tout travail régulier ne laisse évidemment à l'homme d'autre exercice soutenu de l'activité que celui de la vie guerrière, la seule à laquelle il soit alors propre, et qui, d'ailleurs, représente le moyen le plus simple, à sa disposition, pour se procurer sa subsistance.

Il est aisé de concevoir que quelque puisse être maintenant la prépondérance sociale de l'esprit industriel, notre évolution matérielle a longtemps exigé l'ascendant exclusif de l'esprit militaire, sous le seul empire duquel l'industrie humaine pouvait se développer convenablement. Les propriétés sociales et, par dessus tout, politiques de l'activité militaire sont conformes à la haute fonction civilisatrice qu'elles avaient à remplir, et la seule Institution modèle, le seul exemple de gouvernement heureux que reconnaisse Carlyle, sont les institutions militaires et le gouvernement du « Soldat ».

Ces attributs sont admirablement adaptés à la nature et aux besoins de la société primitive, qui, sans doute, n'aurait pu apprendre l'ordre à aucune autre école que celle de la guerre, comme on peut s'en rendre compte aujourd'hui par ces individus exceptionnels que la discipline industrielle ne peut suffisamment assouplir, et qui, sous ce rapport, représentent, d'aussi près que possible, l'ancien type humain.

A la vérité, le régime militaire a dû avoir partout, pour base politique indispensable, l'esclavage individuel des producteurs, afin de permettre aux guerriers le libre et plein développement de leur activité caractéristique. L'institution de l'esclavage ancien fut donc destinée à organiser une préparation graduelle à la vie industrielle. Quelque irrécusable, cependant, que soit la nécessité politique d'un exercice longtemps prépondérant de l'activité militaire, on ne peut méconnaître la nature essentiellement *provisoire* d'une telle destination sociale, dont l'importance a dû constamment décroître à mesure que la vie industrielle devenait capable de se développer graduellement.

Il est impossible de ne pas être frappé de l'analogie de cette progression avec la loi de l'évolution mentale de Comte, c'est-à-dire avec la succession nécessaire des trois principaux états de l'intelligence humaine, et pareillement avec la loi embryologique des organes provisoires que j'ai donnée comme illustration (voir 1re partie, chap. III, p. 35).

Mais outre cette similitude, il importe de reconnaître la connexité des deux évolutions, en insistant sur l'affinité naturelle qui a dû toujours régner, d'abord entre l'esprit *théologique* et l'esprit *militaire*, ensuite entre l'esprit *scientifique* et l'esprit *industriel*, et par conséquent aussi, entre les deux fonctions transitoires des *métaphysiciens* et des *légistes*. Le lien fondamental qui rattache spontanément le pouvoir théologique au pouvoir militaire a toujours été vivement senti et hautement respecté, en dépit de leurs rivalités politiques, par tous les hommes qui ont participé à l'un ou à l'autre.

On conçoit aisément qu'aucun régime militaire ne saurait s'établir qu'en reposant sur une consécration théologique, sans laquelle la subordination requise ne serait ni assez complète ni d'assez longue durée. Un examen approfondi montrera de la même manière, et comme l'instinct sacerdotal l'a toujours senti, l'efficacité nécessaire du régime militaire pour consolider et étendre l'autorité théologique, qu'il développe par une continuelle application politique.

Il faut observer que l'esprit religieux est aussi antipathique que l'esprit militaire à la prépondérance de l'esprit industriel. Suivant la logique barbare, mais rigoureuse, des peuples arriérés, toute intervention active de la part de l'homme pour améliorer l'économie de la nature à son profit, est un outrage au gouvernement providentiel ! Qu'est-ce, en effet, que l'industrie, si ce n'est l'asservissement de la nature par l'homme ? Qu'est-elle, sinon ce que l'homme crée pour lui-même au lieu de se borner à accepter ce que les dieux accordent ?

Il est donc certain qu'une prépondérance trop absolue de l'esprit religieux, tend nécessairement, en elle-même, à réprimer l'essor industriel de l'Humanité, par un sentiment exagéré de stupide optimisme (1). On ne saurait conséquemment nier la haute influence politique par laquelle l'industrie doit seconder l'ascendant progressif de l'esprit scientifique dans son antagonisme envers l'esprit religieux.

Ici nous terminerons le rapide examen des principales vues de Comte à l'égard des bases dogmatiques de la sociologie. Lorsque le lecteur réfléchira que nous avons résumé dans les pages précédentes un volume de plus de six cents pages, il comprendra la nécessité d'une étude plus serrée et plus détaillée de l'original s'il désire être plus complètement édifié sur chacune des matières que nous venons d'indiquer trop brièvement. Il ne doit considérer ces pages que comme

(1) N'est-ce pas le cas du chloroforme, qui a été flétri comme une tentative présomptueuse et impie pour éviter la douleur ordonnée par le Créateur ?

une sorte de *syllabus* étendu d'une série de leçons, comme une vue préparatoire et à vol d'oiseau, destinée à lui permettre d'étudier les détails avec une pleine conscience de leurs relations.

Nous passons maintenant à la Philosophie de l'Histoire de Comte, où nous verrons l'application de sa loi sociologique au passé entier de l'évolution de l'Humanité.

CHAPITRE XXVII

Age du Fétichisme et du Polythéisme.

L'analyse historique que nous avons maintenant à esquisser sera concentrée sur *une seule* série sociale ; c'est-à-dire qu'elle considérera exclusivement le développement effectif des populations les plus avancées, et qu'elle laissera de côté les autres centres de civilisation indépendante dont l'évolution a été jusqu'ici retardée, à moins, toutefois, que l'examen comparatif de ces séries accessoires puisse utilement éclairer le sujet principal. C'est seulement après avoir ainsi déterminé ce qui convient à l'élite de la race humaine, qu'on pourra utilement régler son intervention rationnelle dans le développement des populations les moins avancées.

La première condition intellectuelle de l'homme a dû nécessairement commencer par un état de pur *fétichisme*, c'est-à-dire par la tendance primitive à concevoir tous les corps extérieurs comme animés d'une *vie* essentiellement analogue à la nôtre. Quoique nous soyons maintenant assez éloignés du Fétichisme pour éprouver une certaine difficulté à le concevoir, chacun de nous n'a qu'à remonter le cours de sa propre histoire individuelle pour y trouver une fidèle représentation d'un tel état initial. Le fétichisme constitue le fond de l'esprit *théologique*, à la fois dans sa simplicité élémentaire et dans sa plénitude intellectuelle. A lui s'applique éminemment la célèbre formule de Bossuet : « *Tout était Dieu, excepté Dieu lui-même* ». Jamais l'esprit religieux n'a pu être aussi directement opposé, que dans ce premier âge, au véritable esprit scientifique, à l'égard même des plus simples phénomènes.

Toute idée de *lois invariables* devait alors paraître éminemment chimérique ; et, en supposant qu'elle eût pu surgir, elle aurait été immédiatement repoussée comme radicalement contraire au mode consacré qui rattachait l'explication de chaque phénomène à la *volonté arbitraire* du *fétiche* correspondant. Considérée dans ses relations avec les Beaux-Arts, l'action générale du Fétichisme sur l'intelligence humaine ne fut certainement pas aussi oppressive qu'elle l'a été au point de vue scientifique. Il est même évident qu'une philosophie, qui animait directement la nature entière, devait tendre à favoriser l'essor spontané de l'imagination, alors nécessairement investie de la prépondérance mentale. Aussi les premiers essais de tous les beaux-arts, sans en excepter la poésie, remontent-ils jusqu'à l'âge du Fétichisme. Quant au développement industriel, philosophiquement défini, c'est-à-dire embrassant l'ensemble total de l'action de l'homme sur le monde extérieur, il remonte à ce premier âge social où l'homme a jeté les bases de sa conquête du globe terrestre.

C'est à cette époque qu'il convient de faire remonter la première ébauche des ressources les plus puissantes de l'industrie par l'association de l'homme avec les animaux diciplinables, l'usage permanent du feu, l'emploi des forces mécaniques, et même le premier essor distinct du commerce proprement dit, dû à l'institution de la monnaie. En un mot, presque tous les arts et procédés industriels y ont nécessairement leur origine. Le Fétichisme présente à un éminent degré cette précieuse propriété, inhérente au régime théologique, de favoriser les premiers efforts de l'activité industrielle par les illusions qu'il inspire sur la prépondérance de l'homme, auquel le monde entier doit sembler subordonné tant que l'invariabilité des lois naturelles reste inconnue. Quoique cette suprématie ne soit alors réalisable que grâce à l'intervention des agents divins, il est évident que le sentiment continu de cette protection suprême dut être, à une telle époque, éminemment propre à exciter et à soutenir l'énergie active de l'homme. Enfin, sous le point de vue social, le Fétichisme a montré des propriétés réelles de la plus haute importance. Une induction attentive doit nous faire sentir la nécessité de la consécration théologique dans les modifications sociales où l'on est aujourd'hui le moins disposé à concevoir une intervention religieuse quelconque. C'est ainsi que nous voyons les plus simples préceptes hygiéniques ne pouvoir d'abord s'établir que sous la haute autorité d'une prescription divine. De même, il semble très vraisemblable que l'influence religieuse a beaucoup contribué dans ces temps primitifs à établir et, surtout, à régulariser l'usage continu des vêtements, justement regardé comme l'un des principaux indices d'une civilisation naissante.

En dépit de la vaine réputation de haute habileté politique qu'on a si étrangement tenté d'attribuer à la dissimulation et même à l'hypocrisie, il est heureusement incontestable que les législateurs des temps primitifs étaient aussi sincères, en général, dans leurs conceptions théologiques sur la société, que dans celles qui se rapportaient au monde extérieur.

Toutes les grandes modifications de l'esprit religieux ont été déterminées d'abord par le développement de l'esprit scientifique. La généralisation insensiblement croissante des diverses observations sur l'Humanité a dû finir par nécessiter une généralisation analogue dans les conceptions théologiques correspondantes, et déterminer ainsi la transformation du fétichisme en un simple polythéisme. Car les dieux diffèrent essentiellement des purs fétiches par leur caractère plus général et plus abstrait. Si chacun préside à un ordre spécial de phénomènes, c'est dans un grand nombre de corps à la fois, de sorte que la moindre divinité dirige un département plus ou moins étendu, tandis que l'humble fétiche ne gouverne qu'un seul objet dont il est inséparable.

De la sorte, à mesure qu'on reconnut la similitude essentielle de certains phénomènes présentés par diverses substances, il fallut rapprocher les fétiches correspondants, et les réduire enfin au principal d'entre eux, qui, dès lors, s'éleva au rang de dieu ; c'est-à-dire d'agent idéal et habituellement invisible, dont la résidence n'était plus rigoureusement fixée. A proprement parler, il ne saurait exister de fétiche commun à plusieurs corps. Ce serait une contradiction, chaque fétiche étant nécessairement doué d'une individualité matérielle. Quand, par exemple, la similarité de la végétation des différents arbres d'une forêt de chênes conduisit enfin les hommes à représenter dans leurs conceptions théologiques ce que les phénomènes forestiers offraient de commun, cet être abstrait n'a plus été le fétiche d'un arbre particulier : il est devenu le dieu de la forêt.

Nous voyons donc le passage du Fétichisme au Polythéisme se réduire à l'inévitable prépondérance des idées générales sur les idées particulières, au second âge de notre enfance, sociale ou personnelle. L'impulsion imprimée par le Polythéisme à l'imagination de l'homme, aussi bien que sa haute efficacité sociale nous conduiront à regarder ce second âge comme le véritable temps du plus intense développement de l'esprit religieux. Si nous comparons, par la pensée, le cours journalier de la vie active d'un polythéiste sincère à celle du plus dévot monothéiste, nous reconnaîtrons, contrairement aux préjugés ordinaires, la prépondérance plus intime de l'esprit religieux chez le premier, dont l'intelligence est perpétuellement assaillie, presque à chaque occasion, et sous les formes les plus variées, d'une foule d'explications théologiques très détaillées. En nous bornant, par exemple, au seul cas des visions ou apparitions, nous voyons que, d'après la théologie moderne, elles sont éminemment exceptionnelles et exclusivement réservées à quelques individus privilégiés, chez lesquels elles ont presque toujours une importante destination, tandis que, sous le paganisme, chaque homme avait, même pour de futiles motifs, de fréquentes relations personnelles avec diverses divinités auxquelles l'unissait parfois une parenté directe. L'efficacité morale et sociale du Polythéisme ne peut être complètement appréciée qu'en la rapportant à son principal office dans le développement humain, office qui diffère essentiellement de celui du Monothéisme : or, de ce point de vue, il est évident que l'influence politique de l'un n'a certes été ni moins étendue, ni moins indispensable que celle de l'autre.

Pour apprécier plus complètement la participation générale du Polythéisme à l'évolution de l'intelligence humaine, il est nécessaire de l'examiner séparément, d'abord sous le point de vue scientifique, ensuite sous le point de vue artistique et poétique, et enfin sous le point de vue industriel. Sous le premier de ces aspects, les philosophes ont apprécié jusqu'ici trop légèrement l'importance capitale du pas décisif franchi par l'intelligence humaine, quand elle s'est élevée du fétichisme au polythéisme proprement dit. Cette grande création des dieux constitue le premier effort général de l'activité purement *spéculative* de notre intelligence qui, jusque-là, n'avait fait essentiellement que suivre, sans peine, une tendance spontanée à animer directement tous les corps, proportionnellement à l'intensité de leurs phénomènes.

Pendant que le Polythéisme, après avoir éveillé l'activité spéculative, permettait ainsi à l'esprit scientifique un faible essor rudimentaire, il poussait, d'une autre part, à la méditation philosophique, en établissant, entre toutes les idées quelconques, une première liaison fondamentale, qui, malgré sa nature essentiellement chimérique, n'en était pas moins infiniment précieuse. Jamais, depuis cette époque, les conceptions humaines n'ont possédé, à un degré comparable, ce grand caractère d'unité de méthode et d'homogénéité de doctrine qui constitue l'état pleinement normal de notre intelligence, et qu'elle avait alors spontanément acquis sous la domination franche et uniforme du système théologique, se plaçant immédiatement à la source de tout, et ne laissant rien sans liaison et sans explications quelconques par l'uniforme application de ses conceptions religieuses. C'est seulement à la prépondérance, plus pure encore et plus universelle de la Philosophie positive, qu'il appartiendra, dans un avenir prochain, de réaliser d'une manière plus parfaite et plus durable, cette propriété fondamentale.

A un point de vue plus direct et plus spécial, nous ne pouvons éviter de reconnaître que cette philosophie religieuse, quoique toute de fiction et d'inspiration, tendait immédiatement à exciter un certain développement élémentaire de l'esprit d'observation et d'induction. Les superstitions mêmes qui, aujourd'hui nous semblent les plus absurdes, telle que la divination par le vol des oiseaux, par les entrailles des victimes, etc., etc., ont eu primitivement, en dehors de leur haute importance politique, un caractère progressiste qu'on peut, en toute vérité, qualifier de philosophique.

Il est, par exemple, incontestable, comme l'a justement remarqué Kepler, que les chimères astrologiques ont longtemps servi à maintenir le goût des observations astronomiques, après l'avoir primitivement inspiré ; c'est ainsi, pareillement, que l'anatomie doit avoir nécessairement puisé ses premiers matériaux dans les découvertes spontanément résultées de l'exploration attentive du foie, du cœur, des poumons, etc., des animaux sacrifiés.

Relativement à l'influence esthétique du Polythéisme, il est nécessaire de rectifier une exagération irrationnelle, encore trop commune, qui attribue aux beaux-arts un office tellement fondamental dans la société antique, que son économie générale n'aurait pas eu réellement d'autre base intellectuelle. Au temps du Polythéisme, comme à toutes les autres époques de l'Humanité, l'essor et l'action des beaux-arts ont toujours reposé sur une philosophie préexistante et unanimement admise. Quoique, par une réaction inévitable, l'influence poétique ait contribué, sans doute grandement, à étendre et à consolider l'empire théologique, il n'eût pu certainement jamais l'établir. Ni chez l'individu, ni dans l'espèce, la faculté d'expression n'a pu dominer la faculté de conception, à laquelle elle est, par sa nature même, subordonnée, quel qu'ait pu être le développement successif de l'une ou de l'autre. Toute inversion réelle de cette relation élémentaire tendrait directement à la désorganisation fondamentale de l'économie humaine, individuelle ou sociale.

Après cette explication, nous pourrons apprécier l'impulsion que le Polythéisme a su imprimer aux Beaux-Arts, et qui les a élevés alors à un degré d'importance sociale qui n'a plus jamais été atteint depuis.

On doit d'abord regarder comme éminemment favorable à leur essor général la propriété fondamentale du Polythéisme ; celle d'éveiller, de la manière la plus spontanée, le libre développement de l'imagination ainsi érigée en principal arbitre de la philosophie primitive, en tant qu'immédiatement investie de la détermination spéciale des divers êtres fictifs auxquels la production de tous les phénomènes quelconques était attribuée. Une telle constitution religieuse attribuait aux facultés esthétiques une participation accessoire, et néanmoins directe, aux opérations théologiques, tandis que, sous le monothéisme, les beaux-arts ont été réduits à un office de culte, ou tout au plus de propagation, sans être admis, en aucune façon, à l'élaboration dogmatique. Enfin, le développement des beaux-arts fut aussi directement favorisé par le polythéisme, en raison de la base éminemment populaire qu'une telle religion assurait à l'action esthétique.

Les Beaux-Arts, destinés surtout aux masses, doivent, par leur nature, éprouver le besoin de s'appuyer sur un système d'opinions familières et communes, dont la prépondérance est également indispensable à leur production et à leur jouissance. C'est l'absence d'une telle condition, dans l'art moderne, qui explique le peu d'effet produit par tant de chefs-d'œuvre. Or, la supériorité esthétique du polythéisme est encore plus irrécusable à cet égard qu'à tout autre, car aucune philosophie quelconque n'a pu obtenir, depuis, une plénitude de popularité comparable à celle dont il a joui, à l'époque de sa prépondérance. Le monothéisme lui-même, au moment de sa plus grande splendeur, ne fut certainement pas aussi populaire que cette antique religion, dont les imperfections morales aidaient à accroître et à propager l'influence.

L'aptitude nécessaire du Polythéisme à seconder l'évolution esthétique de l'Humanité s'explique donc. Dans le vrai système de l'économie humaine, sociale ou individuelle, les facultés esthétiques sont, en quelque sorte, intermédiaires entre les facultés purement morales et les facultés purement intellectuelles. Leur développement convenable peut heureusement réagir à la fois sur l'esprit et sur le cœur, en constituant ainsi l'un des plus puissants procédés d'éducation, soit intellectuelle, soit morale, que nous puissions concevoir.

Si le caractère de la race humaine a commencé à se prononcer dès la première enfance par l'ascendant du sentiment sur l'instinct animal, ce qui a été le résultat du fétichisme, il est impossible de douter que la prépondérance de l'imagination sur le sentiment, c'est-à-dire l'évolution esthétique dans l'état polythéiste, n'ait marqué un grand pas vers l'état définitif dans lequel la raison prendra ouvertement les rênes du gouvernement humain : situation dont le Monothéisme a fortement tendu à nous rapprocher, mais qui ne pourra être complètement réalisée que sous l'empire universel de la Philosophie positive. Cette appréciation servira à resoudre la grande objection que les beaux-arts offrent à la théorie du progrès humain, par le seul fait de leur incontestable prééminence en un temps qui, à tout autre titre, ne représentait que l'enfance de notre espèce.

Nous voyons maintenant, en effet, par quel concours de causes naturelles, le principal essor des beaux-arts devait avoir lieu sous l'empire du Polythéisme, sans qu'une telle correspondance puisse rationnellement indiquer aucune vraie diminution ultérieure dans l'ensemble de nos facultés esthétiques. Les beaux-arts étant destinés à retracer notre existence morale et sociale, il est évident que, tout en étant communs à chaque phase de l'Humanité, ils doivent s'adapter de préférence à l'état social le plus homogène et le plus fixe, dont le caractère plus complet et plus prononcé comporte une représentation plus définie, et tel était le cas sous l'empire du Polythéisme. Nous reconnaîtrons, d'autre part, que, depuis le commencement du Moyen-âge, l'état social moderne n'a été, pour ainsi dire, qu'une immense *transition*, sans physionomie suffisamment marquée. Des causes variées ont donc concouru à ralentir la marche des beaux-arts ; et cependant, loin d'avoir subi aucune dégénération réelle, les faits témoignent, avec une éclatante évidence, que le génie esthétique s'est élevé, dans presque tous les genres, au niveau et même au-dessus des plus éminentes productions de l'antiquité, indépendamment de la nouvelle issue qu'il s'est ouvert par beaucoup d'admirables chefs-d'œuvre. Quand, après une longue et pénible préparation, la civilisation moderne aura finalement développé son vrai caractère par l'ascendant général de la Philosophie positive, l'Humanité s'élèvera à un état social à la fois éminemment progressiste et encore plus homogène et plus stable que celui de l'antiquité polythéiste, où les beaux-arts trouveront un nouveau champ et des attributions nouvelles, aussitôt que leur génie se sera adapté au nouveau système intellectuel.

Le Polythéisme, en même temps qu'il constituait la seule philosophie capable d'imprimer à l'esprit humain un premier élan, soit scientifique, soit esthétique, fut cause, d'autre part, de la double institution d'un culte régulier et d'un sacerdoce distinct, qui, seule, pouvait permettre le développement croissant, entre les différentes familles, d'une véritable organisation sociale susceptible de consistance et de durée. Dans cette phase sociale, la nature du culte, admirablement adapté à la condition corrélative de l'Humanité, consiste essentiellement en fêtes nombreuses et variées, où le premier essor des beaux-arts trouve journellement un heureux moyen d'exercice, et qui fréquemment constituent le principal motif des réunions habituelles, chez des populations liées par une langue commune. Le polythéisme se trouvait ainsi en harmonie politique avec les besoins et l'état de la race humaine, aussi bien qu'avec la nature même du régime qui dominait alors.

L'activité sociale devait être essentiellement militaire. Quoique, dans les temps modernes, la guerre, radicalement exceptionnelle, soit devenue plutôt funeste que favorable à l'extension des relations sociales, il est clair que, chez les anciens, l'annexion, par la conquête, de diverses nations secondaires à un seul peuple prépondérant, constituait le seul moyen d'agrandir la société, d'instituer une paix permanente et de conduire les hommes à une vie purement industrielle. Quand on a cru que, chez les anciens, les guerres n'avaient rien à faire avec la religion, c'est par suite d'une extension abusive du point de vue particulier aux nations modernes, chez lesquelles le spirituel et le temporel sont nettement séparés, tandis qu'ils étaient intimement confondus chez les anciens. Si l'on peut dire, en un sens, que ceux-ci ne connurent point les « guerres de religion », c'est précisément parce que toutes leurs guerres avaient nécessairement un caractère religieux, comme nous pouvons le voir encore dans les phases sociales analogues ; car les dieux étant alors essentiellement nationaux, leurs luttes se mêlaient inévitablement à celles des peuples dont ils partageaient toujours les triomphes et les revers.

Le Polythéisme procurait ainsi un stimulant direct à l'esprit de conquête, et assurait sa principale destination sociale, en facilitant l'assimilation graduelle des populations subjuguées, qui pouvaient alors s'incorporer à la nation prépondérante sans renoncer aux croyances et aux pratiques religieuses qui leur étaient chères. Le fanatisme monothéiste n'inspire pas l'esprit de conquête proprement dit, parce qu'une telle religion ne saurait comporter l'adjonction réelle des autres croyances : son génie exclusif dut naturellement pousser à l'entière extermination des vaincus idolâtres, ou à leur avilissement continu, excepté dans le cas de conversion immédiate et totale.

Il serait inutile d'expliquer comment le Polythéisme offrait les plus puissantes ressources pour l'établissement et le maintien d'une rigoureuse discipline militaire, dont les diverses prescriptions pouvaient alors être si aisément placées sous une protection divine toujours convenablement choisie, par la voie des oracles, des augures, etc., etc., constamment disponibles, d'après le système régulier de communications surnaturelles que le polythéisme avait organisées, et que le monothéisme a dû supprimer.

Pour compléter cette appréciation des propriétés politiques du Polythéisme, il ne reste plus maintenant qu'à considérer l'institution de l'esclavage, et la confusion entre le pouvoir spirituel et le pouvoir temporel : double différence capitale entre l'organisation polythéique de la société ancienne et l'organisation monothéique de la société moderne. On peut aisément percevoir comment la guerre engendre l'esclavage, qui y trouve à la fois sa principale source et son premier correctif général. L'horreur que nous inspire aujourd'hui cette institution nous empêche d'apprécier l'immense progrès qui dut résulter de son établissement originaire, puisqu'elle succéda partout à l'anthropophagie ou à l'immolation des prisonniers ; progrès qui suppose un développement industriel et moral bien plus étendu qu'on ne le croit généralement. L'esclavage eut cet autre office capital, pour le développement ultérieur de la race humaine, d'instituer le *travail !*

Plus on méditera sur l'aversion profonde de tout travail régulier et soutenu, qui est propre à notre défectueuse nature, que les instincts guerriers pouvaient seuls arracher primitivement à son oisiveté chérie, mieux l'on comprendra que l'esclavage ait offert la seule issue au développement industriel de la race humaine. Cet éloignement pour la vie laborieuse ne pouvait être, en effet, radicalement surmonté, chez la masse des hommes, que par l'action combinée et prolongée des plus énergiques stimulants. Ce fut là, précisément, le résultat d'une pareille institution, où le travail, accepté d'abord en échange de la vie, devint, dans la suite, le moyen d'acquérir la liberté. Tel est le mode suivant lequel l'esclavage antique devait constituer, dans l'évolution de l'Humanité, un moyen d'éducation générale, en même temps qu'une condition de développement social.

Examinons maintenant le second caractère de l'ancienne économie sociale, c'est-à-dire la confusion profonde qui s'y manifeste, à tous égards, entre le pouvoir spirituel et le pouvoir temporel, habituellement concentrés dans les mêmes mains, tandis que leur séparation régulière constitue l'un des principaux attributs de la civilisation moderne. L'autorité spéculative, alors purement sacerdotale, et la puissance active, essentiellement militaire, furent toujours unies ; et cette combinaison inévitable était en relation nécessaire avec la destination générale que nous avons reconnue, ci-dessus, devoir être propre à ce régime pour l'ensemble de l'évolution humaine. Il est clair, en effet, que l'activité militaire n'aurait pu se développer de manière à remplir sa mission principale, si l'autorité spirituelle et le pouvoir temporel n'eussent pas été habituellement concentrés chez une même classe dirigeante.

Ce double caractère des chefs militaires, à la fois pontifes et guerriers, constituait le plus puissant appui de la rigoureuse discipline intérieure qu'exigeait la nature des guerres, et qui n'aurait pu autrement acquérir l'énergie et la stabilité nécessaires. De même, les actions collectives de chaque nation sur les sociétés extérieures auraient été radicalement entravées par toute séparation entre les deux autorités dont les conflits eussent alors tendu presque toujours à troubler la direction des guerres, et à gêner la réalisation finale de leurs principaux résultats. Aussi, soit au dedans, soit au dehors, le développement continu de l'esprit de conquête exigeait, dans l'antiquité, une plénitude d'obéissance et une unité de conception et d'exécution, également incompatibles avec nos idées modernes sur la division élémentaire des deux grands pouvoirs sociaux. Or, le polythéisme était radicalement incompatible avec une telle division. Il est évident, en effet, que la multiplicité des dieux, par la dispersion de l'action théologique qui en résulte, s'oppose directement à ce que le sacerdoce acquière une homogénéité et une consistance qui lui soient propres, et sans lesquelles son indépendance envers le pouvoir temporel ne saurait être jamais aucunement assurée.

Les principales propriétés du Polythéisme étant désormais nettement caractérisées, il ne nous reste plus qu'à l'examiner au point de vue moral. Sous quelque aspect que nous envisagions la moralité, personnelle, domestique ou sociale, nous ne pouvons méconnaître combien elle devait être, chez les anciens, profondément viciée, par le seul fait de l'existence de l'esclavage. Il serait d'abord superflu de s'arrêter ici à faire ressortir, au point de vue de la moralité individuelle, la dégradation de la plus grande partie de notre espèce qui en résultait directement. Relativement à la moralité domestique en particulier, on ne saurait douter que l'esclavage tendit à corrompre les plus importantes relations de la famille par les déplorables facilités qu'il offrait au libertinage, au point de rendre presque illusoire la tentative pour instituer la monogamie.

Quant à la morale sociale, dont l'amour général de l'Humanité doit constituer le caractère principal, il est trop aisé de sentir combien les habitudes universelles de cruauté, familièrement contractées envers d'infortunés esclaves, tendaient à développer les sentiments de dureté et même de férocité qui, à tant d'égards, caractérisaient, d'ordinaire, les mœurs anciennes.

En considérant les autres conditions politiques des sociétés antiques, on peut reconnaître, avec non moins d'évidence, la funeste influence qui devait en général résulter de la confusion entre le pouvoir spirituel et le pouvoir temporel. C'est par suite, en effet, d'une telle confusion, que la morale chez les anciens devait être essentiellement subordonnée à la politique, tandis que chez les modernes, et spécialement sous le règne du catholicisme, la morale, radicalement indépendante de la politique, a tendu plus ou moins à la diriger. Un assujettissement aussi vicieux, du point de vue général et permanent de la morale au point de vue spécial et mobile de la politique, devait altérer l'efficacité des prescriptions morales.

Quelque inévitable que dut être alors une telle imperfection, elle n'en fut pas moins déplorable. Il est évident que la moralité des anciens était, en général, comme leur politique, éminemment militaire, c'est-à-dire essentiellement subordonnée à la destination guerrière qui caractérisait surtout cet âge de l'Humanité. En appréciant la morale des anciens suivant leur propre esprit, c'est-à-dire au point de vue politique, nous la trouverons très satisfaisante par son admirable aptitude à seconder le développement caractéristique de leur activité militaire. Mais elle est, au contraire, très imparfaite quand on la considère comme une phase de l'éducation strictement morale du genre humain.

Tel était l'ancien Polythéisme, considéré dans ses propriétés essentielles, sociales ou intellectuelles, et dans sa tendance à produire le nouveau système théologique qui, au Moyen-âge, après avoir réalisé toute l'efficacité sociale dont la philosophie surnaturelle était susceptible, a rendu possible et même indispensable l'avénement ultérieur de la Philosophie positive, comme il s'agit maintenant de l'expliquer.

CHAPITRE XXVIII

Le Catholicisme. — Moyen-âge.

C'était le Catholicisme seul, justement qualifié de romain, qui pouvait dégager peu à peu, en Europe Occidentale, les propriétés caractéristiques du régime monothéique. Comme l'introduction d'un pouvoir spirituel, entièrement distinct et pleinement indépendant du pouvoir temporel, a constitué, au Moyen-âge, le principal attribut d'un tel système politique, nous devons procéder à l'appréciation de cette grande création sociale.

Le génie éminemment social du Catholicisme a consisté dans le fait de tenir ouverte la voie à la pénétration graduelle de la morale dans la politique (à laquelle la morale avait été jusque-là subordonnée), par la constitution d'un pouvoir purement moral, distinct et indépendant du pouvoir politique. Ce résultat constitue la supériorité de la civilisation des temps modernes sur celle de l'antiquité. A partir de cette époque, la véritable politique commence à acquérir, sous le rapport intellectuel, un caractère de sagesse, d'étendue et de rationalité, qui n'avait pu jusqu'alors se manifester.

Moralement envisagée, on ne saurait douter que cette admirable modification de l'organisme social n'ait tendu à développer, jusque dans les derniers rangs de la population qui ont pu en subir suffisamment la salutaire influence, un sentiment profond de dignité et d'élévation naguère presque inconnu, — par cela seul que la morale universelle, ainsi constituée, d'un aveu unanime, en dehors et au-dessus de la simple politique, autorisait spontanément le plus chétif chrétien à rappeler au plus puissant seigneur les inflexibles prescriptions de leur doctrine commune, base première du respect et de l'obéissance.

Sous l'aspect purement politique, il est évident que cette

régénération sociale a essentiellement réalisé la grande utopie des philosophes grecs, puisqu'elle a constitué, au milieu d'un ordre entièrement fondé sur la naissance, la fortune ou la valeur militaire, une classe immense et puissante où la supériorité intellectuelle et morale était ouvertement reconnue comme le premier titre à l'ascendant réel. Aucun philosophe ne saurait aujourd'hui méconnaître, en principe, l'aptitude caractéristique d'une telle organisation spirituelle à une extension territoriale presque indéfinie, partout où il existait une suffisante similitude de civilisation, susceptible de comporter la régularisation des rapports habituels ou continus. Il est irrécusable que la monarchie papale a constitué, au Moyen-âge, le principal lien général entre les diverses nations européennes, depuis que la domination romaine avait cessé de pouvoir les réunir suffisamment.

En examinant la constitution ecclésiastique, on ne saurait être surpris de l'ascendant politique qu'a pris universellement, au Moyen-âge, une puissance si fortement organisée, également supérieure à tout ce qui l'entourait et à tout ce qui l'avait précédée. Directement fondée sur le mérite intellectuel ou moral, l'organisation catholique a attribué graduellement au principe électif une extension inconnue jusque-là, puisque les choix, toujours restreints, dans les anciennes républiques, à une classe déterminée, pouvaient, au contraire, embrasser l'ensemble de la société, sans en excepter les moindres rangs qui ont effectivement fourni tant de cardinaux et même de papes ; d'une autre part, sous un aspect moins apprécié mais non moins important, elle a perfectionné la nature de ce principe politique en le rendant plus rationnel, par cela seul qu'elle substituait le choix des inférieurs, par leurs supérieurs, à la disposition inverse, jusqu'alors exclusive. Le mode caractéristique d'élection à la suprême dignité spirituelle devra toujours être regardé comme un chef-d'œuvre de sagesse politique, où les garanties générales de stabilité réelle et de convenable préparation se trouvaient bien mieux assurées que par l'expédient empirique de l'hérédité directe.

On doit également reconnaître la haute portée politique,

jusqu'au déclin du système, de ces institutions monastiques, qui, outre leurs services intellectuels, constituaient certainement l'un des plus indispensables éléments de cet immense organisme. Ces institutions spéciales, maintenant connues par les seuls abus de leur décadence, furent le berceau où s'élaborèrent, longtemps avant leur promulgation, les principales conceptions chrétiennes, soit dogmatiques, soit pratiques.

La principale efficacité, commune à toutes les diverses propriétés politiques de la constitution catholique, consistait spécialement dans cette puissante éducation du clergé, qui rendait le génie ecclésiastique habituellement si supérieur à tout autre, non seulement en lumières de tous genres, mais, au moins autant, en aptitude politique. Signalons aussi un autre caractère de profonde philosophie politique dans la discipline par laquelle le catholicisme a graduellement restreint le droit d'inspiration surnaturelle, en le représentant comme éminemment exceptionnel, en le bornant à des cas de plus en plus graves, à des élus de plus en plus rares, et à des temps de moins en moins rapprochés ; en l'assujettissant enfin à des vérifications d'authenticité de plus en plus sévères. Son usage régulier et continu fut essentiellement réduit à ce que la nature du système rendait strictement indispensable, aussitôt que toute communication divine devint, en principe, réservée d'ordinaire à la suprême autorité ecclésiastique. Cette infaillibilité papale, qu'on a reprochée si amèrement au Catholicisme, constituait, à vrai dire, un très grand progrès intellectuel et social. En enlevant au souverain pontife cette indispensable prérogative, l'esprit protestant, bien loin de supprimer le droit d'inspiration divine, tendait directement, au contraire, à l'augmenter beaucoup, et à déterminer une rétrogression dans le développement graduel de l'Humanité.

L'importante institution du célibat ecclésiastique a été justement regardée comme l'une des bases essentielles de la discipline sacerdotale. On n'a point cependant assez apprécié l'innovation hardie et vraiment fondamentale que le Catholicisme a opérée dans l'organisation sociale en supprimant ainsi à jamais l'hérédité sacerdotale, profondément inhérente à l'économie de toute l'antiquité, non seulement sous le régime *théocratique* proprement dit, mais aussi chez les Grecs et même chez les Romains, où les divers offices pontificaux de quelque importance représentaient le patrimoine exclusif de certaines familles privilégiées ou, tout au moins, d'une caste spéciale. L'institution générale du célibat ecclésiastique était essentiellement destinée à rendre la pure théocratie radicalement impossible, en garantissant, expressément, à tous les rangs de la société, un légitime accès aux dignités sacerdotales quelconques.

Une autre condition spéciale de l'existence politique du Catholicisme au Moyen-âge a été la nécessité d'une principauté temporelle suffisamment étendue, directement annexée au chef-lieu de l'autorité spirituelle, afin de mieux garantir sa pleine indépendance européenne. Né, comme on l'oublie trop aujourd'hui, dans un état social où les deux pouvoirs élémentaires étaient confondus ensemble, le système catholique eût été alors rapidement absorbé, ou plutôt politiquement annulé par la prépondérance du pouvoir temporel si le siège de son autorité centrale se fût trouvé enclavé dans quelque juridiction, dont le principal chef n'aurait pas manqué, suivant la tendance primitive vers la concentration de tous les pouvoirs, de s'assujettir le pape comme une sorte de chapelain. Mais, d'autre part, la nécessité indubitable de cette adjonction temporelle à la suprême dignité ecclésiastique ne saurait nous faire oublier les graves et inévitables inconvénients qui en résultèrent, soit envers l'autorité sacerdotale elle-même, soit pour la partie de l'Europe réservée à cette sorte d'anomalie politique.

Considérons maintenant le grand attribut de l'Éducation générale qui, d'après notre explication antérieure, constitue la plus importante fonction du pouvoir spirituel, et le fondement de toutes ses autres opérations. La plupart des philosophes, même catholiques, faute d'une comparaison assez élevée, ont apprécié trop légèrement l'immense innovation sociale accomplie par le Catholicisme quand il a directement organisé un système d'éducation générale, intellectuelle aussi bien que morale, s'étendant à toutes les classes de la population européenne, sans aucune exception quelconque. Il suffit, pour se rendre compte de l'éminente valeur sociale d'une telle amélioration permanente, de se reporter au système polythéique qui condamnait la masse de la population à un état d'abrutissement.

On doit enfin concevoir l'institution vraiment capitale de la *Confession* comme un complément nécessaire de cette attribution, car il est, d'une part, impossible que les directeurs réels de la jeunesse ne deviennent point spontanément, à un certain degré, les conseillers de la vie active ; et d'une autre part, sans un tel prolongement de leur influence morale, le efficacité sociale n'aurait pu être garantie, en proportion de leur aptitude à surveiller l'exécution journalière des principes de conduite qu'ils avaient eux-mêmes enseignés. Qui ne sent les puissants effets moraux de cette belle institution pour purifier par l'aveu et rectifier par le repentir ?

Pour compléter l'abrégé de cette grande organisation, nous devons indiquer ses principales conditions dogmatiques, afin de faire ressortir comment des croyances théologiques secondaires, aujourd'hui communément regardées comme socialement indifférentes, étaient néanmoins indispensables à la plénitude d'action politique de ce système.

Le Catholicisme, pour constituer et maintenir l'unité nécessaire à sa destination sociale, dut contenir, autant que possible, le libre essor individuel, inévitablement discordant, de l'esprit religieux, en érigeant la foi la plus absolue en premier devoir du chrétien. Sans cette base, toutes les autres obligations morales auraient immédiatement perdu leur seul point d'appui. Les fameux dogmes de la chute et du péché originels constituaient également un élément nécessaire de la philosophie catholique, non seulement par suite de leurs relations avec l'explication théologique des misères humaines, mais aussi, d'une manière plus spéciale, en fournissant un motif pour la nécessité d'une rédemption universelle, sur laquelle reposait toute l'économie de la foi catholique.

De même, il serait facile de montrer que l'institution, si amèrement critiquée, du purgatoire, fut, au contraire, très heureusement introduite dans la pratique du catholicisme comme un indispensable correctif de l'éternité des peines futures, quels qu'aient pu être les abus d'un expédient aussi arbitraire. Parmi les dogmes plus spéciaux, un examen analogue mettrait en pleine évidence la nécessité politique du caractère essentiellement divin attribué au premier fondateur, réel ou idéal, de ce grand système religieux, par suite de la relation profonde et incontestable, quoique jusqu'ici mal comprise, d'une telle conception avec l'indépendance radicale du pouvoir spirituel, ainsi spontanément placé sous la protection d'une autorité inviolable.

Le dogme célèbre de la *présence réelle*, qui, malgré son étrangeté apparente, ne constituait au fond qu'une sorte de prolongement matériel du dogme précédent, comportait la même efficacité politique, en attribuant au moindre prêtre un pouvoir journalier de miraculeuse consécration, de nature à le rendre un objet de vénération pour des chefs dont la puissance matérielle, quelle qu'en fût l'étendue, ne pouvait jamais aspirer à d'aussi sublimes opérations. La messe catholique est une heureuse invention de l'esprit théologique ; destinée à remplacer universellement et irrévocablement les hideux et sanglants sacrifices du polythéisme, elle réussit, grâce à un sublime subterfuge, par l'immolation volontairement journalière de la plus précieuse victime imaginable, à satisfaire, au-delà de toute possibilité antérieure, à ce besoin instinctif du sacrifice, nécessairement inhérent à tout système religieux.

Après avoir ainsi caractérisé le régime monothéique, relativement à l'organisation spirituelle qui en constituait le principal fondement, il est facile de procéder à l'examen philosophique de l'organisation temporelle correspondante. En comparant l'ordre féodal et l'ordre romain, on reconnaîtra aisément que, malgré la prolongation générale du système militaire, il avait subi au Moyen-âge une importante transformation résultant de la nouvelle situation du monde civilisé. L'activité militaire, quoique fortement développée, commença à perdre de plus en plus le caractère éminemment offensif qu'elle avait eu jusqu'alors, pour se réduire graduellement à un caractère purement défensif. Quand une fois le système romain de la conquête eut acquis toute la plénitude dont il était susceptible, les efforts militaires se tournèrent habituellement, par une transition naturelle, vers une conservation, devenue leur seul objet capital, et de plus en plus menacée, chaque jour, par l'énergie croissante des nations qui n'avaient pu être conquises. Chaque chef militaire, se tenant constamment disponible pour la défense de son territoire, tendait spontanément à l'érection d'un pouvoir presque indépendant sur la portion du pays qu'il était capable de protéger suffisamment lui-même, à l'aide des guerriers qui s'attachaient à sa fortune.

L'influence du Catholicisme n'est pas moins perceptible dans la transformation universelle de *l'esclavage* en *servage,* qui constitue le dernier attribut essentiel de l'organisation féodale. Le régime catholique interposa directement entre le maître et l'esclave, ou le seigneur et le serf, une salutaire autorité spirituelle, également respectée des deux et qui les rappelait continuellement à leurs devoirs mutuels.

Enfin, il nous reste à considérer ici la grande institution de la Chevalerie, qui reflétait, dans sa nature, les trois caractères de l'organisation temporelle du Moyen-âge. Dans cette noble association, la salutaire influence, ostensible ou secrète, du catholicisme, se révéla par la tendance à convertir un simple moyen d'éducation militaire en un puissant instrument de progrès social.

Ayant ainsi terminé l'importante et difficile appréciation politique, à la fois spirituelle et temporelle, du système monothéique du Moyen-âge, il nous reste à en compléter l'analyse, par un examen de son influence morale et de son efficacité intellectuelle. Nous nous bornerons à une indication rapide des plus importants progrès accomplis dans les trois parties successives qui composent l'ensemble de la Morale — premièrement *personnelle,* secondement *domestique,* et enfin *sociale*, — suivant la division déjà établie.

Le Catholicisme, s'appropriant l'opinion unanime des philosophes antérieurs, regarda justement les vertus individuelles comme la base de toutes les autres, attendu qu'elles offrent la manifestation la plus naturelle et la plus décisive de cet ascendant de la raison sur la passion, d'où dépend toute perfection morale. Les vertus simplement personnelles commencèrent alors à être conçues directement dans toute leur importance sociale, tandis que les anciens se bornaient à les recommander comme des mesures de prudence, purement relatives à l'individu isolément considéré.

L'aptitude morale du Catholicisme s'est surtout manifestée dans son heureuse organisation de la morale domestique, qui fut placée, pour la première fois, à son rang véritable au lieu d'être absorbée par la politique, comme dans toute l'antiquité. Le Catholicisme, tout en consacrant de la manière la plus solennelle l'autorité des parents, sut abolir totalement le despotisme presque absolu qui la caractérisait chez les anciens et qui se manifestait si fréquemment par le meurtre ou l'abandon des enfants nouveau-nés. Nul ne conteste maintenant qu'il ait amélioré la condition sociale des femmes. En les concentrant davantage dans la vie domestique, il leur a garanti un juste degré de liberté, et a consolidé leur situation en faisant du mariage un contrat indissoluble.

Si nous considérons la seule moralité sociale, proprement dite, il est presque superflu de démontrer l'excellente influence du Catholicisme pour modifier le patriotisme, énergique mais sauvage, qui animait seul les anciens, par le sentiment plus élevé d'humanité ou de fraternité universelle, si heureusement vulgarisé sous la douce dénomination de charité. Telle fut l'heureuse source de tant d'admirables fondations destinées à l'adoucissement des misères humaines, que la politique métaphysique a eu le courage de condamner, au nom de la prétendue science de l'économie politique, alors qu'il nous reste aujourd'hui, en les réorganisant, à les étendre et à les compléter.

Telle est la représentation sommaire de l'immense régénération morale accomplie par le Catholicisme au cours du Moyen-âge. Il ne nous reste plus maintenant qu'à juger ses attributs intellectuels. Sous le point de vue strictement philosophique, l'aptitude intellectuelle du Catholicisme fut aussi éminente qu'elle a été mal appréciée. Nous avons déjà considéré l'extrême importance sociale du système d'éducation universelle qu'il réussit à organiser dans toutes les classes, même les plus inférieures, des populations européennes. Or, quelque imparfaite que puisse nous apparaître la philosophie purement théologique qui se trouvait ainsi propagée, elle exerça certainement, pendant un long temps, la plus heureuse influence sur le développement intellectuel de la masse des nations civilisées, dès lors assujetties à un exercice spirituel pleinement adapté à leur situation, et aussi bien calculé pour élever leurs idées au-dessus du cercle étroit de la vie matérielle, que pour épurer leurs sentiments habituels.

L'influence purement scientifique du Catholicisme fut certainement non moins salutaire que son action philosophique. Il est facile d'imaginer l'influence que le gouvernement monothéique dut exercer sur le mouvement des principales sciences naturelles, — soit par la création de la chimie, fondée sur la conception préalable d'Aristote relative aux quatre éléments, — soit par les notables progrès de l'anatomie, si entravée dans l'antiquité, — soit par le développement continu des spéculations mathématiques antérieures et des notions astronomiques qui s'y rattachaient, développement aussi marqué que le comportait alors l'état de la science. Quant à l'influence esthétique du régime monothéique du Moyen-âge, quoiqu'elle ne dut, semblable en cela aux deux précédentes, se développer que dans la période immédiatement postérieure, nous ne pouvons méconnaître sa portée éminente, en pensant aux progrès immenses de la musique et de l'architecture pendant cette mémorable époque.

Envisageant enfin le mouvement imprimé par ce système social sous l'aspect le moins élevé et le plus universel, c'est-à-dire quant à l'essor industriel, nous ne pouvons douter que le plus grand perfectionnement réalisable dans l'industrie humaine devait consister en une graduelle et prudente abolition du servage, accompagnée de l'affranchissement progressif des communes, alors accomplis sous la tutelle d'un tel régime, et qui constituèrent la base nécessaire de ses immenses succès postérieurs. Nous devons remarquer une tendance continue vers l'économie des efforts humains, remplacés par les forces extérieures dont les anciens faisaient si peu d'usage. Cette substitution importante, principale source du grand développement de l'industrie moderne, remonte certainement à cette époque. L'émancipation personnelle des travailleurs manuels tendit évidemment à imposer l'impérieuse obligation générale d'épargner les forces humaines en utilisant d'une façon croissante les diverses forces physiques.

Après cette analyse du système monothéique, il ne nous reste plus qu'à démontrer enfin le principe de décadence inhérent à ce régime transitoire, dont la destination nécessaire, dans l'évolution de l'Humanité, fut de préparer, sous sa bienfaisante tutelle, la décomposition graduelle de l'état théologique et militaire, et les progrès des nouveaux éléments de l'ordre définitif.

La cause générale de l'inévitable dissolution mentale du Catholicisme consiste en ce que, n'ayant pu s'incorporer le progrès intellectuel, il fut ainsi, dans la suite, nécessairement dépassé; il ne put dès lors maintenir son empire qu'en perdant le caractère progressiste propre à tout système dans sa période d'ascension, pour acquérir de plus en plus le caractère stationnaire et même rétrograde qui le distingue si déplorablement aujourd'hui.

La morale universelle, dont le Catholicisme fut d'abord l'indispensable organe, ne peut assurément lui constituer plus longtemps une exclusive propriété, alors qu'il a perdu l'aptitude générale à la faire prévaloir dans l'économie sociale.

Au point de vue temporel, la nature transitoire du système féodal s'est manifestée de la manière la moins équivoque. En ce qui concerne son but principal, qui était l'organisation défensive des sociétés modernes, il ne pouvait conserver d'importance que jusqu'à ce que les invasions fussent contenues par la transition finale des barbares à la vie agricole et sédentaire, dans leurs propres contrées, sanctionnée et consolidée par leur conversion graduelle au catholicisme, qui les incorporait de plus en plus complètement au système universel.

Ce caractère transitoire est encore plus irrécusable pour la décomposition du pouvoir temporel en souverainetés partielles, que nous avons appréciée comme l'un des caractères du système féodal, et qui ne pouvait éviter d'être prochainement remplacée par une centralisation nouvelle, vers laquelle tout devait tendre naturellement. Il en est de même pour son dernier trait caractéristique — la transformation de l'esclavage en servage — puisque l'esclavage constitue un état susceptible de durée sous des conditions convenables ; tandis que le servage proprement dit ne pouvait être, dans le système de la civilisation moderne, qu'une situation passagère, promptement modifiée par l'établissement presque partout simultané des communes industrielles, dont la seule destination sociale était de conduire graduellement les travailleurs à l'entière émancipation personnelle.

CHAPITRE XXIX

L'Age de Transition.

A partir du point où se trouve maintenant parvenue notre élaboration historique, l'étude de l'Age de transition constituera l'objet du reste de notre analyse. Elle sera divisée en deux séries, — une essentiellement *critique* ou *négative*, destinée à caractériser la démolition graduelle du système théologique et militaire sous l'ascendant croissant de l'esprit métaphysique, — l'autre, directement *organique*, relative à l'évolution progressive des éléments principaux du système positif.

Apprécions d'abord la désorganisation croissante du régime théologique et militaire durant le cours des cinq derniers siècles. L'imminente désorganisation spontanée du catholicisme était indiquée, dès le commencement du XIVe siècle, par de graves symptômes précurseurs, notamment par le relâchement général de l'esprit sacerdotal et par l'intensité croissante des tendances hérétiques. Les moyens violents introduits alors, sur une grande échelle, pour l'extirpation des hérésies, constituaient l'un des signes les moins équivoques de cette insurmontable fatalité. Dans l'ordre temporel, c'est vers la même époque que le décroissement de la constitution féodale devint graduellement inévitable, par suite de l'accomplissement de sa principale destination militaire.

Pour être scrutée d'une manière vraiment scientifique, cette immense élaboration révolutionnaire de cinq siècles doit être divisée soigneusement en deux périodes successives : l'une comprenant le quatorzième et le quinzième siècles, durant laquelle le mouvement critique resta spontané et involontaire, sans la participation formelle et régulière d'aucune doctrine systématique ; l'autre, embrassant les trois siècles suivants, durant laquelle la désorganisation, devenue plus profonde et plus décisive, s'accomplit sous l'influence d'une philosophie formellement *négative*, graduellement étendue à toutes les questions sociales de quelque importance, de façon à indiquer la tendance de la société moderne à une entière rénovation.

Rien ne peut mieux confirmer la nature transitoire de la constitution catholique et féodale du Moyen-âge que la ruine d'un tel organisme, par le seul conflit de ses principaux éléments, sans aucune attaque systématique, pendant les deux siècles qui ont immédiatement suivi les temps de sa plus grande splendeur. Il est incontestable que l'établissement d'un pouvoir spirituel distinct et indépendant du pouvoir temporel, quelque indispensable qu'il dut être à l'accomplissement de l'évolution spéciale réservée au Moyen-âge, devait, dans la suite, devenir un principe actif de décomposition par l'incompatibilité entre les deux autorités, d'après l'inaptitude de la seule philosophie qui put alors présider à leur exercice. Sous le vrai régime monothéique, dont la séparation entre le gouvernement moral et le gouvernement politique devint un attribut principal, il existait une contradiction inévitable entre une telle disposition et la nature militaire de l'organisation temporelle correspondante, vu la tendance vers l'unité de pouvoir, propre à l'esprit guerrier.

En ce qui concerne la politique spirituelle, on ne saurait douter que la hiérarchie catholique, malgré la supériorité de son énergique coordination, ne contint, par sa nature même, les germes d'une inévitable dissolution, quant aux relations générales entre la suprême autorité sacerdotale et les diverses églises nationales. Dans le pays qui, suivant la juste et unanime appréciation des principaux philosophes catholiques, fut, pendant tout le Moyen-âge, le principal appui du système ecclésiastique, le clergé national s'arrogea, envers la suprême autorité spirituelle, des privilèges spéciaux que les papes ont souvent condamnés comme contraires à l'existence politique du Catholicisme : et cette opposition n'a pas dû certainement être moins réelle, quoique sans doute moins distinctement formulée, chez les populations plus éloignées du centre du pouvoir pontifical.

La Papauté, d'une autre part, tendait, en sens inverse,

mais avec la même efficacité, à la dissolution de cette subordination, par sa disposition à une exhorbitante centralisation, qui, au profit de plus en plus exclusif de l'ambition italienne, devait soulever justement, partout ailleurs, la résistance nationale la plus énergique et la plus opiniâtre. Tel est le double effort continu qui, même avant toute scission doctrinale, tendait à dissoudre l'unité intérieure du catholicisme, en le décomposant, à l'encontre de son esprit fondamental, en églises nationales indépendantes.

Quant à l'organisation temporelle, l'antagonisme fondamental entre le pouvoir central monarchique et les pouvoirs locaux des diverses classes de la hiérarchie féodale a été suffisamment apprécié par divers écrivains et spécialement par Montesquieu, pour n'exiger aucun nouvel examen. Comte regarde cette spontanéité de décomposition comme un caractère vraiment distinctif du régime féodal et catholique, en ce sens qu'elle y a été, d'après lui, plus profondément marquée qu'en aucun autre régime antérieur.

Telle était la destinée purement provisoire de la philosophie théologique, que, au fur et à mesure de son perfectionnement moral et intellectuel, elle est devenue d'autant moins consistante et durable, comme le prouve clairement l'examen comparatif de ses principales phases historiques : car le fétichisme primitif était réellement plus fortement enraciné et plus stable que le polythéisme qui, à son tour, a certainement surpassé le catholicisme, soit en vigueur intrinsèque, soit en durée effective, — paradoxe que notre théorie résout cependant avec facilité en représentant le progrès des conceptions théologiques comme consistant nécessairement en un continuel décroissement d'intensité.

La doctrine *critique* ou *révolutionnaire* contribua évidemment beaucoup à accélérer et à propager la désorganisation naturelle du Moyen-âge et, par conséquent, de l'ensemble du système théologique et militaire dont il constituait la dernière représentation. Le développement de cette doctrine se divise en deux phases successives, qui partagent cette mémorable période historique des trois derniers siècles en deux portions presque égales.

Dans la première, comprenant les diverses formes principales du Protestantisme, le « droit individuel d'examen », quoique pleinement proclamé, reste néanmoins toujours contenu dans les limites de la théologie chrétienne; et, par suite, l'esprit de discussion dissolvante, accessoirement relatif au dogme, s'attache alors surtout à ruiner, au nom même du christianisme, l'admirable système de la hiérarchie catholique qui en constituait socialement la seule réalisation. C'est là que le caractère illogique inhérent à la philosophie négative se trouve le plus hautement prononcé par sa prétention constante à réformer le christianisme en détruisant radicalement les plus indispensables conditions de son existence politique.

La seconde phase comprend les divers essais de Déisme, propres à ce qu'on appelle vulgairement la philosophie du XVIIIe siècle : le droit de libre examen y est, en principe, reconnu comme indéfini ; mais on croit vainement pouvoir, en fait, y contenir la discussion métaphysique entre les limites du monothéisme. Les bases intellectuelles du monothéisme semblent d'abord inébranlables, mais ne tardent pas à être bouleversées par un prolongement de la même élaboration critique. L'incompétence sociale de cette doctrine devient sensible d'après sa tendance à fonder une régénération politique sur une série de simples négations qui ne pourraient aboutir qu'à une anarchie universelle.

Telles sont les diverses considérations sur la marche nécessaire et l'enchaînement des différentes phases du grand mouvement de décomposition radicale, d'abord spontané et ensuite systématique, qui a caractérisé l'évolution politique de la société moderne pendant les cinq derniers siècles, en tendant à l'entière dissolution de la constitution catholique et féodale, dernière forme du développement théologique et militaire.

CHAPITRE XXX

Naissance de l'Ordre industriel.

Comte nous a donc représenté le système monothéique particulier au Moyen-âge comme investi d'une double destination, temporaire il est vrai, mais indispensable pour l'évolution de l'Humanité; il nous a fourni une notion du développement général de ses conséquences politiques, destinées à déterminer la désorganisation graduelle du régime militaire et théologique. Nous avons maintenant à poursuivre, envers cette même période préliminaire qui, jusqu'ici, s'est montrée purement révolutionnaire, l'analyse de ses éléments *sociaux,* en tant que constituant la base d'une organisation conforme à la civilisation moderne. C'est seulement après cette seconde appréciation que nous pourrons terminer convenablement l'élaboration historique.

L'ouverture du XIVe siècle représente la véritable époque où le travail organique des sociétés actuelles a commencé à se caractériser suffisamment dans la quadruple série industrielle, esthétique, scientifique et philosophique.

Procédons à l'examen de chacune de ces évolutions essentielles, en commençant par l'évolution industrielle, comme la principale base du grand mouvement de recomposition qui a jusqu'ici caractérisé la société moderne. Cette transformation, la plus fondamentale que l'Humanité ait encore éprouvée, a été partout réalisée par la substitution du servage à l'esclavage. Le cultivateur, ainsi fixé à la terre qu'il labourait, commença aussitôt, quelque chétive et précaire que fût son existence, à acquérir de véritables droits sociaux, ne fût-ce que le plus élémentaire de tous, celui de se créer une famille. Une telle amélioration a été la base nécessaire de toutes les phases ultérieures de l'émancipation civile.

Dès l'origine du servage, il est clair que le Catholicisme

n'a pas seulement établi partout une sanction permanente pour les droits des serfs, et imposé envers eux des obligations correspondantes en les faisant participer à la même religion que leurs supérieurs, et, par conséquent, au degré commun d'éducation, au moins morale, qui en résultait nécessairement; mais aussi qu'il proclama, d'une manière plus ou moins explicite, l'affranchissement volontaire comme un devoir chrétien, à mesure que la population manifestait à la fois sa tendance et son aptitude à la liberté.

La dissémination des populations agricoles, et la nature de leurs travaux journaliers, étaient évidemment de nature à retarder à la fois la tendance et l'aptitude à l'entière émancipation personnelle, ainsi que la faculté d'y parvenir. Aussi, est-ce principalement par la grande réaction continue émanant des villes, quand l'établissement des communes y eut permis un développement industriel, que, pendant le XIIe et le XIIIe siècle, les cultivateurs se sont trouvés graduellement affranchis sur tous les points importants de l'Europe occidentale.

L'organisation féodale, par sa nature éminemment dispersive, se prêtait, sans répugnance, à l'admission des communautés industrielles parmi les nombreux éléments dont sa hiérarchie était composée, sans craindre une rivalité sociale ou politique de la part de ces forces naissantes, dans lesquelles, au contraire, les deux principaux pouvoirs temporels cherchaient d'utiles auxiliaires pour leurs querelles.

En considérant successivement les divers aspects élémentaires de la vie sociale, il paraît évident que cette grande transformation constitue la plus importante évolution temporelle que l'Humanité put éprouver, puisqu'elle a tendu à changer le mode d'existence, jusque-là essentiellement guerrier et, depuis lors, de plus en plus pacifique, chez la majorité croissante des nations civilisées. Si, douze siècles auparavant, on avait annoncé aux philosophes grecs cette abolition universelle de l'esclavage et le commun assujettissement volontaire de l'homme libre à ce qu'on appelait alors le travail servile, les plus hardis et les plus éclairés d'entre eux n'auraient pas hésité à proclamer l'absurdité d'une utopie dont rien, à cette époque, ne leur indiquait le fondement : n'ayant pas eu d'ailleurs l'opportunité de reconnaître le fait que, suivant le cours naturel du développement social, les changements graduels et spontanés finissent toujours par dépasser de beaucoup les plus audacieuses spéculations des temps primitifs.

L'influence exercée par cette grande transformation sur les relations domestiques fut immense, attendu que toutes les diverses émotions de la vie familiale furent ainsi accessibles à la classe la plus nombreuse, simultanément avec ses maîtres. C'est donc là que nous trouvons le commencement de cette manifestation de la destination sociale de presque tous les hommes civilisés à une vie principalement domestique, qui, au contraire, chez les anciens, était interdite aux esclaves et peu goûtée même par la classe libre, habituellement plus entraînée par les émotions turbulentes de la vie publique.

Considérée abstraitement, d'après ses propriétés purement sociales, il est évident que cette évolution industrielle tendait nécessairement à compléter, chez les modernes, l'irrévocable abolition des castes, en opposant, à l'ancien ascendant de la naissance, la rivalité progressive de la richesse acquise par le travail. L'organisation catholique avait, au Moyen-âge, dignement commencé cet ébranlement par cela seul qu'elle avait aboli l'hérédité du sacerdoce, et fondé la hiérarchie spirituelle sur le principe de la capacité. Le mouvement industriel suivit ces traces, pour réaliser ensuite à sa manière, dans les fonctions sociales les plus insignifiantes, une transformation équivalente à celle ainsi imprimée déjà aux plus éminentes.

Enfin, si l'on envisage l'effet de l'évolution industrielle pour modifier les relations sociales les plus vastes, il est assurément inutile d'insister sur sa tendance, déjà si prononcée au Moyen-âge, à relier les différents peuples malgré les diverses causes, religieuses et autres, d'antipathie nationale.

Pour compléter cette appréciation historique du nouveau facteur de la société moderne, il ne nous reste plus maintenant qu'à caractériser son développement universel pendant la période mémorable des cinq siècles qui ont suivi son essor initial. Cette grande époque préparatoire se divise en trois phases consécutives, suivant l'état plus ou moins avancé de la décomposition politique : *la fin du XVe siècle servant à séparer les temps où la dissolution spirituelle et temporelle était surtout spontanée,* de ceux *où elle est devenue graduellement systématique,* et, pour ce dernier âge, *le milieu du XVIIe siècle* divisant le règne de la philosophie négative en période de *critique protestante préliminaire,* et celle de *critique déiste.* Nous avons ainsi trois périodes à peu près égales comprenant, la première environ six générations, la seconde cinq et la dernière quatre, du moins si nous arrêtons ladite période au début de la Révolution française. Ce fut principalement pendant ces deux derniers siècles que l'industrie commença vraiment à établir son irrévocable ascendant, de manière à manifester distinctement l'incontestable caractère pratique de la civilisation moderne.

Parmi les nombreuses institutions qui, à cette époque, témoignent de la prépondérance croissante de la vie industrielle sur la vie militaire, nous nous bornerons à mentionner spécialement celle qui fut assurément la plus décisive de toutes, *l'établissement des armées soldées,* d'abord temporaires au début de cette phase et partout permanentes vers sa fin. C'est une manifestation non équivoque de l'antipathie croissante ressentie, par les nouvelles populations, pour les mœurs militaires, ainsi concentrées chez une minorité spéciale, dont la proportion n'a pas cessé de décroître malgré l'augmentation numérique des armées modernes.

Nous trouvons aussi, dans cette phase capitale, l'esprit de la civilisation moderne profondément empreint jusque dans le caractère technologique des grandes inventions qui influencèrent alors les destinées de l'Humanité. Le progrès moderne se distingue essentiellement du progrès ancien par la tendance croissante à substituer les divers agents extérieurs à l'action physique de la force humaine. Cette différence capitale est résultée de l'émancipation personnelle qui a rendu l'agent humain si précieux dans les temps modernes, tandis que l'esclavage antique, en permettant de prodiguer l'activité musculaire de l'homme, repoussait toute large application des forces naturelles.

Les derniers siècles du Moyen-âge s'étaient déjà illustrés à cet égard par trois inventions capitales dont l'origine a été jusqu'ici attribuée irrationnellement à des causes purement accidentelles ; tandis qu'au contraire, aucun développement industriel ne fut mieux préparé par les influences contemporaines. Il s'agit de la boussole, de l'invention des armes à feu et, enfin, de celle de l'imprimerie.

L'origine de la boussole doit être recherchée dans la nouvelle situation de la société qui poussait, avec une énergie continue, à l'extension et à l'amélioration de la navigation européenne. L'influence de la même situation poussait aussi les hommes, d'une manière puissante et directe, à perfectionner assez les procédés militaires pour que les paisibles populations industrielles pussent enfin faire une résistance sérieuse aux tentatives oppressives de la caste militaire. L'invention de l'imprimerie fut encore plus un résultat nécessaire de la situation modifiée de la société moderne ; l'immense extension d'un puissant clergé européen donna naturellement un essor à la lecture ; la floraison de la scolastique, après l'ascension politique du catholicisme, l'immense concours d'avides auditeurs affluant par milliers dans les principales universités de l'Europe, enfin l'entière abolition de l'esclavage et le développement simultané de l'activité industrielle durent exciter un violent désir de rendre la transcription des manuscrits plus économique et plus rapide.

Telle est l'explication historique des trois importantes inventions qui caractérisent le mieux la première époque du réel développement industriel. Nous pouvons seulement ici indiquer l'enchaînement des causes qui contribuèrent à faire, des deux immortelles expéditions de Colomb et de Vasco de Gama, un résultat spontané de l'ensemble du mouvement propre à cette époque.

Dans la seconde phase de l'évolution moderne, c'est-à-dire pendant le développement du Protestantisme, depuis le commencement du XVIe siècle jusque vers le milieu du XVIIe siècle, on remarque, sous des formes diverses mais équivalentes, une nouvelle tendance croissante à la réorganisation du mouvement industriel. Au XVIe siècle, et même au XVIIe, la guerre n'avait point cessé d'être regardée comme le principal but des gouvernements ; seulement, ils avaient définitivement reconnu la nécessité de favoriser le développement industriel à titre de base indispensable de la puissance militaire, ce qui était assurément le seul progrès réalisable dans les pensées des hommes d'État de cette époque.

La tendance à la systématisation politique de l'industrie a dû exiger d'abord le sacrifice de l'ancienne indépendance des cités industrielles qui, nécessaire à leur essor, devenait en dernier lieu un dangereux obstacle à la formation de ces grandes unités nationales, si importantes aux progrès ultérieurs. Aussi cette absorption préliminaire, destinée à incorporer chaque centre industriel à un organisme plus général, s'accomplit-elle presque sans opposition au commencement de cette époque.

A la fin de notre seconde phase, la dictature temporelle avait marqué, en France, son vrai caractère, par le bel ensemble d'opérations qui a si justement immortalisé l'admirable administration du grand Colbert, tendant, avec une si noble efficacité, à développer, à la fois, les trois éléments essentiels de la civilisation moderne, d'après un judicieux mélange de direction et d'encouragement.

Considérons maintenant la troisième phase de la société moderne, depuis l'expulsion des calvinistes jusqu'au début de la Révolution f nçaise. Ici commence une dernière série militaire, celle des *guerres commerciales* où, par une tendance d'abord spontanée et ensuite systématique, l'esprit guerrier, pour se conserver une active destination permanente, fut forcé de se subordonner de plus en plus à l'esprit commercial, auparavant si subalterne, et tenta de s'incorporer intimement à la nouvelle économie sociale en manifestant son aptitude spéciale, soit à conquérir, pour chaque peuple, d'utiles lieux d'établissement, soit à détruire, à son profit, toute dangereuse concurrence étrangère. L'activité industrielle fut ainsi proclamée comme étant à la fois le principe et le but de la civilisation moderne dans l'ordre temporel.

Par une conséquence nécessaire de ses progrès, l'Industrie moderne commença alors à manifester directement son grand caractère philosophique ; elle tendit désormais à se présenter de plus en plus comme immédiatement destinée à réaliser l'action systématique de l'Humanité sur le monde extérieur, d'après une connaissance suffisante des lois naturelles. Deux inventions capitales, celle de la machine à vapeur, au début de cette troisième époque, et celle des aérostats vers sa fin, doivent être signalées comme ayant spécialement concouru à l'universelle propagation d'une telle conception, l'une par ses puissants résultats actuels, l'autre par les espérances hardies, mais légitimes, qu'elle avait partout soulevées.

Le mouvement industriel devint enfin le but permanent de la politique européenne qui, partout, a mis la guerre au service de l'industrie. Son essor social, de plus en plus prépondérant, fut ainsi conduit graduellement à ne pouvoir plus progresser autrement que par l'avénement final du système politique correspondant.

CHAPITRE XXXI

Évolution esthétique, scientifique et philosophique.

Il nous reste maintenant à apprécier le triple mouvement intellectuel, esthétique, scientifique et philosophique, qui a préparé simultanément une réorganisation spirituelle, susceptible de fournir une base rationnelle à la réorganisation temporelle dont nous venons d'examiner la préparation.

L'évolution esthétique se manifesta au Moyen-âge aussitôt que l'état de la société put le permettre ; c'est-à-dire aussitôt que l'organisme catholique et féodal eut suffisamment développé sa constitution propre. L'avénement universel de la Chevalerie en marque naturellement l'époque initiale, par l'excitation nouvelle qui en résulta ; mais c'est aux Croisades que nous devons faire remonter son principal développement, directement alimenté pendant deux siècles par ce noble essor collectif de l'énergie européenne.

Le développement esthétique fut longtemps retardé par une lente et difficile opération préliminaire, dont l'indispensable accomplissement devait précéder nécessairement l'élan direct du génie poétique. Nous faisons allusion à l'élaboration des langues modernes où nous pouvons voir une première intervention universelle des facultés esthétiques. Essentiellement destiné à la représentation universelle et énergique des pensées et des affections inhérentes à la vie réelle et commune, jamais le génie esthétique n'a pu convenablement s'exprimer dans une langue morte ni même étrangère, quelque facilité exceptionnelle qu'il ait pu y acquérir par des habitudes artificielles. On peut aisément comprendre comment son activité spéciale a dû être, au Moyen-âge, si longtemps occupée d'accélérer et de régulariser la formation spontanée des langues modernes. La spontanéité d'une telle évolution n'est pas moins apparente dans l'originalité de ses productions, et dans leur naïve conformité avec la situation sociale correspondante, que dans l'indépendance de sa marche affranchie de toute imitation servile. Il convient particulièrement de signaler, à ce propos, l'ébauche primordiale d'un genre de compositions essentiellement inconnu à l'antiquité parce qu'il se rapporte spécialement à la vie privée, si peu développée chez les anciens. Le roman, cette sorte d'épopée domestique, ultérieurement destinée à faire de si admirables progrès, et qui constitue certainement l'espèce de production la mieux adaptée à la nature propre de la civilisation moderne, remonte évidemment jusqu'à cette évolution initiale.

L'intime affinité mutuelle, dont témoigne toute l'histoire moderne, entre les progrès esthétiques et les progrès industriels, a son principe dans la double tendance de l'évolution industrielle à développer spontanément, jusque chez les dernières classes, des habitudes d'activité mentale, sans lesquelles l'action des beaux-arts ne saurait être comprise, et, en même temps, à procurer l'aisance et la sécurité qui peuvent seules disposer à goûter la jouissance de tels plaisirs. Tant que l'esclavage et la guerre restèrent la caractéristique de l'économie sociale, les beaux-arts ne purent jamais acquérir aucune popularité, ni, à vrai dire, être généralement goûtés, même parmi les hommes libres, si ce n'est par ceux des classes supérieures.

Il est clair, au contraire, que l'évolution industrielle, propre à la fin du Moyen-âge, a consolidé la salutaire influence des mœurs catholiques et féodales, en tendant à faire habituellement pénétrer, jusque chez les plus humbles familles, les dispositions élémentaires les plus favorables à l'action des beaux-arts, dont les productions devaient désormais s'adresser à un public à la fois plus nombreux et mieux préparé à les recevoir.

Si le système catholico-féodal eût pu persister, il n'est pas douteux que l'esprit esthétique des XIIe et XIIIe siècles aurait acquis, du fait de son homogénéité, une importance et une profondeur très supérieures à tout ce qui a pu exister depuis, surtout quant à l'efficacité populaire, vrai criterium de l'art.

Par contre, le génie esthétique resta privé de toute direction générale et de toute destination sociale, pendant les transitions rapides et souvent violentes qui s'accomplirent dans le cours de la grande période révolutionnaire, et auxquelles la progression industrielle a si puissamment contribué

La marche de l'élément esthétique aussi bien que de l'élément industriel fut, tour à tour, spontanée durant la première phase ci-dessus mentionnée; stimulée, durant la seconde, en tant que moyen d'influence, par des encouragements systématiques, et enfin érigée, sous la troisième, en but partiel de la politique moderne. Quoique fatale au développement propre de l'Art, cette dernière phase fut néanmoins nécessaire pour compléter, sous le rapport social, l'évolution préparatoire du nouvel élément ainsi directement incorporé désormais au grand mouvement politique de la société moderne, où il ne pouvait d'abord s'agréger autrement.

La classe équivoque des « littérateurs », issue d'une telle transformation, et, malheureusement, dès lors investie de la suprême direction mentale des changements sociaux, tend spontanément à retarder la régénération finale de la société, par son inclination naturelle à prolonger le règne de l'esprit critique, seul susceptible de maintenir sa prépondérance sociale. L'évolution esthétique est donc arrivée graduellement au point de ne pouvoir plus recevoir de nouveaux développements que par la réorganisation universelle, comme nous l'avons déjà reconnu pour l'évolution industrielle, base principale de notre état social.

Nous devons maintenant procéder à une équivalente appréciation de l'évolution strictement scientifique, et ensuite de l'évolution purement philosophique, en tant qu'elles peuvent se distinguer provisoirement l'une de l'autre. Dans cette séparation transitoire de deux progressions que leur nature commune appelle certainement à se confondre irrévocablement, nous devons premièrement examiner le mouvement scientifique, sans lequel le mouvement philosophique serait inintelligible.

Nous avons déjà vu combien le passage du polythéisme au monothéisme devait être favorable, à la fois, au développement de l'esprit scientifique, et à son influence habituelle sur le système commun des opinions humaines. Telle était la nature transitoire de la philosophie monothéique, phase extrême de la philosophie théologique, que, loin d'interdire, comme le polythéisme, l'étude spéciale de la nature, elle commença par protéger la contemplation universelle de ses merveilles, en vue d'une appréciation plus parfaite de l'optimisme providentiel.

Aussi, dès la seconde phase du Moyen-âge, quand le nouvel état social commence à acquérir quelque consistance, les mémorables efforts de Charlemagne et ensuite d'Alfred, pour raviver et pour répandre la culture des sciences, viennent-ils témoigner de la constante sollicitude des papes pour la conservation des connaissances antérieures, et leur perfectionnement secondaire.

Toutefois nous devons reconnaître que, par suite des profondes préoccupations politiques, à la fois spirituelles et temporelles, appartenant à la seconde période du Moyen-âge, les principaux progrès scientifiques ne purent être dirigés par le monothéisme *catholique*, qu'absorbaient justement des soins plus importants, mais par le monothéisme arabe, qui était éminemment propre à ce travail durant ces trois siècles, et sous l'impulsion duquel tant d'utiles améliorations s'introduisirent dans les mathématiques anciennes et dans les sciences astronomiques.

L'universel avènement de la Scolastique confirma bientôt l'ascendant décisif de l'esprit métaphysique sur l'esprit strictement théologique ; et la consécration attachée, dès lors, à l'autorité d'Aristote, fut un signe de cette mémorable transformation.

L'harmonie de ce nouvel essor intellectuel avec la situation générale des esprits actifs se trouva caractérisée, de la manière la plus décisive, par l'avidité continue avec laquelle des milliers d'auditeurs s'empressèrent vers les maîtres des grandes universités européennes, au cours de la dernière phase du Moyen-âge.

Faisons un rapide examen de cet important progrès pendant les trois phases successives que nous avons indiquées.

Sous la première, la marche de la science est, comme celle de l'art et celle de l'industrie, essentiellement spontanée, sans aucune intervention importante des encouragements spéciaux qui furent ensuite organisés. Dans les progrès scientifiques comme dans les progrès esthétiques, la seconde phase constitue certainement la période la plus décisive de l'évolution moderne, surtout à cause du mouvement qui de Copernic à Newton, a posé les bases fondamentales du vrai système des connaissances astronomiques, bientôt devenu le type fondamental de la philosophie naturelle.

Pendant la troisième phase, l'élément scientifique reçoit un accroissement important de puissance sociale, exactement analogue à celui que nous avons indiqué à l'égard de l'élément esthétique, et peut-être même encore plus fortement caractérisé, à cause de sa nature plus évidemment progressiste. Les relations croissantes de la philosophie inorganique et organique, soit avec les procédés militaires, soit avec le mouvement industriel, devenu le principal objet de la politique européenne, déterminent, à cette époque, une grande extension dans l'influence sociale des sciences.

Considérons maintenant l'évolution philosophique, en la distinguant provisoirement de l'évolution purement scientifique. La scolastique a réalisé, autant que possible, le triomphe de l'esprit métaphysique dont la profonde impuissance s'est, de la sorte, trouvée dissimulée pendant plusieurs siècles, d'après son incorporation à la constitution catholique. En acceptant ainsi le dangereux secours de la raison, la foi monothéique s'écartait d'une manière irrécusable de sa nature originelle. Cette étrange combinaison, où l'on tentait de concilier la théologie avec l'esprit positif, porte l'empreinte caractéristique de l'esprit métaphysique qui l'avait élaborée, et qui s'y était évidemment ménagé la meilleure part, en faisant de la Nature un objet de contemplation et même d'adoration journalière, et en ne réservant qu'une stérile vénération à la majestueuse inertie de la Divinité suprême, solennellement réduite à une vague intervention *initiale !* Ce compromis scolastique représentait, en effet, une situation profondément contradictoire, dont la stabilité était impossible.

Sous la seconde phase, la philosophie métaphysique était en possession de l'autorité spirituelle qu'elle avait toujours convoitée, même chez les peuples qui étaient restés nominalement catholiques; et, en même temps, l'esprit scientifique commençait à manifester son vrai caractère par la convergence graduelle de son élaboration spontanée vers des découvertes décisives; caractère entièrement incompatible avec l'ancienne philosophie, aussi bien métaphysique que théologique.

L'Allemagne avait déjà, au siècle précédent, déterminé cette crise décisive, soit par le mouvement de réformation religieuse, soit plus encore par les grandes découvertes astronomiques de Copernic, de Tycho-Brahé, et enfin du grand Képler. Mais, absorbée par les luttes religieuses, elle n'y put activement concourir. Au contraire, l'Angleterre, l'Italie et la France fournirent chacune, à cette noble élaboration, un éminent coopérateur : trois philosophes, dont le génie, bien que très différent, était également indispensable, Bacon, Galilée et Descartes, que la plus lointaine postérité proclamera les premiers fondateurs de la Philosophie positive.

La troisième phase ne pouvait être qu'une simple extension de la précédente. La seule conception que nous puissions regarder comme lui appartenant réellement consiste dans la grande notion du *progrès* humain qui, sous l'ascendant même de l'élaboration négative, préparait le principe de la réorganisation mentale. L'illustre économiste Turgot fut amené à sa célèbre théorie de la perfectibilité indéfinie, qui, malgré son caractère métaphysique, servit ensuite de base au grand projet historique conçu par Condorcet, sous l'inspiration de la crise révolutionnaire.

Il est impossible de ne pas remarquer que l'évolution entière de la philosophie moderne constitue seulement *une élaboration préliminaire* dont l'essence réside dans un plan pour la régénération humaine. En conséquence, dans cet ouvrage, j'ai fait une séparation distincte entre les sciences préliminaires et la seule science finale qui doit servir de base à la réorganisation sociale.

Tel est le résultat général de notre examen historique : dans la grande république européenne, l'essor des nouveaux éléments sociaux constitue un mouvement universel de recomposition partielle, destiné à concourir avec le mouvement simultané de décomposition politique, afin de faire sortir, de leur inévitable combinaison, la régénération finale de l'Humanité.

Ces deux mouvements simultanés de décomposition politique et de réorganisation sociale dont la convergence a donné sa caractéristique à la société moderne depuis le XIVe siècle, ne pouvaient, malgré leur intime solidarité, se poursuivre avec la même rapidité ; en sorte que, vers la fin de notre troisième phase, la *progression négative* se trouvait déjà assez avancée pour mettre en évidence l'imminent besoin d'une réorganisation finale, tandis que l'imperfection de la *progression positive* empêchait encore de concevoir suffisamment la vraie nature d'une telle régénération. Cette inévitable disparité est la cause réelle de la direction vicieuse poursuivie par la crise révolutionnaire à laquelle devait aboutir ce double mouvement universel.

Mais si la salutaire explosion de la Révolution française n'avait pas dévoilé enfin à tous les yeux la décomposition chronique dont elle était le résultat, l'impuissante caducité du régime ancien serait restée profondément dissimulée, de manière à entraver radicalement la marche politique de l'élite de l'Humanité, en écartant toute idée d'aucune véritable réorganisation qui eût semblé superflue au vulgaire : tant notre faible intelligence est disposée à se contenter des moindres apparences extérieures pour se dispenser des efforts pénibles qu'exige toujours la conception d'un nouvel ordre de choses. Cette crise décisive était donc indispensable pour signaler à tous les peuples l'avènement de la régénération finale, graduellement préparé par le grand mouvement des cinq siècles précédents.

Cette grande explosion, qu'indiquait si clairement la situation générale, avait été spécialement annoncée, vers le fin de la troisième phase, par trois événements de nature différente et d'importance inégale, mais tous, à cet égard, également significatifs. Le premier et le plus décisif fut assurément l'abolition des Jésuites. Rien ne pouvait plus fortement marquer l'irrévocable caducité de l'ancien régime social que cette destruction aveugle du seul pouvoir capable, jusqu'à un certain point, d'en retarder l'imminente décadence. Le second symptôme précurseur résulta, peu de temps après le premier, du grand essai de réformation vainement tenté sous le célèbre ministère de Turgot, dont l'inévitable avortement fit ressortir la nécessité absolue d'innovations plus étendues et plus radicales, spécialement celle d'une énergique protestation populaire contre les abus inhérents à une politique rétrograde. Enfin, la fameuse révolution américaine vint fournir une occasion de témoigner spontanément de l'universelle disposition des Français à un ébranlement décisif.

CHAPITRE XXXII

La Révolution Française.

Pour apprécier l'œuvre de la Révolution française, nous devons la considérer sous deux de ses aspects, l'un simplement *préparatoire*, l'autre pleinement *caractéristique*, sous la conduite respective des deux grandes Assemblées nationales.

Dans la période préparatoire, le besoin de régénération, encore vaguement senti, semble pouvoir se concilier avec une certaine conservation indéfinie du régime ancien, dégagé autant que possible de tous ses abus parasitaires. Les métaphysiciens constitutionnels rêvaient, à cette époque, l'indissoluble union du principe monarchique avec l'ascendant populaire, aussi bien que celle de l'institution catholique avec l'émancipation mentale. Telle fut en effet l'utopie politique des principaux leaders de l'Assemblée constituante.

Dans la seconde période révolutionnaire nous voyons le véritable instinct de la crise sociale se manifester sous une forme définie. Justement opposée aux fictions politiques sur lesquelles reposait l'incohérent édifice de l'Assemblée constituante, l'Assemblée, immortalisée sous le nom de Convention Nationale, fut conduite, par son origine même, à regarder l'entière abolition de la monarchie comme un indispensable préambule à la régénération sociale vers laquelle tendait directement la Révolution. Cette abolition, sans laquelle la Révolution française ne pouvait être pleinement caractérisée, dut bientôt s'accompagner des démolitions partielles destinées à compléter l'indication d'une irrésistible tendance à une entière rénovation du système social, autant que le permettait la seule philosophie qui pût alors diriger cette activité.

Après la chute de la Convention, une action rétrograde se fit immédiatement sentir par le vain retour de la Métaphysique constitutionnelle propre au degré initial de la crise et dont la stérile obstination tendit toujours à reproduire, autant que le permettait l'état général de l'esprit public, une aveugle imitation de la Constitution anglaise, caractérisée par une chimérique pondération des différentes fractions du pouvoir temporel.

Une telle fluctuation politique, toujours menaçante pour l'existence de l'ordre et néanmoins stérile pour le progrès, devait aboutir, malgré les énergiques protestations populaires, au triomphe passager du système rétrograde. Il était certainement impossible qu'une telle situation ne conduisît pas à une véritable dictature militaire. Et, d'après la contradiction radicale qui existait nécessairement entre l'élévation de Bonaparte et l'esprit monarchique qu'il avait tenté de restaurer, les habitudes politiques, contractées sous son influence, devaient, à sa chute, faciliter spontanément le retour provisoire des héritiers de l'ancienne monarchie française.

Il est inutile de rappeler au lecteur comment la France a de nouveau joué le drame de la Révolution sur un théâtre moindre et avec des acteurs bien inférieurs, lorsque la monarchie corrompue de Juillet fut remplacée par la vague république de Février, qui, après avoir démontré pratiquement l'incompétence de la Métaphysique, aboutit à la dictature de Décembre.

Dans cette étrange situation provisoire, il ne nous reste plus à considérer que le résultat de l'abandon implicite de toute prétention sérieuse de réorganisation spirituelle, de la part de ces divers régimes qui reconnaissaient eux-mêmes leur inaptitude à ce point de vue. Or, cette incompétence, tacitement avouée, livre nécessairement la puissance intellectuelle et morale à quiconque peut et veut s'en saisir : d'où la tendance particulière du Journalisme à s'ériger en chaire laïque.

L'extrême imperfection du pouvoir de la Presse ne doit pas nous faire méconnaître la haute importance de son avènement. Historiquement envisagée, cette nouvelle prépondérance, qui ne peut certainement que s'accroître, est un symptôme décisif de la prééminence que l'instinct de réorganisation spirituelle a acquis aujourd'hui dans l'École révolutionnaire.

En considérant le progrès actuel de la décomposition politique relativement à l'organisation temporelle, il est aisé de reconnaître que, malgré le développement exceptionnel d'une prodigieuse activité guerrière, le cours graduel de la crise révolutionnaire n'a pas moins concouru à compléter la décadence générale du régime militaire que celle du système théologique. La nature même de la guerre révolutionnaire mit fin à la dernière série des guerres systématiques qui tendaient à perpétuer l'activité militaire en la destinant à la défense des intérêts de l'activité industrielle. C'est ainsi que disparut de la république européenne la dernière source des guerres modernes.

L'institution relativement récente du recrutement forcé constitue évidemment un témoignage des dispositions antimilitaristes propres aux peuples modernes, où l'on trouve encore des officiers vraiment volontaires, mais point ou trop peu de soldats. Elle tend également à détruire les habitudes et l'ardeur militaires en mettant fin à la spécialité primitive de la profession, et en composant les armées d'une masse d'individus radicalement antipathiques à la vie militaire, qui, pour eux, est simplement un fardeau temporaire.

Le recours à un tel expédient marque la décadence finale du régime militaire, réduit désormais à un office subalterne, quoique indispensable, dans le mécanisme de la société moderne. Le vaste appareil militaire, conservé chez toutes les nations de l'Europe, semblerait, à première vue, annoncer l'imminence d'une disposition contraire, si une investigation plus pénétrante de la situation n'expliquait cette apparente anomalie en la rattachant directement aux nécessités communes d'une crise révolutionnaire plus ou moins étendue à toute la république occidentale.

Dans l'état de profond désordre intellectuel et moral qui doit rendre toujours imminente l'anarchie matérielle, les moyens de répression doivent acquérir une intensité correspondante à celle des tendances insurrectionnelles, afin qu'un degré d'ordre indispensable puisse protéger le vrai progrès social contre les efforts continus d'ambitions mal dirigées, liguées par des conceptions vicieuses.

Tel est le mode général suivant lequel la même époque, destinée à voir disparaître à jamais la guerre proprement dite, a développé, pour les armées, une nouvelle mission sociale, en les transformant en une sorte de grande maréchaussée politique. A la vérité, les armées permanentes ne sont plus tant instituées de nos jours pour la défense de chaque pays contre les autres nations, que pour préserver l'ordre intérieur.

On conçoit aisément combien la prépondérance sociale de l'élément industriel devait être augmentée et consolidée par une crise révolutionnaire qui complétait la destruction séculaire de l'ancienne hiérarchie, et qui plaçait au premier rang l'élévation temporelle fondée sur la richesse dont l'influence est devenue évidemment exorbitante, par suite de l'anarchie intellectuelle et morale.

La plus incontestable et la plus dangereuse des récentes aggravations des vices inhérents au mouvement industriel, consiste dans l'opposition croissante qui s'est établie entre les intérêts respectifs des capitalistes et des travailleurs. Ce déplorable antagonisme montre combien l'industrie est essentiellement éloignée d'une véritable organisation, puisqu'aucun progrès ne peut s'accomplir sans tendre à devenir oppressif pour la majeure partie de ceux dont le concours lui est le plus indispensable.

Les remarques déjà faites sur le caractère général de l'évolution esthétique, durant la troisième phase moderne, nous dispensent de la nécessité de toute nouvelle appréciation pour le dernier demi-siècle, malgré son étalage d'importantes modifications. Les mêmes considérations s'appliquent à l'évolution scientifique et philosophique.

CHAPITRE XXXIII

L'Avenir.

Cette appréciation historique, qui complète notre bref examen du passé, nous conduit à considérer le temps présent comme l'époque dans laquelle la grande rénovation philosophique projetée par Bacon et par Descartes doit déterminer la réorganisation spirituelle de la société moderne, destinée ensuite à présider la régénération politique de l'Humanité.

Guidé par ses principes logiques de l'extension générale de la méthode positive à l'étude rationnelle des phénomènes sociaux, Comte a graduellement appliqué à l'ensemble du passé sa loi fondamentale de l'évolution, à la fois mentale et sociale, consistant dans le passage de l'Humanité à travers trois états successifs : l'état préparatoire ou théologique, l'état transitoire ou métaphysique, et l'état final ou positif. A l'aide de cette simple loi, il a expliqué toutes les grandes époques historiques, considérées dès lors comme les principales phases consécutives du développement, de manière à apprécier justement le vrai caractère propre à chacune d'elles, son émanation naturelle de la précédente, et sa tendance vers la suivante : d'où résulte la conception d'une connexion homogène et continue dans toute la série des âges antérieurs, depuis la première manifestation de la sociabilité jusqu'à l'état le plus avancé de l'Humanité.

Une loi qui a pu suffisamment remplir de telles conditions ne peut plus passer pour un simple jeu de l'esprit philosophique, mais contient certainement l'expression abstraite de la réalité. Elle peut être employée avec une sécurité rationnelle pour relier l'avenir au passé. L'élite de l'Humanité, après avoir traversé les phases successives de la vie théologique, et même les différents degrés de la transition métaphysique, touche maintenant à l'état pleinement positif, dont les principaux éléments ont déjà suffisamment subi leur élaboration partielle, et n'attendent plus que leur coordination générale pour constituer un nouveau système social.

Cette coordination doit être d'abord intellectuelle, ensuite morale et finalement politique. Toute tentative qui ne remonterait pas à cette source logique serait radicalement impuissante contre l'état actuel de désordre qui est essentiellement mental. Aussi longtemps que persistera ce désordre, aucune institution durable ne sera possible, faute de base solide, et notre condition sociale ne comportera que des mesures politiques uniquement provisoires, principalement destinées à garantir le maintien d'un certain degré d'ordre matériel contre les ambitions partout excitées, du fait de la diffusion et de l'extension graduelles de l'anarchie spirituelle. Pour remplir cet office, tous les gouvernements, quelle que soit leur forme, continueront nécessairement à ne compter, comme ils le font, que sur un vaste système de corruption, assisté, en cas de nécessité, d'une force répressive.

Rien de ce qui est aujourd'hui classé n'est susceptible d'être incorporé directement au système final, dont tous les éléments devront préalablement subir une entière régénération intellectuelle et morale : ainsi le pouvoir spirituel futur, première base d'une véritable régénération, devra résider dans une classe entièrement nouvelle, sans aucune analogie avec celles qui existent maintenant, et originairement composée de membres indifféremment issus, selon leur propre vocation individuelle, de tous les rangs de la société ; l'avènement graduel de cette salutaire corporation sera, de plus, essentiellement spontanée, puisque son ascendant social ne pourra résulter que de l'assentiment volontaire de toutes les intelligences aux nouvelles doctrines successivement élaborées, en sorte qu'une telle autorité, par sa nature, ne saurait être ni décrétée, ni interdite.

Puisque nous avons reconnu, en principe, que l'évolution de l'Humanité est caractérisée par une *influence* perpétuellement croissante de la vie spéculative sur la vie active, quoique celle-ci conserve toujours l'ascendant *effectif*, il serait contradictoire de supposer que la partie contemplative de l'homme restera à jamais privée de culture propre et de direction distincte dans un état social où l'intelligence aura le plus d'exercice habituel, même parmi les classes les plus inférieures.

A une époque où tous les esprits admettent la nécessité d'une division permanente entre la théorie et la pratique (pour le perfectionnement simultané de toutes deux) envers les moindres sujets de nos efforts, pouvons-nous hésiter à étendre ce salutaire principe aux opérations les plus difficiles et les plus importantes, quand un tel progrès est devenu suffisamment réalisable? Or, sous l'aspect purement mental, la séparation des deux pouvoirs n'est en fait que la simple manifestation extérieure d'une telle distinction entre la science et l'art, transportée jusqu'aux idées sociales et devenue sytématique.

En même temps que la réorganisation spirituelle est la plus urgente, elle est aussi, malgré les grandes difficultés qui lui sont propres, la mieux préparée chez les esprits les plus avancés. D'une part, les gouvernements actuels, renonçant au devoir de diriger une telle opération, tendent, par cela même, à conférer cette haute attribution au système philosophique qui se montrera digne d'y présider. D'autre part, les populations, radicalement affranchies des illusions métaphysiques par l'enseignement d'un demi-siècle d'expériences décisives, commencent à comprendre que tout le progrès social compatible avec les doctrines vulgaires a été accompli, et qu'aucune importante institution politique ne saurait maintenant surgir sans reposer d'abord sur une philosophie complètement nouvelle.

Le principe général, qui détermine la séparation entre les attributions respectives du pouvoir spirituel et du pouvoir temporel, consiste à regarder l'autorité spirituelle comme devant être *décisive* en tout ce qui concerne l'éducation, soit spéciale, soit générale, et seulement *consultative* en tout ce qui concerne l'action, soit privée, soit publique, où son intervention habituelle a seulement pour objet de rappeler dans chaque cas les règles de conduite primitivement établies. L'autorité temporelle, au contraire, entièrement souveraine en ce qui regarde l'action, au point de pouvoir, sous la responsabilité des résultats, suivre une marche opposée aux conseils correspondants, ne peut exercer, sur l'éducation, qu'une simple influence consultative, bornée à y solliciter la révision ou la modification partielle des préceptes que la pratique lui semblerait condamner.

C'est principalement comme base générale d'un tel système que la Philosophie positive doit être préalablement coordonnée, destinée comme elle l'est à fournir désormais un point d'appui à l'esprit humain, par une suite homogène et hiérarchique de notions positives, à la fois logiques et scientifiques, sur tous les ordres de phénomènes, depuis les plus inférieurs jusqu'aux plus éminents dans l'ordre moral et social.

L'éducation positive sera principalement caractérisée par la systématisation finale de la Morale humaine, qui, affranchie de toute conception théologique, reposera sur la Philosophie positive. La dispersion indéfinie des croyances religieuses, abandonnées aux individus, empêchera de rien établir sur d'aussi vains fondements. Quelle inconséquence philosophique pourrait être comparée à celle de nos déistes, rêvant aujourd'hui la consécration de la morale par une religion sans révélation, sans culte et sans clergé ?

L'Humanité ne saurait être envisagée comme vraiment sortie de l'état d'enfance, tant que ses principales règles de conduite, au lieu d'être puisées dans une juste appréciation de sa propre nature, continueront à reposer sur des fictions étrangères. Tels sont le but, la nature et le caractère général de la réorganisation spirituelle qui doit nécessairement commencer et diriger la régénération totale, vers laquelle nous avons vu plus ou moins directement converger le cours permanent de tous les divers mouvements sociaux, depuis le Moyen-âge.

Quant à la réorganisation temporelle, nous nous bornerons au principe général de la coordination élémentaire de la société moderne.

En procédant ainsi, nous devons écarter la distinction entre les deux sortes de fonctions *publiques* et *privées*. Dans toute société organiquement constituée, chaque membre peut et doit être considéré comme un fonctionnaire public, puisque son activité particulière concourt à l'économie générale.

La dignité qui anime encore le moindre soldat dans l'exercice de ses plus modestes fonctions, n'est certainement point particulière à l'ordre militaire; elle convient également à tout ce qui est systématisé. Elle ennoblira, un jour, les plus simples professions, quand l'éducation positive, faisant prévaloir partout une juste notion générale de la sociabilité moderne, aura pu rendre, suffisamment appréciable à tous, la participation continue de chaque activité spéciale à l'économie commune. Il suit de là que la suppression générale de la division qui existe actuellement entre les professions privées et les professions publiques dépend, au fond, de la régénération universelle des idées et des mœurs modernes.

Quoique cette élévation finale des professions privées à la dignité de fonctions publiques ne doive, sans doute, rien changer d'essentiel au mode actuel de leur exercice, elle transformera entièrement leur esprit général, et aura probablement une influence considérable sur leurs conditions usuelles. Tandis que, d'une part, une telle appréciation normale développera dans toutes les classes un noble sentiment personnel de valeur sociale, elle rendra évidente, d'autre part, la nécessité permanente d'une certaine discipline systématique, chargée de veiller à l'accomplissement des obligations préliminaires et continues propres à chaque carrière. En un mot, ce simple changement constituera spontanément un symptôme universel de régénération.

Dans chaque société, quelles qu'en puissent être la nature et la destination, les diverses activités partielles se classent suivant le degré différent de généralité propre à leur caractère habituel. En conséquence, la véritable difficulté philosophique consiste dans l'appréciation exacte des différents degrés de généralité inhérents aux différentes fonctions de l'organisme positif.

Or, cette opération a déjà été presque entièrement accomplie, quoique dans une autre intention. La progression sociale, de fait, s'est d'abord présentée à nous comme une sorte de prolongement nécessaire de la série animale, où les êtres sont d'autant plus élevés qu'ils se rapprochent davantage du type humain ; tandis que, d'une autre part, l'évolution humaine est spécialement caractérisée par sa tendance constante à faire prévaloir ces attributs essentiels qui distinguent l'homme de l'animal. Telle est la première base que la philosophie positive fournira naturellement à la classification sociale.

La première application de cette théorie hiérarchique à la nouvelle économie sociale nous conduit à concevoir la *classe spéculative* comme supérieure à la *classe active,* puisque la première offre un champ plus vaste pour l'exercice des facultés de généralisation et d'abstraction qui distinguent le plus la nature humaine. A cet égard, cependant, il est d'abord nécessaire que les membres de ladite classe spéculative soient suffisamment dégagés de cette *spécialité* dans leurs études et dans leurs idées, que nous avons vue être un obstacle décisif à l'élaboration d'une philosophie, bien qu'elle ait été originairement indispensable pour la division du travail.

La classe spéculative se divise en deux fractions distinctes, suivant les deux directions fort différentes qu'y prend l'esprit contemplatif, tantôt philosophique ou scientifique, tantôt esthétique ou poétique. Quelle que soit l'importance sociale des beaux arts, il est incontestable que le point de vue esthétique est moins abstrait et moins général que le point de vue philosophique ou scientifique. Celui-ci a une relation immédiate avec les conceptions fondamentales destinées à diriger l'exercice universel de la raison humaine, tandis que l'autre se rapporte seulement à la faculté d'expression, qui ne saurait jamais occuper le premier rang dans notre système mental.

Pour la classe active ou pratique qui, nécessairement, embrasse l'immense majorité, son développement plus distinct et plus complet a déjà dû rendre ses divisions essentielles mieux appréciables : de sorte que, à leur égard, la théorie hiérarchique n'a qu'à systématiser les distinctions consacrées jusqu'ici par l'usage. A cet effet, nous devons considérer d'abord la principale décomposition de l'activité industrielle en *production*, proprement dite, et en *transmis-*

sion des produits. La seconde est évidemment supérieure à la première quant à la nature abstraite de ses opérations et à la généralité de ses rapports.

Après avoir divisé la classe active ou pratique en deux catégories principales, dont l'une se limite à la production, tandis que l'autre s'emploie à la transmission des produits, Comte subdivise encore chacune d'elles selon que la production concerne les *matériaux simples* ou leur *élaboration directe*, et que la transmission se rapporte aux *produits eux-mêmes* ou seulement à leurs *signes représentatifs*. Il est clair que des deux divisions, la dernière a un caractère plus général et plus abstrait que la précédente, conformément à notre règle constante de classement. Ces deux décompositions constituent la vraie hiérarchie industrielle, en plaçant au premier rang les banquiers, à raison de la généralité supérieure et de la nature abstraite de leurs opérations ; ensuite les commerçants; puis les manufacturiers; et enfin les agriculteurs, dont les travaux sont nécessairement plus concrets et les relations plus spéciales que chez les trois autres classes pratiques.

Par une facile combinaison des inductions précédentes, chacun peut se former une conception de l'économie positive. La classification normale qui en résulte sera naturellement consolidée d'après son homogénéité : puisque, dans cette hiérarchie, aucune classe ne peut refuser de reconnaître la dignité supérieure de la précédente, qu'en altérant immédiatement sa propre position vis-à-vis de la suivante, vu l'uniformité constante du principe de coordination. Le même principe hiérarchique, étendu jusqu'à la vie domestique, comprend la véritable loi de la subordination des sexes.

En imposant des obligations morales plus étendues et plus sévères à mesure que les influences sociales deviennent plus générales, l'éducation fondamentale tendra directement aussi à contenir les abus inhérents à ces inégalités nécessaires. Il est clair d'ailleurs que ces différentes tendances élémentaires de la nouvelle économie ne pourront acquérir leur efficacité sociale que lorsqu'un système d'éducation universelle aura suffisamment développé les attributs et les mœurs qui doivent y distinguer les divers ordres, et dont la confusion actuelle ne saurait nous offrir aucune idée.

Considérée quant aux degrés de la prépondérance matérielle, désormais mesurée surtout par la richesse, notre série statique présente nécessairement des résultats opposés selon qu'on y envisage l'ordre spéculatif ou l'ordre actif ; car, dans le premier la prépondérance diminue, tandis que dans le second elle augmente, à mesure qu'on s'élève dans la hiérarchie. Si, par exemple, la coopération finale, même purement industrielle des grandes découvertes astronomiques qui ont perfectionné l'art nautique, pouvait être appréciée dans chaque expédition, il est évident qu'aucune fortune actuelle ne pourrait donner une idée de la monstrueuse accumulation de richesses qui se serait ainsi réalisée chez les héritiers temporels d'un Képler, d'un Newton, etc., même si leur rémunération partielle avait été fixée au taux le plus minime. Rien n'est plus propre que de telles hypothèses à démontrer l'absurdité du prétendu principe relatif à la rémunération uniformément pécuniaire de tous les services réels, en faisant comprendre que l'utilité la plus étendue, en tant que trop lointaine et trop diffuse par une suite de sa généralité supérieure, ne saurait jamais trouver sa juste récompense que dans la plus haute considération sociale qui lui est due.

D'après ces remarques, il est clair que le principal ascendant pécuniaire résidera vers le milieu de la hiérarchie totale, chez la classe des banquiers, naturellement placée à la tête du mouvement industriel, et dont les opérations ordinaires offrent précisément le degré de généralité le plus convenable à l'accumulation du capital. C'est là que se trouvera placé le siège définitif du pouvoir temporel proprement dit. Nous devons noter, à ce sujet, que cette classe sera toujours, par sa nature, la moins nombreuse des classes industrielles ; car, en général, la hiérarchie positive présentera nécessairement une croissante extension numérique à mesure que les travaux, devenant plus particuliers et plus urgents, admettent et exigent à la fois des agents plus multipliés.

Après ce sommaire sociologique, il serait assurément superflu d'ajouter aucune explication sur la composition nécessairement mobile des diverses classes composant la hiérarchie positive. L'éducation universelle est, sous ce rapport, éminemment propre, sans exciter aucune ambition perturbatrice, à placer chacun dans la situation la plus convenable à ses principales aptitudes, en quelque rang qu'il soit né. Cette heureuse influence, beaucoup plus dépendante, par sa nature, de l'opinion publique que des institutions politiques, exige deux conditions opposées, toutes deux également indispensables, dont l'accomplissement ne portera aucune atteinte aux bases de l'économie générale. Il faut, d'une part, que l'accès de toute carrière sociale reste constamment ouvert à de justes prétentions individuelles, et que cependant, d'une autre part, l'exclusion des indignes y demeure toujours praticable, d'après la commune appréciation des garanties normales, à la fois intellectuelles et morales, que l'éducation fondamentale aura formulées pour chaque cas important.

Sans doute, après que la confusion actuelle aura abouti à un premier classement régulier, de telles mutations, quoique toujours possibles, deviendront essentiellement exceptionnelles en tant que fortement neutralisées par la tendance naturelle à l'hérédité des professions : puisque la plupart des hommes n'ont en réalité aucune vocation spéciale, et que, en même temps, la plupart des fonctions sociales n'en exigent pas ; ce qui conservera naturellement une grande efficacité habituelle à l'imitation, sauf dans les cas très rares d'une véritable vocation.

Il serait, du reste, évidemment chimérique de redouter la transformation ultérieure des classes en castes, dans une économie entièrement dégagée du principe théologique : car il est incontestable que les castes n'ont jamais pu exister solidement sans une consécration religieuse. Il ne faut que pas des terreurs puériles deviennent, à cet égard, l'occasion ou le prétexte d'une opposition indéfinie à toute vraie classification sociale, quand la prépondérance de l'esprit positif, toujours accessible, par sa nature, à une sage discussion, sera capable de dissiper les inquiétudes soulevées par le caractère vague et absolu des conceptions théologico-métaphysiques.

Il nous reste à considérer maintenant la grande réorganisation spirituelle de la société moderne, en indiquant son intime solidarité avec les justes réclamations sociales des classes inférieures. Tout pouvoir spirituel doit être essentiellement populaire, puisque la sphère la plus étendue de son devoir a rapport à la protection constante des classes les plus nombreuses, habituellement plus exposées à l'oppression, et avec lesquelles l'éducation commune lui fait entretenir des contacts journaliers. Dans l'état final, la classe spirituelle sera liée à la masse populaire par des sympathies communes, tenant à une certaine similitude de situation et à des habitudes équivalentes d'imprévoyance matérielle, ainsi que par des intérêts analogues vis-à-vis des chefs temporels, maîtres nécessaires des principales richesses.

Mais il faut surtout remarquer l'extrême efficacité populaire que prendra l'autorité spéculative, soit à raison de son office d'éducation universelle, soit d'après l'intervention régulière, que suivant nos indications antérieures, elle exercera toujours dans les divers conflits sociaux : afin d'y développer convenablement l'influence modératrice habituellement inhérente à l'élévation de ses vues et à la générosité de ses inclinations. Des vues étroites et des passions haineuses auraient beau instituer légalement, contre l'accumulation du capital, de laborieuses entraves, au risque de paralyser directement toute véritable activité sociale, il est clair que ces procédés tyranniques comporteraient beaucoup moins d'efficacité réelle que la réprobation universelle appliquée par la morale positive à tout usage trop égoïste des richesses possédées.

Quand la nouvelle classe spéculative aura surgi, les grandes collisions pratiques, que l'absence totale de systématisation industrielle doit désormais multiplier de nos jours, constitueront sans doute les principales occasions de son développement, en rendant visible à toutes les classes l'utilité croissante de son active intervention morale, seule capable de tempérer suffisamment l'antagonisme matériel, et de modifier habituellement les sentiments opposés d'envie ou de dédain qu'il inspire de part et d'autre. Les classes les plus disposées aujourd'hui à ne reconnaître d'ascendant qu'à la richesse, seront alors amenées, par une expérience décisive et probablement pénible, à implorer la protection nécessaire de ce même pouvoir spirituel, qu'elles regardent maintenant comme essentiellement chimérique.

C'est de cette manière que s'établira graduellement, en raison des services rendus par lui, un pouvoir qui, par sa nature, ne saurait reposer que sur une libre adhésion universelle. Le point de vue populaire est désormais le seul qui puisse spontanément offrir à la fois assez de grandeur et de netteté pour placer les esprits des hommes dans une direction vraiment organique.

Les vaines substitutions de personnes ministérielles ou même royales, qui semblent d'une si grande importance aux divers partis actuels, deviendront naturellement tout à fait indifférentes au peuple, dont les propres intérêts sociaux n'en sauraient être aucunement affectés.

L'assurance de l'éducation et du travail à chaque membre de la société constituera toujours le seul objet essentiel de la politique populaire proprement dite ; or ce grand but, complètement étranger aux discussions et aux combinaisons constitutionnelles, ne saurait être jamais suffisamment atteint que par une véritable réorganisation, d'abord et surtout spirituelle, ensuite nécessairement temporelle.

Tel est le lien que l'ensemble de la situation de la société moderne institue entre les besoins populaires et les tendances philosophiques, et d'après lequel le vrai point de vue social prévaudra graduellement, à mesure que l'active intervention des réclamations prolétariennes viendra caractériser, de plus en plus, le grand problème politique.

CONCLUSION

Nous venons de passer rapidement en revue les sciences dont Comte a donné la philosophie dans les six volumes de son Cours. C'est là le réel et durable service qu'il a rendu à l'Humanité. Quant à ses tentatives pour réorganiser la société sur les bases qu'il a posées, je les juge, pour le moins, prématurées; mais comme ce n'est pas le lieu d'exposer un si vaste sujet, j'invite le lecteur curieux à se faire lui-même une idée de la question, en étudiant soigneusement la *Politique positive*, actuellement en cours de publication. Quelques paragraphes analytiques sont tout ce que je me permettrai ici.

Comte commence par la Religion, qu'il considère comme la clef de voûte de l'édifice social, le lien qui maintient dans l'unité les tendances divergentes de la nature humaine et celui qui *relie* (*religare*) les individualités diverses en une société. La religion, qui fut d'abord spontanée, ensuite inspirée, puis révélée, doit maintenant être finalement *démontrée* : conformément aux lois de l'évolution qui ont présidé au développement de la science. La religion, ainsi que la définit Comte, n'est pas telle ou telle forme de croyance, mais l'harmonie propre à l'existence humaine, individuelle et collective, représentant pour l'âme un *consensus* semblable à celui qui détermine la santé pour le corps; elle réunit dans son sein toutes les tendances de notre nature, active, sentimentale et intellectuelle ; elle domine la politique, l'art et la philosophie.

Chacun de ses stages exige le concours continu de deux influences spontanées, l'une objective et essentiellement intellectuelle, l'autre subjective et purement morale. D'une part, notre intelligence doit concevoir un pouvoir extérieur auquel notre existence soit subordonnée. D'une autre part, il est également indispensable que nous soyons animés par un sentiment intérieur capable de faire concourir tous les autres sentiments. La soumission au pouvoir extérieur seconde naturellement cette discipline intérieure. De nos jours, les hommes considèrent presque universellement l'unité comme résultant seulement de notre état moral ; mais, à la vérité, aucune unité ne serait possible sans une dépendance objective. Lorsque la croyance en un pouvoir extérieur est incomplète ou vacillante, les sentiments moraux les plus purs sont incapables de prévenir *« d'immenses divagations et de profondes dissidences »*.

Pour remplir sa véritable fonction (*pour nous régler et nous rallier*), la Religion doit donc d'abord subordonner notre existence à un pouvoir extérieur et irrésistible. Ce dogme social, n'est, à proprement parler, que le développement de la notion biologique de la subordination nécessaire de l'organisme au milieu. La Religion repose sur la combinaison permanente de deux conditions — l'Amour et la Foi, — et sa *« véritable unité consiste à lier le dedans et le relier au dehors »*. — Du fait qu'elle concerne à la fois le cœur et l'intelligence, elle se divise naturellement en deux parties, l'une intellectuelle, l'autre morale ; la première constitue le *credo* proprement dit, et consiste à déterminer cet ordre extérieur auquel nous sommes nécessairement subordonnés. Et c'est en cela que consiste la distinction capitale entre la religion positive et toutes les autres religions. Elle est, comme nous l'avons établi antérieurement, une religion de démonstration. Son *credo* dérive des vérités démontrées de la science positive, et c'est l'effort de la science, aboutissant à l'établissement d'une vue précise et cohérente des phénomènes physiques, qui fournit une base à la religion.

C'est uniquement pour des considérations morales que jusqu'ici, et en dépit de leur décrépitude au point de vue intellectuel, les anciennes religions ont maintenu leur suprématie. L'explication de toutes les lois physiques a bien été abandonnée à la science, mais les lois morales ont été réservées à d'autres maîtres. C'est justement la prétention de Comte d'avoir réuni, dans les mêmes mains, les deux ordres de connaissances, par sa fondation de la science sociale. L'étude graduelle de l'ordre fondamental nous révèle une classe finale de lois naturelles plus mystérieuses et plus compliquées que les autres, mais aussi nous concernant de plus près. Quoique le cours de notre existence soit directement subordonné aux lois cosmiques et biologiques, il n'est pas entièrement conditionné par elles, et les fonctions principales de notre nature réclament d'autres explications. Certes, nous avons tous conscience d'être gouvernés par des lois chimiques, astronomiques et vitales. Mais une inspection plus approfondie nous montre que nous subissons un autre joug, non moins irrésistible quoique plus modifiable, celui des lois statiques et dynamiques propres à l'ordre social. Comme toutes les autres, cette fatalité est rendue sensible, d'abord par ses résultats physiques, ensuite par son influence intellectuelle, et finalement par sa suprématie morale. Depuis l'aurore de la civilisation, chacun a plus ou moins senti que sa destinée était matériellement liée à celle de ses contemporains, et même à celle de ses prédécesseurs. Ultérieurement, la comparaison involontaire des diverses conditions sociales a rendu manifeste la dépendance intellectuelle de chacun vis-à-vis des autres. Le plus orgueilleux rêveur ne saurait méconnaître l'énorme influence qu'exercent, sur les opinions individuelles, les temps et les lieux. Et finalement, à l'égard des phénomènes les plus spontanés, l'observation établit à quel point notre nature morale dépend du caractère général de la sociabilité correspondante. Sous tous les aspects, l'homme se sent donc assujetti à l'Humanité.

Celle-ci représente, dès lors, la grande vie collective dont les êtres humains ne sont que les organes individuels ; elle doit conséquemment être conçue comme ayant une existence distincte de celle de ses membres, de la même façon que nous concevons chaque personnalité comme possédant une existence distincte, bien que dépendante, de celle des cellules dont notre organisme est composé. Cette vie collective constitue, dans le système de Comte, l'*Être suprême ;* le seul que nous puissions *connaître*, et, par suite, le seul que nous puissions adorer.

Malgré mon désir de ne pas consacrer à la critique les quelques pages qui me restent à remplir, je ne peux cependant m'empêcher de signaler l'immense lacune d'un tel système.

En ramenant la religion à ce qui a été, jusqu'ici, considéré comme étant la morale, et en la limitant ainsi aux relations qui nous lient aux autres hommes et à l'Humanité, Comte laisse de côté un élément important, puisque, d'après sa propre démonstration, si l'Humanité peut être conçue comme l'Être suprême de *notre* Monde, elle ne saurait être conçue comme l'Être suprême de l'Univers. Or, il serait singulièrement étroit de prétendre limiter l'Univers à notre globe. Si, dans ce séjour terrestre qui est le nôtre, tout ce que nous pouvons distinctement *savoir* est limité à la sphère d'une planète, il n'en est pas moins vrai que, perchés sur cette boule de terre, et plongeant nos regards dans l'infini dont elle n'est qu'un atome, nous devons sentir irrésistiblement et comprendre que l'Humanité adorée *ici*, ne peut étendre sa domination *là*. En supposant que nos relations avec l'Humanité finissent, un jour, par être systématisées sous forme de *culte* distinct, et puissent faire l'objet d'une religion ; en allant encore plus loin et en supposant même que notre culte pratique doive rester circonscrit dans de telles limites, il restera toujours, au-delà de cette sphère terrestre, la sphère de l'infini, dans laquelle erreront toujours nos aspirations et nos pensées les plus hautes, et, avec elles, les émotions d'amour et de crainte qui leur sont subordonnées. Au-dessus de la religion de l'Humanité, doit donc exister une religion de l'Univers ; en plus de la conception de l'Humanité, nous avons besoin de la conception d'un Dieu ou d'une Vie infinie dont l'Univers procède, — dans la plénitude d'un pouvoir abondant, comme l'incarnation d'une Activité irrésistible, et non comme un produit indifférent, froidement subordonné ! Pour parler un langage plus simple, il nous faut conserver la vieille distinction entre la Religion et la Morale, entre nos relations avec Dieu et nos relations avec l'Humanité. La seule différence entre celle-ci et celui-là tient à ce que, dans l'ancienne théologie, les préceptes moraux étaient basés sur l'espoir d'un séjour céleste, tandis que dans la nouvelle religion ils sont basés sur la considération du progrès et du bonheur général de la race.

Mais revenons à notre analyse de la *Politique positive*.

Après avoir traité de la religion — ce qu'il fait avec beaucoup de détails, — Comte aborde la théorie de la Propriété. Cette *question brûlante* est l'une de celles que les écrivains socialistes ont, en général, traitée avec le plus de légèreté, pour ne pas dire d'absurdité. La célèbre proposition, « *la propriété c'est le vol* », n'a vraisemblablement été qu'un coup de pistolet tiré en l'air ; mais l'expérience des révolutions nous enseigne les terribles conséquences possibles des coups de pistolet tirés en l'air. Aussi loin qu'elle puisse être socialement approfondie, la question de la Propriété se résume, en réalité, à une question de *Répartition* et non d'*Origine ;* et il est permis de penser qu'un autre mode de distribution pourrait être plus efficace, plus équitable, plus économique. En compliquant cette question de celle des « droits » de « possession », on a éveillé, à plaisir, les craintes et les préjugés égoïstes de tous les possesseurs de la richesse ; au lieu d'une discussion il y a eu combat, et les arguments ont été remplacés, des deux côtés, par des invectives.

Comte, — en socialiste philosophe, qui fonde ses théories sur la réalité, qui abandonne aux autres les chemins plaisants de l'utopie, et qui se contente de prendre la nature humaine comme il la trouve, — non seulement défend la Propriété, mais entreprend de démontrer son importance essentielle dans l'ordre social. Il lui fait embrasser l'ensemble de l'activité matérielle et industrielle de l'homme, et indique comment l'institution du capital est devenue la base nécessaire de cette division du travail qu'Aristote déclarait être la principale caractéristique pratique de l'économie sociale. En permettant ainsi la division du travail, le capital pousse chaque citoyen actif à travailler, non seulement pour lui-même, *mais pour les autres.*

Une particularité du système de Comte consiste dans sa déduction des principes sociaux, des principes biologiques ; aussi, dans cette question importante de la propriété, ne discute-t-il pas seulement le côté économique ; il montre comment ici, comme partout ailleurs, la satisfaction des instincts égoïstes de l'homme conduit au développement des instincts désintéressés, — comment *l'égoïsme* devient une impulsion pour l'altruisme. N'est-ce pas ainsi que l'instinct égoïste de la préservation matérielle, qui pousse à l'industrie, devient le fondement de la société, en la rendant possible autrement que comme une simple agrégation de familles ?

La même méthode lumineuse de déduire le social de l'individuel se remarque dans le chapitre suivant qui traite de « la Famille » en tant que base de la vie morale individuelle et de la vie publique, et où nous voyons clairement les vertus sociales et publiques naître des sentiments personnels privés. Comte stigmatise très énergiquement ce qu'il appelle les théories anarchiques de l' « émancipation féminine ». Considérant que la « mission de la femme » doit être strictement et simplement d'ordre sentimental, pour tempérer, perfectionner et rendre plus sociale l'essentielle activité pratique de l'homme, — regardant la femme comme le symbole de la Tendresse au même titre que l'homme est celui de la Force, il soutient que, non seulement les femmes ne doivent pas exécuter les mêmes travaux que les hommes, mais encore qu'elles doivent être dispensées de tout travail, hormis celui qui rentre dans leur sphère domestique. L'homme doit travailler pour entretenir la femme ; et, en retour, elle lui doit implicitement l'obéissance. Il cite, en l'approuvant, le dire d'Aristote « que la valeur de la femme consiste surtout à surmonter la difficulté d'obéir ».

Le cinquième chapitre a trait au Langage, qu'il assimile, à juste titre, à un capital. Le langage représente, en effet, un capital intellectuel, le travail accumulé de nombreuses générations d'intelligences. Et on peut dire que sa fonction sociale n'a jamais été mieux indiquée. Malheureusement, la place nous manque pour exposer toutes les vues qui sont contenues dans ce chapitre et dans les suivants. Leur nouveauté se contente mal d'une brève analyse, et chaque point demanderait à être placé en pleine lumière sous les yeux du lecteur.

Le troisième et le quatrième volumes, consacrés à la Dynamique sociale, ne sont pas encore parus. J'espère que, pour eux comme pour l'ensemble des œuvres de Comte, les pages qui précèdent pourront servir d'introduction convenable.

FIN.

ERRATA

Pages.	Lignes.	
20,	23 :	au lieu de « *erreur* », lire « *terreur* ».
138,	38 :	au lieu des « *articulations du Gallionella* », lire « *les articulations de la Gallionella* ».
139,	2 :	au lieu de « *composés* », lire « *composées* ».
»	32 :	au lieu de « *opération* », lire « *processus* ».
175,	13 :	au lieu de « *d lier* », lire « *de lier* ».
176,	38 :	ajouter « *Que saurions-nous des tissus sans le microscope ?* ».
180,	38 :	au lieu de « *fondamentale* », lire « *fondamental* ».
208,	32 :	ajouter « *que* » après le mot « *titre* ».
221,	29 :	au lieu de « *sentir* », lire « *penser* ».
226,	23 :	au lieu de « *ces* », lire « *ses* ».
235,	12 :	au lieu de « *leur existence journalière* », lire « *l'existence journalière des bêtes* ».
242,	5 :	au lieu de « *tend, même* », lire « *tend même,* ».
253,	2 :	ajouter « *de la société* » après « *industrielle* ».
273,	1 :	au lieu de « *qu'elles avaient* », lire « *qu'elle avait* ».
281,	23 :	au lieu de « *il* » lire « *elle* ».

TABLE ANALYTIQUE DES MATIÈRES

CHATEAUDUN
IMPRIMERIE DE LA SOCIÉTÉ TYPOGRAPHIQUE
3, rue de Blois

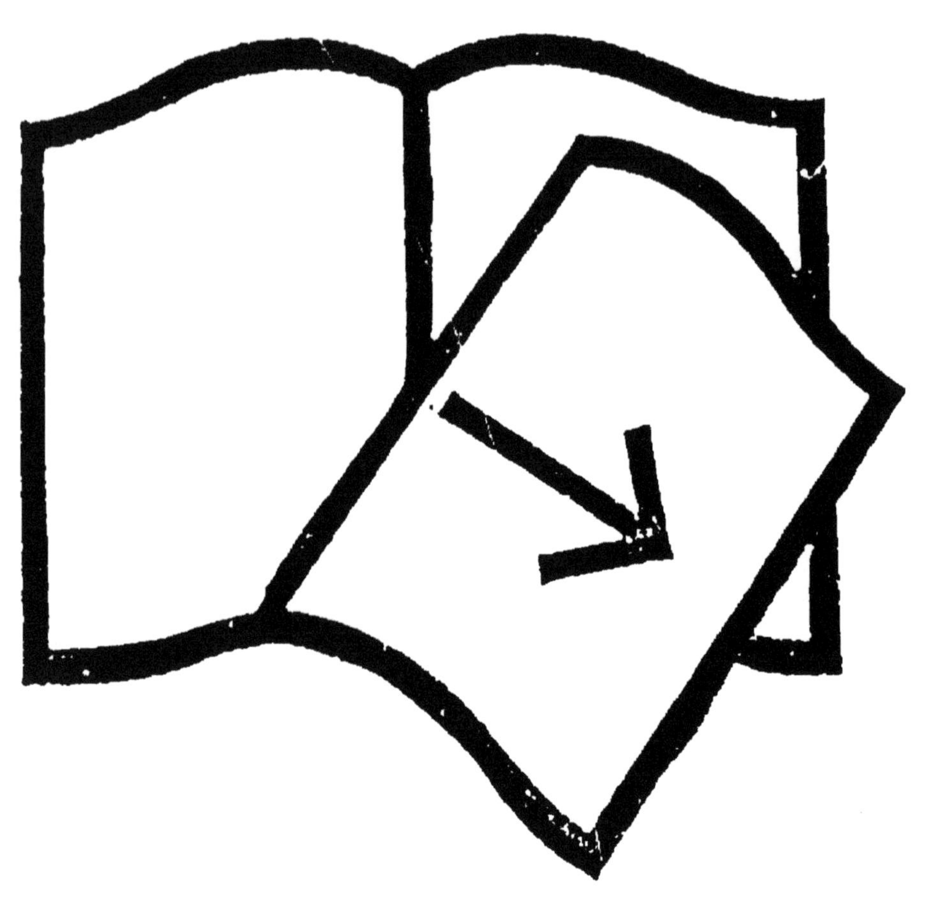

Documents manquants (pages, cahiers...)

NF Z 43-120-13

www.ingramcontent.com/pod-product-compliance
Ingram Content Group UK Ltd.
Pitfield, Milton Keynes, MK11 3LW, UK
UKHW021844190726
13855UKWH00001B/136

9 782013 361569